中国非洲研究院文库
学术专著系列

中国精准脱贫100例

第一册

中国非洲研究院 编

中国社会科学出版社

图书在版编目（CIP）数据

中国精准脱贫100例：全三册/中国非洲研究院编.—北京：中国社会科学出版社，2021.11
ISBN 978-7-5203-8407-0

Ⅰ.①中…　Ⅱ.①中…　Ⅲ.①扶贫—案例—中国　Ⅳ.①F126

中国版本图书馆CIP数据核字（2021）第080589号

出版人	赵剑英
责任编辑	喻苗
责任校对	任晓晓
责任印制	王超

出　版	中国社会科学出版社
社　址	北京鼓楼西大街甲158号
邮　编	100720
网　址	http://www.csspw.cn
发行部	010-84083685
门市部	010-84029450
经　销	新华书店及其他书店
印刷装订	北京君升印刷有限公司
版　次	2021年11月第1版
印　次	2021年11月第1次印刷
开　本	880×1230　1/32
印　张	19.875
字　数	350千字
定　价	98.00元（全三册）

凡购买中国社会科学出版社图书，如有质量问题请与本社营销中心联系调换
电话：010-84083683
版权所有　侵权必究

编审委员会名单

主　任：
　　郭　军　全国政协副秘书长、中非友好小组副组长
副主任：
　　张效廉　全国政协委员、经济委员会驻会副主任
　　李新烽　中国非洲研究院常务副院长，博士生导师
委　员：
　　陈萌山　全国政协委员，中国农业科学院原党组书记
　　徐海斌　全国政协委员，中央防范和处理邪教问题领导小组办公室原副主任
　　葛全胜　全国政协委员，中国科学院地理科学与资源研究所所长
　　韩鲁佳　全国政协委员、中非友好小组成员，中国农业大学工学院院长

汪岳波　全国政协办公厅外事局副局长
胡文改　全国政协农业和农村委员会办公室副主任
唐丽霞　中国农业大学教授
李智彪　中国非洲研究院研究员博士生导师
安春英　中国非洲研究院编审《西亚非洲》主编
杨宝荣　中国非洲研究院研究员经济室主任
唐志超　中国非洲研究院研究员政治室主任
朱伟东　中国非洲研究院研究员博士生导师
詹世明　中国非洲研究院副研究员《西亚非洲》主编
刘乃亚　中国非洲研究院副研究员社会文化室主任
仝　菲　中国非洲研究院副研究员安全室主任
李文刚　中国非洲研究院副研究员民族宗教室主任

前　　言

　　中国与非洲国家同为发展中国家，均面临着摆脱贫困、推动经济社会可持续发展的艰巨任务。中国共产党始终把为中国人民谋幸福、为中华民族谋复兴作为初心使命，新中国成立后团结带领中国人民自力更生、艰苦奋斗，致力于摆脱贫困创造美好生活。改革开放以来，中国共产党实施了大规模、有计划、有组织的扶贫开发，着力解放和发展生产力，着力保障和改善民生。特别是中共十八大以来，中共中央总书记、国家主席习近平把脱贫攻坚摆在治国理政的突出位置，强调"全面建成小康社会，一个都不能少；共同富裕路上，一个也不能掉队"，并作出一系列重大决策部署，动员全党全国全社会的力量，实施精准扶贫、精准脱贫。经过8年持续努力，到2020年底，中国832个贫困县全部摘帽，12.8万个贫困村全部出列，现行标准下9899万农村贫困人口全部脱贫。占世界人口近五分之一的中国全面消除绝对贫困，创造了人类减贫史上的奇迹，提前10年实现《联合国2030年可持续发展议程》减贫目标，为全球减贫事业发展和人类发展进步作出了重大贡献。

中国与非洲国家是休戚与共的命运共同体，彼此相互尊重、相互理解、相互支持。中国共产党领导全国各族人民坚定不移走中国特色社会主义道路，在经济社会等各领域取得亮丽成绩，特别是巨大减贫成就令世界瞩目。2018年中非合作论坛北京峰会通过了《关于构建更加紧密的中非命运共同体的北京宣言》，中方承诺同非洲国家加强发展战略对接，加强治国理政经验交流，分享减贫发展等经验，支持非洲国家实现发展振兴。为打造新时代更加紧密的中非命运共同体，深化中非全面战略合作伙伴关系，中国愿与非洲国家的朋友们分享成功经验，提供脱贫减贫中国方案。

中国与非洲国家拥有不同文化和社会制度，都在探索着适合自己国情的发展模式。中国扶贫事业是根据不同发展阶段和实际情况，不断总结经验与时俱进的。中国不同地区之间经济社会发展程度和自然资源禀赋差异巨大，脱贫攻坚没有范本，没有统一模式，扶贫工作必须科学规划、精准施策，因地制宜、千方百计、形式多样。非洲国家之间、国家不同地区之间，同样面临着资源禀赋不同、经济发展水平不一等情况，要解决包括脱贫减贫的发展问题，还需要立足本国、本地实际，借鉴现实可行的经验做法，探索适合自己的发展模式，走出自己的特色道路。

为回应广大非洲朋友的关切，讲好中国扶贫脱贫故事，中国非洲研究院在全国政协中非友好小组的大力支持下，从各省、自治区、直辖市政协征集的当地精准脱贫的典型案例中精选编辑了《中国精准脱贫100例》，并以中文、英文、法文三种语言出版发行。该书分为三册，第一册为通过投资兴业发展生产实现脱贫的典型案例，第二册为结合保护生态和易地搬迁实现脱贫的典型案例，第三册为采取强化教育和社会保障举措实现脱贫的典型案例。

本书所提供的案例，仅供非洲朋友结合本国国情参考借鉴，希望能对读者有所启发，祝愿中非友谊地久天长！

总 目 录

投资兴业和发展生产类

1. 精准扶贫首倡地的喜人变化 …………（1）
2. 把"精准"融入产业扶贫全过程 …………（7）
3. 精准施策长短结合稳增收 …………（12）
4. 订单加技术落实精准扶贫 …………（17）
5. 土地托管破解种地不赚钱难题 …………（22）
6. 家门前的"扶贫车间"就业增收的幸福之家 …………（28）
7. 打造特色农产品产业链助力扶贫 …………（35）
8. 统筹推进农业生产方式变革 …………（41）
9. 从合作社到公司为脱贫聚力 …………（47）
10. 创新养殖模式助推脱贫致富 …………（53）
11. 农民田间学校创新扶贫模式 …………（59）

12. 创业辅导提升专业化扶贫水平 ……………（66）

13. "产业村长"带动产业脱贫 …………………（72）

14. 小笤帚做成大产业 …………………………（78）

15. 精准聚焦绿色产业促增收 …………………（83）

16. 光伏扶贫电站的精准脱贫之路 ……………（89）

17. "只卖茶园不卖茶"的扶贫新路子 ……（95）

18. 蚕桑产业变贫困村为富裕村……………（100）

19. 扶贫产业园区的集约发展优势…………（106）

20. 发展南药产业助力脱贫 …………………（112）

21. 小果蔬成就富民大产业 …………………（117）

22. 绿色蔬菜产业助力高原脱贫攻坚………（123）

23. 药材产业搭起扶贫的新桥梁 ……………（129）

24. "基础母牛银行"带来金饭碗…………（135）

25. 小香囊做出大情怀 ………………………（141）

26. 黄花引领带动稳定脱贫产业 ……………（146）

27. "金鸡"挑起脱贫富民"大梁"………（151）

28. 鲜切花种植项目助推产业扶贫 …………（156）

29. "吉尼斯稻香村"香飘神州 ……………（162）

30. "巴楚留香瓜"网上留香 ………………（166）

31. 缙云烧饼品牌化引领富民路 ……………（173）

32. 精心打造魔芋富民新品牌…………………（179）

33. 绿色莓果撑起脱贫"一片天"…………（184）

34. 柞水木耳产业创扶贫新路径…………………（191）

35. "金银花"撑起脱贫攻坚艳阳天…………（197）

36. 拉面经济拉动脱贫攻坚………………………（202）

37. 沙漠玫瑰成为农民"致富花"…………（209）

38. 小额信贷助力乡村持续脱贫…………………（215）

39. 开创金融扶贫工作的新路径…………………（220）

40. 资金引导保险护航脱贫产业大发展……（226）

41. 金融支持"催生"羊产业……………（232）

生态环保和易地搬迁类

42. 生态保护带产业发展　林果资源变
　　金山银山………………………………………（239）

43. 打好生态经济牌　走好产业扶贫路……（245）

44. 生态经济助力　持续发展有望…………（251）

45. 乡村振兴新思路　"山海协作"
　　找特色……………………………………………（256）

46. 生态补偿机制化　脱贫攻坚见实效……（261）

47. 树科学发展理念　做精准扶贫实事……（266）

48. 保护生态绿色发展　贫困群众共享红利……………（273）
49. 精准定位务实开发　红色旅游助力扶贫………………（280）
50. 生态保护促增收　护林员现身说法……（286）
51. 民宿旅游新创意　激发扶贫新动能……（291）
52. 落实生态补偿　助力脱贫攻坚…………（296）
53. 创生态旅游品牌　绿水青山助脱贫……（301）
54. 坚持生态立县　推动绿色崛起…………（308）
55. 贫困山区变景区　脱贫攻坚好前景……（315）
56. 打造中国犀鸟谷　贫困山村换新颜……（324）
57. 创新生态扶贫模式　助力群众脱贫致富……………（332）
58. 协作扶贫结硕果　科学规划创佳绩……（340）
59. 激活生态"红利"　绘就"金山银山"……………………（347）
60. 推精准造林工程　送贫困户"摇钱树"……………………（353）
61. 护好天山绿色资源　做好精准脱贫文章……………（358）
62. 易地搬迁扶贫　关键在于精准…………（364）

63. 确定"搬得出" 确保"能致富"……（368）
64. 精准搬迁谱新篇 致力发展奔小康……（374）
65. 告别"水上漂" 建设新渔村 ……（380）
66. 搬迁迎来新生活 贫困群众笑开颜……（385）
67. 搬离贫困深山 开启幸福生活…………（390）
68. 生态移民搬迁 确保持续发展…………（394）
69. 搬出大山天地宽 创新发展保民安……（400）

实施教育和社会保障类

70. 脱贫攻坚教育优先 科学规划创新发展…………………………………………（405）
71. 斩断贫困代际传递 奠定脱贫攻坚基础…………………………………………（412）
72. 创建走教模式 促进教育公平………（418）
73. 树立发展教育意识 培育乡村振兴人才…………………………………………（424）
74. 勇于承担社会责任 创新教育扶贫模式…………………………………………（431）
75. 实施扶贫培训工程 增强脱贫致富动力…………………………………………（438）
76. 贫困县办大教育 脱贫致富有希望……（444）

77. 落实落细教育扶贫　打牢脱贫人才根基………………………………………（451）

78. 搭建有效管理模式　筑牢控辍保学底线……………………………………（457）

79. 精准培训创品牌　劳务革新助扶贫……（463）

80. 弘扬优秀传统文化　消除乡村精神贫困…………………………………（469）

81. 培养产业工人　助力稳定脱贫…………（475）

82. 电视夜校送服务　脱贫致富有新途……（482）

83. 职业教育助力扶贫　农村女孩走出贫困…………………………………（487）

84. "组团式"教育援藏　提升边疆教育水平…………………………………（492）

85. 打好人才培育基础　建设优秀教师队伍…………………………………（498）

86. 精准扶贫量身定　致富路上阔步行……（505）

87. 完善社会救助模式　筑牢民生保障底线…………………………………（512）

88. 织牢兜底保障网　脱贫攻坚无盲区……（519）

89. "组团式"医疗卫生援助　专啃贫困地区"硬骨头"……………………（524）

90. 慈善医疗衔接救助　困难群众就医不愁 …………………………………（531）

91. 健康扶贫有良策　精准救治有成效 ……（538）

92. 巡回诊疗下基层　健康服务助脱贫 ……（544）

93. 改造农村危房　打造安居家园 …………（551）

94. 撑起特殊"幸福伞"　筑牢社保"兜底网" …………………………………（556）

95. 集中供养"失能"人员　帮助贫困家庭"松绑" …………………………（561）

96. 帮扶失能贫困群众　脱贫攻坚不留死角 ……………………………………（566）

97. 精准施策搞帮扶　残疾人稳定脱贫 ……（572）

98. 产业振兴贫困村　企业搭建扶贫桥 ……（578）

99. 对口扶贫协作　"输血"变"造血" ……………………………………（584）

100. 发挥政协优势　助力脱贫攻坚 ………（591）

后　记 ……………………………………（598）

目 录

(第一册)

投资兴业和发展生产类

1. 精准扶贫首倡地的喜人变化 …………（1）
2. 把"精准"融入产业扶贫全过程 ………（7）
3. 精准施策长短结合稳增收 ……………（12）
4. 订单加技术落实精准扶贫 ……………（17）
5. 土地托管破解种地不赚钱难题 ………（22）
6. 家门前的"扶贫车间"就业增收的幸福之家……………………………（28）
7. 打造特色农产品产业链助力扶贫 ……（35）
8. 统筹推进农业生产方式变革 …………（41）
9. 从合作社到公司为脱贫聚力 …………（47）
10. 创新养殖模式助推脱贫致富 …………（53）
11. 农民田间学校创新扶贫模式 …………（59）
12. 创业辅导提升专业化扶贫水平 ………（66）
13. "产业村长"带动产业脱贫 ……………（72）

14. 小笤帚做成大产业 …………………… (78)
15. 精准聚焦绿色产业促增收 …………… (83)
16. 光伏扶贫电站的精准脱贫之路 ……… (89)
17. "只卖茶园不卖茶"的扶贫新路子 …… (95)
18. 蚕桑产业变贫困村为富裕村 ………… (100)
19. 扶贫产业园区的集约发展优势 ……… (106)
20. 发展南药产业助力脱贫 ……………… (112)
21. 小果蔬成就富民大产业 ……………… (117)
22. 绿色蔬菜产业助力高原脱贫攻坚 …… (123)
23. 药材产业搭起扶贫的新桥梁 ………… (129)
24. "基础母牛银行"带来金饭碗 ………… (135)
25. 小香囊做出大情怀 …………………… (141)
26. 黄花引领带动稳定脱贫产业 ………… (146)
27. "金鸡"挑起脱贫富民"大梁" ……… (151)
28. 鲜切花种植项目助推产业扶贫 ……… (156)
29. "吉尼斯稻香村"香飘神州 …………… (162)
30. "巴楚留香瓜"网上留香 ……………… (166)
31. 缙云烧饼品牌化引领富民路 ………… (173)
32. 精心打造魔芋富民新品牌 …………… (179)
33. 绿色草果撑起脱贫"一片天" ………… (184)
34. 柞水木耳产业创扶贫新路径 ………… (191)
35. "金银花"撑起脱贫攻坚艳阳天 ……… (197)

36. 拉面经济拉动脱贫攻坚 …………………（202）
37. 沙漠玫瑰成为农民"致富花" ………（209）
38. 小额信贷助力乡村持续脱贫 …………（215）
39. 开创金融扶贫工作的新路径 …………（220）
40. 资金引导保险护航脱贫产业大发展 ……（226）
41. 金融支持"催生"羊产业 …………（232）

投资兴业和
发展生产类

精准扶贫首倡地的喜人变化

一 情况

湖南省湘西土家族苗族自治州花垣县双龙镇十八洞村，全村辖6个村民小组，225户939人，建档立卡贫困户136户533人，是典型的山区苗族聚居贫困村。2013年11月3日，习近平总书记来到十八洞村考察，做出了"实事求是、因地制宜、分类指导、精准扶贫"的重要指示。十八洞村成了全国精准扶贫的首倡地，当地村民的生活也随之发生可喜的变化。

2016年，全村人均纯收入由2013年的1668元增加到8313元，136户533名贫困人口全部实现脱贫，贫困发生率由2013年的56.76%下降到1.28%，率先在全县退出贫困村行列。2018年，人均纯收入增加到12128元，村集体经济也从空白发展到70万元。

二 做法

（一）精准识贫，找准要扶之"人"

精准扶贫最基础的工作是实事求是精确找出贫困户，确保"不漏一户一人，不错一户一人"。2014年1月，花垣县委驻十八洞村精准扶贫工作队和村党支部、村委会认真入户调查并结合实际制订了《十八洞村精准扶贫贫困户识别工作做法》，确定"十八洞村贫困农户识别9个不评"标准，并按照"户主申请→投票识别→三级会审→公告公示→乡镇审核→县级审批→入户登记"七道程序，把识别的权力交给广大群众，及时张榜公布结果，对识别工作实行全程民主评议与监督，确保公开、公平、公正，全村共准确识别出建档立卡贫困户136户533人，占全村总人口的56.8%。通过识贫、校贫、定贫"三部曲"，把真正的贫困户、贫困人口全部找出来。同时，由驻村工作队员和县扶贫开发办、县苗汉子合作社干部职工37人与136户精准扶贫户实行结对帮扶，每人联系3—5户贫困户，引导贫困户发展当家产业，定期深入贫困户家中帮助解决实际困难和问题。

(二)思想先行，鼓舞脱贫之"志"

十八洞村是典型的贫困村，群众的思想观念滞后，过去存在较重的"等、靠、要"依赖思想，修路、盖房子、发展产业都等国家来人帮忙搞，甚至建公共设施还有个别人出来横加阻止。工作队及村两委班子通过挨家挨户做思想工作，并创新推行"思想道德星级化管理模式"，开展道德讲堂，开展歌咏、舞蹈等丰富多彩的文化活动凝聚人心，摒弃落后思想。同时，分期分批组织村民参加苗绣制作、烹饪技能、种植技术等技能培训，掌握一技之长，提升自我发展能力。每年11月3日，都要表彰优秀村民，举办一场文艺晚会，感恩习总书记和党的亲切关怀，对群众实行潜移默化的思想教育。通过努力改写了过去"村合心不合"的历史，现在群众脱贫致富的信心大、愿望强、劲头足。五年多来，乡亲们参加村内各种公共建设累计自愿投工投劳3000余个。

(三)产业造血，开拓致富之"路"

十八洞村人均耕地面积仅0.83亩，村里没有多少产业，2012年全村只有417亩水稻，100亩玉米，300多亩烟叶，全村总收入仅140多万元，集体经济也是"空白"。五年多来，十八洞村按照习近平总书记指示"把种什么、养什么、从哪里增收想明白",因地制宜发展当家产业,形成了乡村游、黄桃、猕猴桃、苗绣、劳务输出、山泉水等"旅游+"产业体系。其中"飞地经济"发展的千亩精品猕猴桃基地,产品实现港澳直通,仅此一项,2018年十八洞村民就获分红88.5万元。组建的苗绣合作社,发展订单苗绣让留守妇女在"家门口"就业,2017年实现产值26万元。引入"步步高"投资山泉水厂,每年按保底50万、每卖1瓶水提成1分钱的"50+1"模式给村集体分红,2018年度已实现村集体分红55万元。全村还有300多名劳动力到东西协作对口帮扶的深圳、广州等地转移就业,直接增收600余万元。

(四) 基础筑牢,挖断致贫之"根"

全面改善基础设施,确立"人与自然和谐相处,建设与原生态协调统一,建筑与民族特色完美结合"的建设总原则,以"修旧如故""把农村建设得更像农村"为理念,全面实施"三通""五改"和公共服务设施建设,拓宽村道4.8公里,全村225户房前屋后铺上了青石板,民居改造工程完成204户,农户改厕工程完成170户,完成水渠建设3千米、机耕道建设6千米、游步道建设1118米,农网改造全面完成,家家通上了自来水、户户用上了放心电。升级改造了村小学和卫生室,新建了村级游客服务中心、村级电商服务站、苗寨特色产品店、村级金融服务站和村级民族文化展示中心。十八洞的"鸟儿回来了、鱼儿回来了、虫儿回来了、打工的人儿回来了、外面的人来了。"2018年10月,十八洞村获评"中国美丽休闲乡村"。

三 启示

(一)要选好配强带头人

在十八洞村脱贫攻坚中,从建强村"两委"入手,把讲政治有文化、"双带"能力强、群众信任的能人选进班子,让产业带头人、大学生村官、能人成为村骨干。同时选派强有力的第一支书和驻村工作队。村"两委"始终牢记习近平总书记的殷切嘱托,自觉扛起"精准扶贫"首倡地的责任与担当,"领头羊"的作用得到有效发挥。

(二)要引领提升精气神

脱贫致富贵在立志,只要有志气,有信心,就没有迈不过去的坎儿。十八洞村脱贫攻坚始终坚持扶贫扶志相结合,全面调动干部群众的积极性、主动性、创造性,充分激发内生动力,引导群众坚决摒弃"等靠要"思想。

(三)要因地制宜兴产业

发展产业是实现脱贫的根本之策。在十八洞村脱贫攻坚中,始终贯彻落实习近平总书记"把种什么、养什么、从哪里增收想明白"的重要指示,把产业建设作为"造血"扶贫核心举措,根据本地实际和资源禀赋,选定了符合自身实际的主打产业,按下了脱贫"快捷键"。

(四)要节俭务实抓建设

十八洞村在基础设施建设中,始终坚持花小钱、办实事、办好事,注重留住乡愁与实用美观相结合,注重风土人情与文化特色相结合,不上"高大上"项目、不搞大拆大建,按照"统一规划、保持原貌、节俭实用、协调美观"原则,以"修旧如故""把农村建设得更像农村"的理念,大力推进民族民俗特色村寨建设,走出了深度贫困苗寨精准脱贫之路。

把"精准"融入产业扶贫全过程

一 情况

福建省宁德市古田县凤埔乡地处古田县西北部,土地面积230平方公里,辖13个行政村,48个自然村,人口1.9万人。建档立卡贫困户135户486人;建档立卡贫困村4个。

凤埔乡坚持把产业扶贫作为脱贫攻坚的根本之策。通过近年来的努力,全乡135户486人全部脱贫,2019年全乡农民人均纯收入达1.9万元。

二 做法

近年来,凤埔乡按照"乡有特色产业、村有主导产业、户有增收项目"的思路,探索出一批产业

扶贫新模式,为贫困户脱贫增收开辟新路径。主要做法是:

(一)坚持基地带动

各村根据自身不同条件、基础及发展水平,选择符合本村实际且具有较强优势的特色产业,列入"一村一基地"发展项目,乡镇在土地流转、政策资金等方面给予支持。基地积极吸纳贫困户入股、就业,带动农民增收。全乡建立茭白、芋头、反季节蔬菜种植、毛竹林管护等14个产业扶贫基地,吸纳100多名贫困户进入基地工作,总共利用中央和省市县等财政补助政策补助资金176万元,补助产业扶贫项目188个、贫困户143户。

(二)坚持抱团发展

以西溪村为中心,整合7个偏远村的优势资源,统一规划产业发展,对接产业项目与资金,实现产业抱团发展、规模发展。投资232万元建成占地13亩的脱贫安置小区,异地搬迁24户94人,推荐75人到相关企业就业。引导辖区内福泉鑫、绿华等10多家食用菌、竹木加工企业主动承担社会责任,打造扶贫基地、扶贫车间,吸收30多名贫困人口及300多名群众在家门口就业,人均月收入达4000元以上。

(三)坚持能人示范

一方面,找准"能人"优势与精准扶贫结合

点，有意识地筛选一批能人、党员、在外乡贤等，与贫困户结成帮扶对子，在理念思路、生产技术、销售渠道等方面开展"一对一"帮扶。另一方面，加强与福建农林大学、古田菌业研究院合作共建，设立农业科技实验室，建立13人组成的农业科技服务队，对贫困户进行种养殖技术指导；创办人才沙龙，定期邀请大学生创业协会、民营科研人才协会、县食用菌产业协会会员驻点服务，为企业主、农户带来新观念、新技术，近年来开展实业技能创业培训9期500多人次。

（四）坚持金融助推

针对农户在种植食用菌过程中遇到的菌包感染、缺资金等问题，探索"保险+信贷"模式，化解经营风险。贫困户每袋菌包投保6分钱，如种植过程发生感染即可获赔1.8元，近年来已为350多户种植户提供近4300万袋银耳种植保险、保额8500多万元，赔款金额达291万元。积极探索银耳种植"政策+商业"两个险种的融合试点，扩大保险赔付范围，对自然灾害造成的种植风险采取政策险投保，对病虫害、菌种、原料等问题造成的种植风险采取商业险投保，种植户已投保200多万袋。设立金融服务点，贫困户可用保单向邮储银行申请1万—30万元的贷款授信，贷款期限为1—3年，利率为月息4厘7（年息5.64%），既降低了种植风险,又解决了资金难题。

三 启示

(一)要明主体,增强信心,形成"持续接力"

农村产业脱贫的主体是贫困户,在脱贫攻坚工作中,要正视贫困户的主体地位,切实发挥其主体作用,才能彻底摆脱贫困。要按照"扶贫先扶志,扶贫必扶智"的要求,一方面,充分发挥好政策、干部的作用,用倾情的服务切实提振贫困户的脱贫信心;另一方面,通过各种形式加强贫困户的技能培训,提升贫困户的脱贫能力,做到"授之以鱼"更"授之以渔"。

(二)要抓统筹,整合资源,产生"叠加效应"

打赢脱贫攻坚战,要发挥好党组织的引领作用,通过创新服务载体、服务方式、服务机制,把方方面面的力量整合起来,让社会各界动起来,凝聚脱贫攻坚的强大合力。

(三)要准定位,因地制宜,实现"事半功倍"

每个地方、每个贫困户的情况千差万别,如果千篇一律、一哄而上,不仅可能造成有限资源的浪费,势必也会影响贫困户脱贫致富的信心和决心。不能简单搞"一刀切",要把"精准"贯穿于产业扶贫全过程,根据乡情、农情、民情的具体实际来选定产业、制定政策、提供服务,才能实现"靶向发力""事半功倍"。

3

精准施策长短结合稳增收

一 情况

四川省南充市南部县地处川东北、嘉陵江中游，辖区面积2229平方公里，辖42个乡镇（街道）、1个省级经济开发区和1115个村（社区），总人口131万人，是国家扶贫开发重点县。2014年全县有建档立卡贫困村198个，贫困人口32734户，103273人，贫困发生率9.8%。

在脱贫攻坚中，南部县坚持走长短结合的产业发展新路，积极搭建扶推并重的就业创业平台，贫困群众实现了仓中有粮、柜中有衣、圈里栏里有畜禽、田里地里有果、家里电器基本有，生活质量明显提高。2017年7月下旬，南部县经四川省人民政府批准退出贫困县。

二　做法

（一）构建"龙头企业＋专合组织＋致富能人＋贫困群众＋金融保险"的"五方联盟"产业发展机制，让贫困户深度参与产业发展

发挥金融扶贫支撑作用，通过信贷让贫困群众加入产业链，龙头企业管营销，致富能人管生产，贫困群众投股金。南部县198个贫困村都设立了50万元的产业扶持周转金，金融机构为每一户贫困户授信2万—5万元，让贫困群众摆脱了发展产业"缺资金"的困境。如，封坎庙村建立家禽产业园，带动45户贫困户入股参与每股1万元，其中6户棚主每户入股4股、分红4万元以上；其他贫困户每户入股2股，保底分红2万元以上。

贫困户把政府贴息贷款、产业发展周转金转化为股金，共建股份制专业合作社，再与龙头企业抱团发展、深度合作，捆绑形成利益链。如，八尔湖镇纯阳山村与食用菌龙头企业四川森肽集团合作，成立食用菌产业合作社，建立食用菌产业园，27户贫困户全部入股，其中15户在家有劳动力的，每户独立负责1个智能菇棚生产，年收入最高可达10万元；12户举家外出或无劳动力的，参与公司和合作社营销环节分红，户均年保底分红7000元以上。

把农村分散零碎、经营效益低的土地以及撂荒地集中起来，统一流转给合作社，再流转给龙头企业，统建规模化种植园区，再通过返租的方式使贫困户实现稳定增收。如，东坝、铁佛塘、大堰等5个乡镇牵头成立专业合作社，将连片72个村10万亩土地统一流转，引进国有企业新星果品有限公司，建立柑橘产业园，带动3700户、10280名贫困人口入园发展。其中，对有劳动能力的贫困户，每户返租1亩以上的果园自主经营，返租费用按成本每亩2000元从产业周转资金中予以支持，龙头企业负责技术、农资、管理和产品营销，盛产期每户可获纯利润9000元左右；对无劳动力的贫困户，每户通过产业发展周转金返租1亩果园，交由龙头企业代管，五五分成，每户可获纯利润4500元；对有一定劳动力的贫困群众，企业优先吸纳入园务工，年人均务工收入6000元以上。

（二）统筹房前屋后资源，分户落实小庭院、小养殖、小买卖、小作坊"四小工程"，作为长效产业的有益补充

立足农村留守贫困劳动力多为老弱妇孺的现状，为每户安排产业扶持资金6000元，用于统筹房前屋后资源，分户落实短期有收益、长期可致富的"四小工程"。其中，培植小庭院，即因地制宜发展小果园、小菜园、小林园，让有劳动力、有基础的贫困户每户都有增收的"钱袋子"。发展小养殖,主要是生态养殖,让有意愿、有技术的贫困户获得较高的养殖收益。开办小作坊,即帮助有手艺、有兴趣的贫困户,开展方酥锅盔、酸水豆腐等土特产品加工,凭技艺赚钱。做好小买卖,即帮助场镇周边、交通便利、有头脑的贫困户发展小本经营。2.8万余户通过"四小工程"实现人均年增收500元以上,脱贫户人均收入超过4500元。

(三)加强教育培训,让贫困劳动力拥有一技之长

实施助学解困,支持有条件的每户培养1名以上大中专学生。建立贫困学生信息库、政策告知卡和资金发放册,15477人全部落实教育补助政策;设立红电助学基金、政府专项助学基金、社会教育助学基金,分阶段给予贫困学生补助;县慈善总会和红电助学基金分别按2000、3000元标准,对考入大学的贫困生给予无偿资助和奖励。

实施多种形式的技术培训,为每户培养1个技术明白人。依托"农民夜校",开展家门口的流动培训;开设挖掘机、数控等技能培训专班,30人以上"请人来校"、20人以上"办班到乡"、10人以下"送教进村";委托18个南部驻外商会,聘请培训机构异地代训。

实施多种形式的就业培训,为具备条件的贫

户培养 1 名劳务致富能干人。南部县是劳务输出大县，常年有 40 万人在外务工。在建立县乡村三级劳动力信息数据库的基础上，分类施策开展就业培训。对无技术的，围绕提高议价能力定期开设技能培训专班，培训合格发给资质证书，积极推荐就业；对无就业门路的，依托 18 家南部驻外商会，帮助实现转移就业；对无法外出务工的，按每月 400 元标准开发孤寡老人看护、乡村道路维护等公益性岗位。全县累计成建制转移贫困劳动力就业 33782 人，脱贫户的工资性收入占到了家庭总收入的 63%。

三　启示

在脱贫攻坚中，南部县坚持把产业扶贫作为解决贫困群众"脱贫又返贫"的根本出路，想方设法在农业产业利益链上做"加法"，千方百计在当前与长远、当期与长效结合上做"加法"，在抓好长效产业稳定增收的同时，统筹贫困户房前屋后资源，分户指导发展"短平快"项目作为长效产业的有益补充，做活了贫困户稳定增收的大文章。

4

订单加技术落实精准扶贫

一 情况

天津市宁河区有86个帮扶村，其中25个帮扶村是以生产小站稻为主。天津小站稻是中国著名的优质大米品牌，主产区天津宁河具有特殊地理优势，但是种植户长期面临"缺乏新优栽培技术、市场行情不稳定、销售渠道有限"的难题，公司与专业合作社、订单种植户合作，直接助力天津地区5个帮扶村脱贫。

天津金世神农种业有限公司作为"天津市农业产业化经营重点龙头企业"，积极响应习近平总书记的号召，"发展产业是实现脱贫的根本之策"。要因地制宜，把培育产业作为推动脱贫攻坚的根本之路。更好地推动产业扶贫落地生根，关键也是要抓住"精准"两个字,"立足地域资源""发挥企业优势"助力脱贫不返贫。

二 做法

天津金世神农种业有限公司扶贫的基本思路,一是打通市场渠道,建设全产业链,实现订单收购价格保障;二是联合多家农资企业推出低价优质生产资料;三是联合农机合作社等共同推出绿色植保防控、全程机械化服务;四是研发新产品、新技术,创新服务和产销模式,为农民提供更多节约成本增加收入新举措;五是对重点帮扶地区优先捐赠棉种、生产资料,并提供节本增效技术;六是免费测土及全年多类型、不间断技术知识普及等服务;七是推出"农民丰收节"等活动,奖励种植高产户。

2019年,公司与天津市农科院等科研院所,合作推广系列小站稻新优品种种植;与海南农垦集团达成5000亩稻谷收购协议,以销定产开展订单种植。其中与帮扶村实现3000亩订单,通过"五统一"(统一品种布局、秧苗供应、生资保障、技术规程、品质标准)管理模式,为农户每亩节约成本200元。订单户在种植过程中,通过使用公司成熟的基质育秧、稻蟹立体种养、侧身施肥插秧一体化等节本增效技术，稻蟹混养每亩增收345元。通过利用订单差价以高于市场价格0.7元/公斤回收销售，每亩增收455元（亩产1300斤×0.35＝455元），合计每亩增产1000元，带动了全区5个帮扶村增收致富，解决了订单户卖粮难和粮贱伤农的困惑。

同时，公司通过推广水稻新优品种及技术等服务，最大程度降低了农户的水稻种植成本，提升了产量，并且保证了回收大米品质、口感的一致性。最终实现订单户的稻谷以高于市场价格回收的预期目标。同时，带动天津地区10万亩水稻种植，促进农民增收创富，间接带动周边运输、加工、种植等产业发展。

公司围绕"稻蟹绿色种养"的主推方向，讲好小站稻新时代"精品、绿色、品牌"的故事。着力从设计产品包装、赞助知名栏目、参加国内大型展销会等方面提高品牌美誉度、知名度。如赞助2018年CCTV－7《乡村大世界》"丰收中国"走进宁河专场节目录制，并提供优质高端香米品种"金稻919"作为互动米奖品；参加2018年天津市小站稻推介会、2019年中国（宁河）大米美食节暨宁河区第二届全国大米展销会等众多活动。

同时在基地上打造"稻田钓蟹""农事体验"

等休闲旅游项目，逐步形成集种植、加工、休闲旅游于一体的三产融合发展方向，共享水稻产业兴旺的带动效益，使水稻种植户持续增收，保障农民脱贫不返贫。

三 启示

（一）推广"订单种植"模式

一是可以解决种植户没有种植方向、产品市场行情不稳定、销售渠道不畅通的问题，让订单户生产有目标、销售有渠道、收入有保障。二是可以让订单户全身心投入种植，全程按照订单指导要求管理，有效降低了农民种植成本，增加作物每年的增产潜能，实现轻松收益。三是可以通过"订单种植+贫困户"的帮扶模式，主动指导、带动贫困户订单种植，帮助贫困群众脱贫致富，打赢脱贫攻坚战。

（二）产业脱贫是打赢脱贫攻坚战的重要途径，订单农业是实现产业脱贫的重要抓手

农业全产业链发展新模式是订单农业可实现的重要保障，是农民增收致富的新途径，也是保障帮扶村致富不返贫的重要举措。

（三）产业扶贫，利企利民

全产业链经营模式优势突出，通过构建从科研

院所到生产企业再到销售渠道的产业联动格局，充分发挥上下游协同增长的优势效应。使得科研技术、资金、农资、服务在产业链中集聚，形成一个稳定、良性循环的生态圈，使得企业、农民都成为全产业链当中的受益者。

2020年，天津金世神农种业有限公司将继续创新产业扶贫的新路径，扩大产业扶贫的规模，让更多的农民持续增收，成为更多农户的利益共同体，让农民信赖并轻松收益。2020年3月，公司又建立了3万亩育秧基地，与农户达成水稻订单3万亩。同时，公司也将继续依托全产业链经营模式，为农民持续增产增收、脱贫不返贫提供源源动力，先行在农业强、农民富、农村美的探索道路上，不忘初心，助力我国乡村振兴，为打赢脱贫攻坚战贡献力量。

5

土地托管破解种地不赚钱难题

一 情况

河北省石家庄市行唐县，总面积966平方公里，下辖330个行政村，46万人口，其中农村人口39万。截至2019年底，全县108个贫困村所有贫困人口全部脱贫，目前享受脱贫政策的有20459户、53813人。

行唐县2018年初成立金丰公社农业服务有限公司，以土地托管为主要抓手，建立利益联结新模式，创新扶贫带贫机制，产业扶贫工作取得扎实成效。截止到2019年9月，金丰公社已实现土地托管面积4.8万亩，涉及6个乡镇60余个行政村，辐射5580个农户，带动476个贫困户稳定脱贫。

二 做法

金丰公社通过"聚资源、建网络、做服务",为广大农户提供覆盖全程的土地托管、农资套餐、金融保险、产品销售四大服务,创新利益联结方式,通过土地、农资、人力、科技、资金等生产要素全面优化配置,实现了土地的集约化、规模化、组织化、社会化高效经营。

(一)网格化服务覆盖

金丰公社着力构建县、乡、村三级服务网络,为广大农户提供贴身服务的土地托管。目前,已建立县级服务中心2处,乡村服务分社42家,吸纳社员2万余人。乡村服务分社采取土地合作模式,确认承包权、放活经营权、保护收益权,每流转500亩以上建立一个分社。由于规模化经营,减少了垄埂,每流转100亩又多出5亩耕地,规模效应显现。

(二)一站式托管增收

通过全方位、现代化土地托管服务,将单个农户组织起来,由公社统一管理,形成适度的土地和劳动力经营规模,在降低经营成本的同时,提升农业质量和效益。农户把承包土地委托给金丰公社后,仍拥有承包权和收益权,金丰公社拥有"种管销"

全程闭环式经营权,并承担一切生产费用,粮食产出后由金丰公社定价收购,扣除一定数额托管费后,将剩余收益全部返还给农户。以单个农户种植5亩土地为例,由金丰公社托管,每亩产出保底收益2340元,减去托管费885元,每亩纯收入1545元,5亩地纯收入7725元,比自己种植增收4075元,每亩增收效益可翻一番。此外,托管后如果有劳动力外出务工,每年至少可再增收2.4万元。同时,针对未实行土地全程托管的社员,金丰公社还可提供灵活多样的农资农机套餐服务,通过种子、化肥、农药的合理配给和厂家批量进货的价格优势,每年可节约支出725元/亩,同时,可优化生产结构,提升产品质量,避免伪劣农资问题。

(三)大数据运营高效

金丰公社研发了一款具有农业服务交易、农机师调度、社员可追溯服务、种植信息互动、在线教育、娱乐六大功能的"金丰公社社员APP"。通过APP,社员可在线上购买农资套餐,定制托管等服务,实现农产品产销对接。还可查看从种到收的全程服务情况,在线交流农业知识,接受线上教育。APP还可在线实时监测农业服务供需关系,优化资源配给方案,为农机师提供稳定充足的订单来源和专业技能培训。

（四）构建放心的销售渠道

金丰公社通过发展订单农业，已与大型农业企业正大集团签订 40 万亩的玉米种植订单，与鲁花集团签订 1.5 万亩以上高油酸花生订单，与蒙牛富源牧业合作发展 1 万亩以上青贮玉米，实现了"产供销"一体化。

（五）创新利益联结方式

对贫困户优先聘用务工，带动 180 名贫困人口就业，人均年可增加工资性收入约 4280 元。通过免费培训使贫困户成为职业农机手、农技师，在金丰公社统一调度下，人均年收入可达 5 万元以上。与社员签订亩产"保底+分红"协议，以公社前三年的平均亩产为保底，增收部分按社员和金丰公社 3∶7 分成。收获后，以略高于市场价的价格收购，确保了社员利益最大化。

（六）优化金融支持

与光大银行签约，为有需求的社员发放"福农贷"，用于购买农机具，每年发放 1500 万元，每户最高可获贷 20 万元。县金融部门为贫困户社员发展家庭副业，发放 5 万元以下 3 年以内的扶贫小额信贷，有效解决了贫困农户致富缺资金的问题。

三　启示

（一）从供给侧发力，有效破解了"农民不愿意种地"的问题

金丰公社的土地托管全程闭环式服务，特别是在平原地区，让农民从种到收，不用投劳、不用操心，采取"秋后算账"的方式，以拥有承包耕地的多少定收入，解除了农民的后顾之忧。农民成为土地的主人，企业成为打工仔，改变了企业租赁土地经营模式，也破解了企业租赁土地年初发租金的压力。同时调动了农户从事第二、第三产业的积极性。

（二）从需求侧发力，有效破解了"农民种地不赚钱"的问题

与散户种植相比，金丰公社通过集约化、规模化、组织化、社会化的种植、植保、飞防和收储，发展订单农业，农业机械化程度大幅度提高，农资流通环节减少成本降低，农业科技成果及时转化，以亩产价值论英雄，提高了企业的环境保护意识，种植成本普遍下降45%，粮食增收超过10%，农民收益增加112%。

（三）脱贫攻坚与乡村振兴衔接，有效破解了"农业产业结构调整慢"的问题

一年多来，行唐县把县域经济社会发展规划与脱贫攻坚和乡村振兴战略有机衔接，实现农业产业结构调整、产业扶贫、产业兴旺与农业服务企业的发展无缝对接。金丰公社通过托管土地，进行集约化、规模化、组织化、社会化统耕统收，2019年实施全县"粮改饲"项目2万多亩，促进了畜牧业的规模发展，加快了全县农业产业结构调整步伐。

6

家门前的"扶贫车间"就业增收的幸福之家

一 情况

黑龙江省齐齐哈尔市泰来县是国家扶贫开发工作重点县，人口32万，耕地面积261.9万亩，有建档立卡贫困户4381户9023人。

泰来县按照"政府主导、企业及能人带动、群众参与"的总体思路，把汽车座垫编织、柳条编织、小圈网编织、羊绒大衣缝纫等手工扶贫车间建立在村屯，让群众家门口就业增收。其中，依托招商企业瑞王汽车饰品有限公司带动，无成本、有订单、供原料、易上手、快增收的汽车座垫编织等项目受到群众积极参与，规避了建设上的"先热后冷"现象，并通过拓展车间功能，使其真正成为了让群众能增收、有归属感的"幸福之家"。2019年6月17日项目启动以来，全县已建设25个就业扶贫车间，带动1200多人务工增收，其中贫困群众169人。汽车座垫编织一项累计生产5万套，销售额达1300万元。据初步统计，员工的月收入在500元—800元之间，熟练工人月收入可达800元—1000元。

二 做法

泰来县制定出台了《泰来县2019年扶贫（编织）车间发展实施方案》，坚持"因地制宜、投入适度、规模相当、合理布局"建设原则，支持各乡镇建立扶贫车间。

（一）明确发展模式，注重项目可行性

经综合研判和科学论证，当地政府最终确定把"小快灵"的汽车座垫编织作为扶贫车间主攻项目。这类扶贫车间建设成本仅在10万—20万元之间，在经济发展相对缓慢的东北农村可复制、易推广、能持续，解决贫困地区扶贫项目建设普遍存在的资金投入、建设规模、技术、辐射范围等方面难题，且项目对环境"零污染"，可以实现经济效益、生态效益、社会效益"多赢"。在县政府鼓励激励政策下，各乡镇加大投入，采取"企业+扶贫车间+

农户+贫困户+订单"运营模式,充分利用闲置村办公室、校舍和农家小院等场所建立扶贫车间。

(二) 降低就业门槛,吸引贫困群众走进来

将车间与居家代工相结合,允许部分行动不便、距离车间较远人员居家务工,调动没有务工门路和因年老体弱、身体残疾无法外出务工等群体就业积极性,使很多被一般企业"拒之门外"的老弱病残成为了车间"新宠"、主力。车间吸纳贫困户169人,五十周岁以上老人310人,残疾人54人,无法外出务工农村闲置劳力670人。中老年妇女成为汽车座垫编织主力军,占车间务工人员83%。

(三) 强化服务引导,转变群众就业观念

各乡镇、帮扶责任单位及驻村工作队,积极宣传引导并实施免费培训上岗、支持车间生产及奖补激励等政策,转变群众就业观念、调动群众积极性。在项目实施前,瑞王公司为群众提供免费上岗培训,使其摒弃被动等待政府救济的思想、积极主动参与就业;县、镇、村、企四方联合聘请车间技术能手、技术熟练的车间主任在全县范围内开展免费巡回式和不定期培训,用亲身经历教育鼓舞身边人,提振了农村群众的精气神。

(四) 出台奖补政策,使群众腰包鼓起来

出台了奖励和考核办法,对优秀就业人员、车间主任、村集体给予奖励补贴。就业人员完成 1 套座垫可得 200 元，其中政府补贴 50 元；车间主任每月底薪 1000 元，另有鼓励生产、提升质量等奖励措施；每年奖励完成车间建设任务的村 8 万元，推动镇村建设扶贫车间。该县平洋村建档立卡贫困户乔福军夫妇都是残疾人，务工无门、创业无路，扶贫车间却让他们的人生"逆袭"，摆脱了"以酒度日"的消沉情绪。靠着一双巧手，夫妻二人当年靠编织每人增收 4000 多元。因技术过硬，乔福军一年后成为"师傅"，目前已收学徒 30 多人，还被聘为扶贫车间管理员，月收入从 700 元增至 1200 元，一年收入可达 16000 余元。

（五）拓展车间新功能，传递正能量

一是开展车间文娱活动，做到劳有所乐。鼓励村屯文化爱好者，广场舞、秧歌队成员加入车间，利用休息时间和传统节日，开展红歌合唱及秧歌、二人转等东北传统文化活动，让扶贫车间不仅有热火朝天的"穿梭声"，更有敞开心扉的"欢笑声"。丰富业余生活的同时，还寓教于乐，教育引导农村深化移风易俗改革，鼓励履行赡养义务，促进乡风文明，把文化自信根植在群众喜闻乐见的乡土传统文化里，传递了正能量，弘扬了正风气。二是开拓互助服务，做到弱有所帮。为提高贫困户个人生活质量，泰来县组建了以扶贫车间员工中的贫困人口和低收入群体为主体的互助服务队开展结对帮扶，主要解决家庭环境卫生脏乱、平常无人照料等基本生活难题，让以邻为伴、与邻为善、守望相助的传统美德回归。三是调解矛盾，做到难有所解。通过把有威望的群众调解组织成员吸引到扶贫车间，发现并调解矛盾纠纷，潜移默化地把法制思维带到群众中，不但解开了群众的"心疙瘩"、还转变了法制观念淡薄的"老脑筋"，达到了群防群治效果，维护了乡村和谐稳定。平洋镇东胜村车间内的3名"巾帼调解团"成员，由当地妇女代表大会主席带头，在村屯文化广场和小卖店等人员聚集场所，了解家庭和邻里矛盾纠纷，主动介入调解。目前已调处矛盾纠纷十多起，其中包括该村两户人家二十多年调解、打官司都无法解决的宅基地矛盾，得到村支书和群众的称赞。全村至今未发生因调解不及时而引发的"民转刑"案件，各类矛盾被消灭在萌芽状态。

三　启示

（一）立项精准、因地制宜是关键

从选项到立项，综合考虑县域自然、社会、经济等因素，量力而行，尽力而为。一是充分考虑自然条件，选择环境友好型、资源节约型项目，且不受规模、场所限制，成本可接受、可控制，能够遍地开花。二是充分考虑社会因素，在建厂设点上最大程度方便群众。三是充分考虑经济因素，从半农半牧县经济发展基础和现实出发，采用"企业＋扶贫车间＋农户＋贫困户＋订单"的运营模式，扬长避短有效应对了扶贫车间建设的风险和挑战。

（二）方向明晰、转产灵活是硬核

扶贫车间以劳动密集型手工编织品为主导，转产灵活。通过"龙头企业找、村屯能人带、就地就近挖"等方式，主辅结合，保证员工常年有活干且可持续。同时，超前谋划了未来3—5年发展方向，把产品聚焦在市、县一级产业链末端可就地取材的纯手工产品上。

（三）对象明确、积极引导是重点

扶贫车间面向所有农村群众，但服务重点对象是贫困户及农村弱劳动能力群体。县、镇、村先行开展免费技术培训，提供服务；先期受益者现身说法，以利吸引；镇村干部、帮扶责任人、驻村工作队挨家挨户多频次宣传，以诚感人；扶贫车间内有威望、有威信的车间主任、员工入户劝导，以一带多。

（四）政策扶持、多方参与是保障

出台鼓励措施和激励政策，对企业给予资金、信贷、物流、仓储、品牌推介、市场营销等方面的支持,解除了后顾之忧;以坚持人民为中心的发展思想为指引,以政府为主导,多方参与、形成合力为车间生存发展提供强大保障。

(五)拓展功能、弘扬正气是突破

以"投资小、风险小、见效快、能持久"为出发点和立脚点,在坚持主业保证持续稳定增收的前提下,把扶贫车间打造成农村群众文化娱乐舞台、互助服务驿站、矛盾调解阵地,是塑造扶贫车间文化的有益探索,让员工有了价值感、获得感、幸福感,是扶贫车间长久生存发展的根本。

7

打造特色农产品产业链助力扶贫

一 情况

江苏省连云港市灌云县南岗镇岗东村面积6平方公里，耕地5032亩。作为省定经济薄弱村，岗东村共有718户3759人，年人均收入10500元，建档立卡贫困户171户441人，村集体经济收入几乎为零。

2018年4月起，江苏省驻灌云县帮扶工作队直接瞄准"增收"和"产业"，构建"公司＋村集体＋农户"利益联结机制，因地制宜推动莴苣、辣椒、甘薯等特色农产品种植和深加工。通过建立品牌、拓展互联网经济，不断提高农产品附加值和市场销路，形成了"市场＋龙头企业＋合作组织＋农户＋基地"的"岗东模式"。自2018年4月帮扶工作队进驻以来，岗东村农民人均可支配收入从2017年的10500元增长到2019年的15800元，增加了50%；村集体收入2019年达到115万元，增长了2200%；171户建档立卡户目前已全部脱贫，年人均收入已超过6500元。

二　做法

（一）构建"公司+村集体+农户"利益联结机制

充分利用村级组织的信誉优势、组织优势，依靠省级税务局、市级金融集团、县级检察院等多方资源，成立集体所有制性质的连云港岗东农业科技有限公司。针对种植用地及资金缺乏的突出问题，在尊重村民和村集体意愿的基础上，积极实施土地"三权"分置改革，推动帮扶资金、村集体部分资产入股。土地流转户按每亩1100元折价入股，年终除按股分红外，每年村集体再拿出5%—10%的收益，按流转亩数给予土地流转户补助，从而实现土地变资产、帮扶资金变股金、农民身份变股东。积极引入大型食品加工实体企业，从2018年开始，与连云港超特食品有限公司、江苏峰之屹有限公司签约合作，每年种植莴苣、辣椒各200亩，按需种植规避了市场供需不平衡的风险。针对基础设施落后的客观实际,积极发挥村"两委"集体的保障作用,紧抓水、电、路等基础设施建设,修建了4公里的水泥路,安装路灯90盏,修建1座电灌站,便利了农特产品外销,促进客流货流对接。

(二)打造"线上+线下"联动模式

申报注册"岗岭传奇"鲜活农产品类商标,开发多类品牌产品,通过江苏综艺频道购物平台全面推向市场。抢占电子商务"风口",深度对接京东,获批京东商城中国特产馆灌云馆,针对种植户农产品数量少、品质不稳定等问题,统一负责开展上门收购、运输、协助检疫、包装等业务,统一开展策划宣传、销售、售后服务,提升了品牌知名度。推进O2O模式,投资120万元,打造面积达350平方米的电商展示交易中心,以线下体验力促线上订单。2019年,农产品网络平台销售达430万元,纳税额20多万元。

(三)践行"产业+就业+兜底"一体化发展理念

采用以工代赈、生产补助、劳务补助等多种办法,引导村民勤劳致富。对于参加企业种植的农户,按每天70元的工资日清日结,仅此一项即带动本村183名农户就业,同时还增加了周边村贫困户的务工收入。对于制作手工粉丝等农产品的农户，只要遵守契约、确保品质，就包销包售，概不拖欠。同时，对因疾病等客观因素存在突出困难的农户，每年拿出公司收益的 5%—10% 直接帮扶。此外，拿出 2 万元对所有 70 周岁以下、身体健康的建档立卡户人员购买"和谐家园"保险，涵盖财险和意外险两个领域，提高低收入家庭抵抗风险的能力，有效预防低收入家庭因病返贫、因病致贫。

（四）探索"党建+市场"的保障体系

创新议事规则，按照事务决策透明化、村务管理透明化的要求，对涉及产业的规划、项目实施等，一律实行村两委提议、村民代表审议、全体村民决议，以决策民主化、科学化进一步提升基层党组织的凝聚力和战斗力。创新权力监督，对班子成员提出"三不三要"的明确要求，即不贪、不占、不拖拉，要勤快、要务实、要敢负责。创新激励机制，通过各类评选评优活动，激发村民勤劳感恩共识，营造参与产业发展的良好氛围。

三 启示

（一）破除陈规是前提

岗东村特色农产品产业的快速发展，集体经济和农民收入的不断跃升，归根结底是观念转变的结果。从传统农业的靠天吃饭，到发展现代农业，办企业、搞项目、跑市场，需要充分运用先进技术、先进装备和科学管理等要素，才能实现贫困村在产业发展道路上的弯道超车，后发先至。

（二）找对路子是关键

发展村集体经济应本着实事求是、因地制宜的原则，挖掘潜力，扬长避短，唱地方戏，打优势牌，谋特色路。岗东村正是利用当地农民善于种植的典型优势，根据当地土地和气候特点，因地制宜选择合适品种；同时抓住产业发展难这一短板，精准发力，推动当地农户参与产业发展，实现共同发展的目标任务。

（三）形成合力是基础

要着力发挥政府主导、群众主体、市场配置、社会帮扶、基层保障五个作用，汇社会之力、聚各方之财、集全民之智，形成脱贫攻坚的强大合力。"岗东模式"的创立和发展既是岗东村帮扶干部和村干部辛勤努力的结果，更离不开省、市、县三级相关单位的重视，各方的参与共同形成了高效有力的大扶贫格局。

（四）选好干部是保障

岗东村在驻村帮扶干部的努力下，通过龙头企业聘用村干部参与管理的渠道，区别不同岗位和职责，向村主要干部开出每年 5 万元左右的薪酬，激发他们的干劲。依托阵地建设抓实素质提升工程，充分发挥示范基地和致富能手的辐射带动作用，帮助党员群众掌握致富技能，形成了"进门是培训课堂，出门是实践基地"的产业发展新格局。

8

统筹推进农业生产方式变革

一 情况

贵州省地处中国西南腹地,是中国脱贫攻坚的主战场,是全国贫困人口最多、贫困面积最大、贫困程度最深的省份,也是全国唯一一个没有平原的省份。

贵州省委省政府根据贵州山地多平地少、传统农业种养方式效益低、气候多样性优势突出的特点,通过大胆实践,实施"六个体系"创新,取得可喜成就,业已成为中国脱贫攻坚的"省级样板"。2018年全省农业增加值增速全国第一,实现带动45.53万户160.84万贫困人口增收。2019年累计创建"村社合一"合作社10941家,惠及贫困村3358个,实现茶叶、蓝莓、李子种植规模全国第一,辣椒产加销全国第一,猕猴桃、火龙果、刺梨种植面积居全国前列,带动111万贫困人口增收。

二 做法

(一)精准选择产业体系

1. 选好优势产业做大规模。把茶、食用菌、蔬菜、生态畜牧、石斛、水果、竹、中药材、刺梨、生态渔业、油茶、辣椒等12大特色产业做大做强,带动100万左右贫困人口增收。

2. 大力发展林下经济。加快"林业+产业"融合发展,统筹推进国家储备林建设与优势特色产业布局,规划建设一批林特产品基地,开发具有地方特色的林下经济产品,提高农林特产品市场竞争力,提升林业产业附加值。

3. 建设规模化、标准化农产品基地。以500亩以上坝区为重点,实行"一坝一策"。2019年,全省创建认定100个样板坝区和500个达标坝区。建成一批直供上海、杭州等东部对口帮扶城市和粤港澳大湾区的主要菜篮子基地,积极融入"一带一路"和国际贸易陆海新通道。

4. 促进产业融合发展。积极开发农业多种功能,加快推进特色农业、农产品加工和文化、旅游、康养、体育等产业深度融合。

（二）健全产业组织体系

1. 发展壮大龙头企业。坚持把培育壮大龙头企业作为关键，落实农业产业发展扶持政策，鼓励和支持龙头企业带合作社跑市场、采购加工销售农产品，带动农产品基地订单化生产。

2. 鼓励国有平台公司和供销社转型发展。鼓励国有企业采取并购、资产重组、股份经营等形式，组建农业企业集团。鼓励供销社转型发展，发挥供销社覆盖乡村的网络和组织优势，通过直接投资、资产重组、参股经营等方式，兴办一批农业龙头企业，积极开展冷链物流、电子商务、农资供销、普惠金融等服务。

3. 着力完善提升合作社。大力推广安顺市塘约村、大坝村等"村社合一"成功经验，因地制宜建立合作社，贫困农户通过土地流转、务工、合作社分红、返租倒包等增加收入。

4. 做实利益联结机制。扩大产业项目覆盖面，推广"保底收益＋按股分红"等模式，明确和优化农户、企业、合作社、村集体在产业链、利益链中的环节和份额，促进龙头企业、合作社、农民形成紧密相联的产业发展共同体。

（三）夯实产业基础设施体系

1. 完善农业配套设施。加快完善农业生产水利、重点区域交通网络、新一轮农村电网改造升级和农村通信网络建设,推进农村基础设施提档升级,筑牢"智慧农业"发展基础。

2. 提高农业装备水平。大力支持喷滴管灌、畜禽标准化圈舍、产品加工设备、渔业设施等设施设备建设。加强山地农机适用新技术研发与引进示范推广,推进智能化、自动化成套装备技术集成应用。

3. 抓好耕地保护与质量建设。加强对基础设施领域补短板项目的用地保障,补充耕地指标和城乡建设用地增减挂钩节余指标实行省内统筹流转,推进深度贫困县城乡建设用地节余指标跨省调剂,持续提升耕地质量和产出水平,确保到2020年建成1623万亩高标准农田。

(四) 完善产品流通体系

1. 加强农产品产销对接。推进绿色农产品进学校、进机关、进军营、进医院、进企业、进社区、进超市。支持农产品流通企业在东部对口帮扶城市建设贵州农产品直销点,大幅度提升贵州农产品的供给数量。

2. 打造现代农产品流通体系。盘活县域供销资源,加快打造市、县、乡、村四级农产品物流配送服务网络,补齐农产品流通供应链条,着力孵化、培育和引进一批带动能力强、市场潜力大、联结产销两端的农产品供应链企业。

3. 大力发展农产品电子商务。加快推进农业大数据平台、农业物联网基地建设，支持引导企业入驻贵州电子商务云、贵农网、农经网等电子商务平台，推进农村电商运营中心和农村电商服务站点建设全覆盖。引导公共机构和市场主体以认购、直采、众筹等方式开展"消费扶贫"。

（五）加大产业科技支撑体系

1. 着力提升农产品质量。大力实施质量兴农战略，加大标准和规程推广力度，提升农业生产标准化水平。实施农产品质量安全保障工程，健全农产品质量安全监管体系、监测体系、追溯体系、动植物防疫保障体系，建立农产品质量安全追溯平台，做到源头可溯、过程可控、流向可查、实时监管。

2. 全面提升农业科技服务能力。建立农业产业技术服务平台，实行一个产业一个核心技术团队、一条科学发展路径、一套技术支撑方案。健全农技推广服务体系，推动省、市、县三级科技特派员面向基层开展科技服务，实现每个坝区和合作社技术团队全覆盖。

3. 强化技术培训。组建技术团队和技术培训专班，对驻村干部、村委负责人等开展技术培训和生产技能培训。加大农民全员培训力度，建立健全培训档案，着力打造一支"爱农业、懂技术、善经营"的新型职业农民队伍。

(六) 强化产业组织保障体系

1. 压实领导责任。12 位省领导分别领衔推进 12 个重点特色产业。强化省市县领导干部联席会议机制,一个产业一个领导小组、一个牵头单位、一个工作专班、一个考核办法,专责推进产业发展。

2. 加大支持力度。加大对 12 个重点产业的投入,落实坝区结构调整补助资金、高标准农田建设配套资金等。每年安排预算内资金 2.4 亿元支持深度贫困县"一县一业"产业扶贫。

三　启示

通过围绕"六大体系",纵深推进产业发展方式变革,贵州省的农业发展方式正在从自给自足向参与现代市场经济转变、从主要种植低效玉米向种植高效经济作物转变、从粗放量小向集约规模转变、从"提篮小卖"向现代商贸物流转变、从村民"户自为战"向形成紧密相连的产业发展共同体转变、从单一种养殖向一二三产业融合发展转变。在这一系列的转变中,贵州成功助力了乡村脱贫振兴。

9

从合作社到公司为脱贫聚力

一 情况

甘肃省陇南市宕昌县位于甘肃东南部,有深度贫困乡镇2个、贫困村231个,是甘肃省23个深度贫困县之一。2014年初,全县共有贫困人口26987户117935人,贫困发生率41.41%,全县农村居民人均可支配收入6392元。

近年来,宕昌县围绕产业扶贫这个脱贫根本之策,形成了富民公司牵头、合作社组团发展、贫困户参与受益的带贫机制,建立了村办合作社联合控股富民公司带贫的产业扶贫"宕昌模式"。通过"宕昌模式"的有效带动,截至2019年全县脱贫贫困人口7756户31428人,退出贫困村144个,农村居民人均可支配收入达到7075元,其中建档立卡贫困人口人均可支配收入达6020元。

二 做法

宕昌县把培育发展农民专业合作社，健全完善带贫模式，作为创新生产组织体系的关键环节来抓。通过由村办合作社抱团成立联合社控股富民公司，改制原有国有扶贫公司，引进两家民营企业和省农垦公司作为战略合作伙伴，组建成立混合所有制富民股份有限公司进行合作经营，有效地将贫困户带入产业发展中。

（一）"五步走"实现联合控股

第一步，抓合作社组建运营。首先围绕解决"有没有"的问题，组建村办合作社336个，再筛选确定运营良好的合作社487个与村办合作社联合，实现了每个行政村都有以村办合作社为主导的两个以上合作社全覆盖，并动员引导全县1.49万户贫困群众，将2.96亿元到户到人产业扶贫资金全部入股到336个村办合作社，实现了合作社带动贫困户全覆盖。第二步，组建全县村办合作社联合社。首先由各乡镇牵头，将本乡镇村办合作社组织起来，每乡镇组建了一个乡镇联合社，再由25个乡镇联合社共同发起，成立了万众富民特色农业农民专业合作社联合社。第三步，改制原国有农发公司。对原县国有农发公司的所属资产进行评估，完成清产核资后，由县国资办代政府出资，在组建的富民公司认购股份。第四步，引进战略合作伙伴。与省农垦集团、甘肃琦昆农业发展有限公司和甘肃中药材交易中心达成合作协议，由这三家企业参股，并派出专业人员担任富民公司高管，参与公司决策、管理和运营。第五步，联合发起成立富民公司。由万众富民特色农业农民专业合作社联合社、三家合作企业和县国资办共同发起成立了陇南市羌源富民农业发展股份有限公司。

（二）"三级跳"建强产业体系

一是以村办合作社为单元，按照县上制定出台的成套管理制度规范运营，负责落实羌源富民公司年度生产计划和标准要求，采购所需的各类生产资料，流转土地统一组织生产，签订订单组织贫困户生产；二是以乡镇联合社为纽带，代表羌源富民公司开展业务，负责制定乡镇产业发展计划，审核村办合作社资金使用预算，组织联系和指导村办合作社开展生产，统计上报年度经营情况、基础信息数据等；三是以羌源富民公司为龙头，实行现代企业制度，内设综合部、财务部、电商营销部和六个产业发展部，同时下设25个乡镇分公司，主要负责产业规划制定、项目筛选论证、固定资产投资、技术培训和生产指导、产品收购等，并吸收社会资本和战略投资企业共同参与,带动特色优势产业高质量发展,提升全县农产品核心竞争力,确保入股资金(资产)保值增值。

(三)"四环节"保障规范运营

一是公司制定年度生产计划。由羌源富民公司按重点带动发展的六个产业,依据全县适宜发展的规模,在分析预测市场前景的基础上,制定年度生产指导计划,向乡镇分公司和村办合作社下达年度目标任务,包括种养品种、规模数量、质量标准等。二是按程序拨付产业发展资金。村办合作社根据羌源富民公司和乡镇分公司分解下达的生产计划,制定实施方案,提出资金需求预算,并上报乡镇分公司审核;乡镇分公司审核同意后,上报羌源富民公司审批;经羌源富民公司相关产业部审核、董事会审定后,拨付产业发展资金。三是村办合作社组织生产。村办合作社按照羌源富民公司下达的生产任务,制定具体的生产计划,采取全链条式、订单式、托管式、跨村联合式、扶贫车间合作式等五种方式组织生产。四是公司统一销售。羌源富民公司对村合作社生产的各类农特产品,经过统一包装,通过有关企业订单销售、借助战略合作伙伴销售、电商销售、帮扶单位销售、开设实体店销售、对接商场超市销售等多种途径进行销售。

（四）"六渠道"促进稳定增收

一是到户到人产业扶持资金入股保底分红。动员引导贫困群众将到户到人产业扶持资金全部入股到村办合作社，以不低于贫困户所持股金8%的比例分红，每人每年保底分红不低于400元。二是贫困户相关资源"三变"入股分红。贫困户将房屋、林地、草地等资源折股量化入股到村办合作社，年底按比例进行分红。三是土地流转收益。贫困户将土地流转给村办合作社，合作社每年按协议价格给贫困户支付土地流转费。四是务工取酬。贫困户通过在村办合作社从事种植、养殖和加工等劳务活动获得劳务报酬。五是产品销售收入。由羌源富民公司、村办合作社与农户签订订单收购协议，农户按要求组织生产，年终按高于市场价的标准保底收购。六是盈余分红。村办合作社在对全年收支情况进行详细核算的基础上，提取盈利额70%的资金按照股份比例给群众分红；剩余15%作为管理人员绩效报酬、10%作为盈余公积金、5%作为村集体经济积累。

三 启示

农民专业合作社是目前甘肃省产业扶贫中最急需、最薄弱、最需要花大力气做好的一件大事。宕昌县着力将村办合作社组织起来组建乡镇联合社，再由乡镇联合社发起成立全县联合社。同时改制县上原国有农发公司，引进龙头企业参股，联合发起成立股份公司。全县联合社自下而上将到户产业扶贫资金逐级集中起来，认购股份公司股份，代表合作社和贫困户行使控股权，并自上而下将分红派发到户。具体运行中，股份公司统一制定下达生产计划、拨付产业发展资金、对接市场、贴牌销售，村办合作社组织生产，带动了贫困户多渠道稳定增加收入。合作社控股富民公司带贫的"宕昌模式"，破解了贫困村相对缺乏主导产业、单个合作社难以发挥作用的问题，实现了多类资源、多方主体、多个层级、多种所有的最佳配置和有效组合。

10

创新养殖模式助推脱贫致富

一 情况

宁夏回族自治区固原市西吉县燕李村，为西吉县最偏远落后的村，交通不便，山大沟深，干旱少雨，水土流失严重，抗灾能力弱。全村辖7个自然村，其中建档贫困户90户422人，贫困面为59%。该村缺乏可供开发为支柱型产业的资源，农业生产以种植马铃薯、玉米和杂粮为主，只有个别村民按传统方式零星养殖牛、羊、猪等，外出打工是大多数家庭的主要收入来源。

当地通过采用"全赠半返+返租代养"的养殖模式，逐步扶持养殖户把养羊作为产业经营，进一步发展为专业化家庭养场，不但取得较好的经济效益，实现不离土即创收，同时，村集体经济也逐步壮大发展。截至2019年11月，总共投入资金65万元，项目覆盖87家建档立卡户，分期投放了548只基础母羊和87只种公羊。如今，羊只累计数达6904只，按每只1000元计算，新增资产约690.4万元，户均增资大约9.1万元；已出栏4519只，按每只800元计算，总收入361.5万余元，户均4.8万元；目前尚有存栏2385只，资产价值238.5万元。该模式使大部分覆盖的贫困户都改善了整个家庭生活，取得了良好的经济效益。

二 做法

宁夏人力资源社会保障厅定点帮扶该村，扶贫干部经过深入分析村情民情，精准识别致贫因素，反复斟酌众多备选产业项目（如养殖业：牛、羊、猪、五黑鸡、珍珠鸡、锦鸡、兔子和蜜蜂等；种植业：花卉、草药、瓜果、蔬菜、蘑菇等；特色手工业：刺绣；编织等）的技术和产品可行性，重点考察了市场可行性，并多次征求村民意愿。同时，扶贫干部调研发现，该村耕地面积大，有充裕土地种饲草，加之作物秸秆充足和荒山荒坡，有利于养殖产业发展，最终把养羊作为扶贫产业来发展。由于初期可用资金非常少，就针对性地设计了"全赠半返+返租代养"帮扶模式，让贫困户逐渐参与到养殖项目中，逐步形成脱贫致富产业，并培育壮大村集体经济。

（一）创建"全赠半返"模式发展养殖产业

2014年初，从社会上筹集资金23万元，针对90家建档立卡贫困户，设计了"全赠半返"养殖模式，分三期逐年实施，采取第一期带动第二期，第二期带动第三期，第三期带动集体经济发展的循环模式。将90家贫困户分为三期，每期扶持30户，每户"赠予"8只基础母羊外加1只种公羊，一年后，"半返"是按赠予母羊数的一半4只计。

• 步骤一：2014年7月，赠予第一期养殖户每家8只基础母羊加1只种公羊。

• 步骤二：2015年6月，第一期养殖户（半）返给第二期养殖户4只母羊，再给第二期养殖户每户补充4只基础母羊加1只种公羊。

• 步骤三：2016年5月，第二期养殖户（半）返给第三期养殖户4只母羊，再给第三期养殖户每户补充4只基础母羊加1只种公羊。

• 步骤四：2017年7月，第三期养殖户（半）返给村集体4只母羊，建立集体羊场，用于发展集体经济。

这一养殖模式基于"两年三产、一年三羔"的繁殖基数，养殖户至第三年应拥有约77只羊，每年只需保留40只基础母羊，年出栏约120只羔羊，收入约 8 万元。

（二）设计"返租代养"模式壮大集体经济

通过"全赠半返"模式返给村集体羊只建立了集体羊场，作为集体经济饲养一段时间后，发现存在机制、人员、饲料和养殖等诸多方面的弊病。经仔细研究决定，将集体羊场中体况良好的 40 只母羊"返租"给 6 户村民"代养"，每只羊每年给村集体上交租金 150 元，代养期间所产羊羔归代养者所有。结果村民对"返租代养"的积极性很高，人社厅筹资又购买了 160 只母羊作为村集体资产返租给村民，用于壮大集体经济，至此村集体拥有基础母羊 200 只。实践证明，这种"返租代养"方式既可确保集体资产保值且大幅增值（收益率约 10%），也可帮助资金规模小的养殖户增大规模，获得规模效益（约 30 万元），实现了农户和集体双赢。仅此一项村集体每年纯收入 3 万多元，加上人社厅为村集体购买的农机具承包费等收益，每年集体收入约 5 万元。

（三）打造"品牌营销"模式增加农民收益

此前燕李村羊只销售在当地，村民大多以活体小羊羔"守株待兔"式坐等羊贩子上门收购方式销售，售价低廉，一般每只 400—800 元。扶贫工作队扶持合作社，从品牌策划、包装设计、集中屠宰、真空包装、线上销售等环节提供全方位帮助，促进小农户与现代农业发展的融合，实现优质优价，提高养殖效益。通过扶持合作社初步试销，已将393只肉质鲜美、风味独特和肥瘦适中的品牌羊肉销售至广东、北京和银川等地，每只收益达1000—1200元。

三　启示

（一）符合村情是根本

"全赠半返+返租代养"养殖模式是在详细了解村情民情的基础上，紧密结合当地实际状况，反复研究、论证及咨询之后设计的模式，考虑到缺乏资金就制定了分期实施方案，也充分征求和体现了广大村民的意愿。

（二）少量投入是优势

该模式特点是所需资金少，少量投入就可以启动，采取滚动式发展。第一期启动后，后两批资金筹措压力也就小了。而且，养殖户一开始收到9只羊，具有一定的规模，繁殖速度快，对村民规模化养殖有吸引力。

（三）循环壮大是特色

该模式是在前一期养殖户发展壮大的基础上，

带动下一期养殖户发展,在三期养殖户发展壮大后再扶持村集体经济,村集体经济通过"返租代养"再帮助农户扩大规模增收。同时,通过秸秆喂羊、羊粪肥田、田肥增产、多种饲草,最终实现草多羊多的循环模式,形成特色循环经济。

(四)技术培训是抓手

先后多次聘请新西兰和区内著名畜牧专家,采取集中授课、现场指导等方式,有针对性地讲解科学饲养、疾病防治、饲料种植等技术知识,引进了小羊补饲和分群饲养理念,养殖方式逐步得到改变。

(五)产业致富是目的

"全赠半返+返租代养"养殖模式旨在打造产业扶贫模式,特点是周期短、进钱快。而且,该养殖模式引导村民规模化科学养殖,逐步培育成可持续发展的致富产业,同时助推村集体经济建立和发展。

11 农民田间学校创新扶贫模式

一 情况

河南是农业大省、人口大省，也是脱贫攻坚任务较重的省份之一。新一轮建档立卡之初，河南省有53个贫困县，其中38个国定贫困县、15个省定贫困县，占全省县级行政区划的近一半；有9536个贫困村，占全省行政村总数的五分之一；有698万农村贫困人口，居全国第3位。

中共十八大以来，河南省坚持以习近平新时代中国特色社会主义思想为指导，深入学习贯彻习近平总书记关于扶贫工作的重要论述，坚持精准扶贫精准脱贫基本方略，脱贫攻坚取得决定性进展。截至2019年底，53个贫困县全部脱贫摘帽，9484个贫困村全部退出，贫困发生率由2012年底的

9.28%下降到2019年底的0.41%。

"治贫先治愚，扶贫先扶智"。近年来，河南省深入贯彻习近平总书记关于"家有良田万顷，不如薄技在身，要加强老区贫困人口职业技能培训，授之以渔，使他们掌握一项就业本领，要提供量身打造的技能培训"的重要指示精神，围绕实施产业脱贫战略，以教育培训为抓手，以农民田间学校为平台，探索走出了一条"农民田间学校+培训+志智双扶+产业+增收+脱贫"的有效模式，发展了产业，促进了增收，助力了脱贫。通过农民田间学校的技术培训、观念引导，全省1577所农民田间学校辐射带动24550贫困户，约95%以上在农民田间学校学习、实训、务工就业的贫困户顺利实现脱贫。

二 做法

2014年7月25日，河南省第一所农民田间学校在内黄县东发种植专业合作社挂牌，并在洛阳市等6个省辖市开展全面试点。按照科学规划、立足产业、服务农民、融入体系、示范带动的原则，河南省农广校依托省、市、县三级建制农广校。目前，全省建有1577所农民田间学校，18个省辖市、6个直管县分别组建了市县农民田间学校联盟，形成了省、市、县三级农民田间学校联盟体系。

（一）结合产业布局建校

从贴近农村、贴近农民、贴近实践出发，大力推进产教融合、校企结合，广泛发动各级家庭农场、农民合作社、农业企业积极投身参与农民田间学校建设、教育培训助力脱贫攻坚工作，引导农民田间学校融入农民教育培训体系，向农民聚焦、向产业链聚焦、向专业村聚焦、向脱贫带贫聚焦，实现在产业中培养人，在培养人中发展产业。在全省1577所农民田间学校中，依托农民合作社建立的占59.2%；依托农业企业建立的占14%；依托家庭农场建立的占6.4%；依托乡镇区域农技推广站建立的占11.6%；依托种粮大户建立的占9.8%。

（二）机制联结助推创业

通过农民田间学校的引导和带动，涌现出了一大批拥有自己产业的脱贫户。近年来，河南省社旗县丙玉蔬菜种植专业合作社农民田间学校积极探索"实训基地＋贫困户"管理合作模式，带动贫困户脱贫。一是技术培训创业。组织贫困群众到基地学习种植和管理技能，其掌握技术后自建大棚与合作社一道发展蔬菜产业，现已培训300户贫困户。二是合作共赢创业。由合作社投资建棚，供应种子、农药、化肥等生产资料和技术,让贫困户参与生产管理,收益按 5∶5 分成,促进贫困户增收。三是信用担保创业。通过政府担保、合作社贷款贴息,带动 3 个乡镇、3 个贫困村共计 266 户贫困户种植蔬菜。建造一座 667 平方米蔬菜大棚所需的 12000 元投资,从贫困户销售蔬菜的货款中扣除,蔬菜大棚产权归贫困户所有,并可得到 5000 元到户增收项目。四是社会帮扶创业。合作社每年拿出 20 万元捐献给 100 户需要社会兜底的贫困户。目前,该田间学校已带动社旗县贫困户 651 户贫困人口 2400 人通过发展产业实现了脱贫。

(三)围绕产业精准服务

睢县以农民田间学校为主阵地,组织 20 多名农广校教师成立脱贫攻坚特色产业专家服务团,长年活跃在田间地头。实施"冬培训、春育苗、夏指导、秋促销"的"全天候"指导服务计划,为贫困群众提供技术指导。围绕芦笋、辣椒、瓜果等脱贫特色主导产业,在全县范围内举办专业培训班 100 余场 5000 余人次,田间地头实训 200 余场 10000 余人次,逐户实地指导 2000 余趟次,培养产业致富带头人 850 人,带动全县特色主导产业迅速发展,实现产业带贫 32567 户。夏邑县以农民田间学校为平台,示范带动贫困户走发展高效特色产业致富之路,培育特色种植贫困户 9204 户,特色养殖贫困户 3065 户,从事经商贫困户 3238 户,实现户均年增收 4000 元以上,助推了全县 143 个贫困村全部退出贫困序列。

(四)融通资金纾解难题

针对贫困户想创业但缺乏资金的难题,农民田间学校利用自身资源优势和融资渠道,积极与财政、金融等部门沟通联系,克服各种困难,协调小额贷款或提供启动资金,帮助农户发展生产。河南康龙实业集团农民田间学校实施"普惠扶贫"订单农业,公司与贫困户学员签订定向收储协议,先期支付 10% 的订金,学员按照绿色食品生产的规程要求种植杂粮、养殖畜禽,公司以高于市场 10%—30% 的价格统一收储,让贫困群众放心放手发展产业。

(五)志智双扶增强信心

一是扶志气,让贫困户重拾生活信心。针对部分贫困群众思想认识落后、存在畏难情绪和"等靠"心理,各地农民田间学校在农广校的组织指导下,将扶思想、扶观念、扶信心导入培训内容和培训课程,帮助树立斗志和勇气,增强"先动手、后伸手、脱贫靠双手"的自力更生意识,破除"等靠要"的依赖思想。二是扶智慧,让贫困户进入网络时代。辅导贫困户学员学习使用互联网，手把手教他们如何运用智能手机进行微信聊天、发信息、查信息，如何拍产品图片、发布产品。内黄县的贫困户通过学习，80%的学员基本掌握了智能手机的应用，有的贫困户学会了网络销售农产品，跟上了网络时代的步伐。

三 启示

（一）农民田间学校是农民学习的大平台

通过农民田间学校的培训，贫困户的自主学习、自主生产、自主决策能力得到提高。在自主学习能力上，实现了从"要我学"到"我要学"的颠覆性改变。在自主生产能力上，最明显的变化就是不再"等靠要"，真正懂得了解决贫困靠双手。在自主决策能力上，从原来的别人种什么自己就种什么，到选择适合自己发展的品种和种植模式，学会了反季节栽培、错峰栽培等模式。

（二）农民田间学校是先进技术的示范场

通过农民田间学校的技术培训、观念引导，贫困户的生产技术和知识水平明显提高，学会了科学控制生产成本，减少肥料、农药、兽药和饲料使用量，从原来的单纯追求产量转变到开始生产绿色、无公害产品。

（三）农民田间学校是脱贫带贫的助推器

农民田间学校以"农民"为中心，以"田间"为课堂，注重实践性和针对性，开展互动式零距离培训，辅导老师针对各种问题进行分析和讲解，组织学员开展田间观察，提高发现问题、解决问题的能力，参加培训的农民学员普遍提高了增产增收能力。

（四）农民田间学校是产业兴旺的加油站

通过农民田间学校的培训和指导，贫困户逐渐由普通农业到发展高效农业、立体农业、循环农业、创意农业，促进了优质粮食、食用菌、西瓜、温棚蔬菜、家畜家禽养殖、乡村旅游、特色农产品加工、电商流通、光伏等产业的发展及农村一二三产业融合发展。同时，农业产业化龙头企业、专业合作社、家庭农场和农村经纪人等新型经营主体与贫困户建立稳定的产业带动关系，增强了持续脱贫新动能。

12

创业辅导提升专业化扶贫水平

一 情况

海南省陵水黎族自治县本号镇位于陵水县西北部，面积309平方公里，下辖22个村委会131个自然村，总人口3万余人，是陵水县面积最大的农业型乡镇。作为全县贫困面比较广、贫困程度比较深的乡镇之一，本号镇也是陵水脱贫攻坚的"主阵地"。本号镇引入第三方智力服务机构——创业辅导中心，进行一对一专业化指导，用2个月时间完成了22个村级公司的创建，并帮助建立了规范的管理制度。陵水大坡盛大农业开发有限公司是22家村办集体企业之一，主要进行和牛养殖，运行第一年就实现分红19.26万元，全村贫困户105户421人，人均分红424.33元。大坡村、祖关村、田心村、乐利村等所属 10 家村集体企业通过发展火龙果、椰香牛、田心鸡、茶树菇、黑猪、豪猪等扶贫产业实现收益，分红惠及贫困户 1138 户，受益人数 4712 人，为推动贫困户长效稳定脱贫发挥了积极作用。

二　做法

（一）指导村办集体企业完善组织架构，解决经营主体经营管理不规范问题

创业辅导中心以推动村企共建和多方共赢为目标，依据《公司法》《村民民主自治法》，将现代企业管理理念和所有权、经营权、收益权分离制度植入村办集体企业。所有权归属村集体有限责任公司，董事会行使公司决策管理权，监事会突出抓好资金使用监管等工作。以素质好、法治观念强的致富能手和职业经理人为职业化"经营团队"，在所有权与经营权分离原则下，为村集体企业发展提供智力支持和人才保障。

（二）指导村办集体企业完善资产收益量化分配制度，解决利益联结机制不紧密问题

创业辅导中心帮助村集体企业制定各项规章制度和企业章程。建立资产所有权量化分配台账，把贫困户、低保户、特困户和残疾户等统一纳入年度产业扶贫保障体系,确保所有贫困户、低保户和特困户的资产收益权。同时,建立收益量化台账,根据年度帮扶对象变化进行收益动态调整。

(三)指导村办集体企业规范财务管理,解决扶贫资金使用管理安全性问题

在创业辅导中心指导下,成立本号镇"村集体企业管理中心",加强扶贫产业立项指导,要求凡是对外合作项目或村办企业发展产业,必经项目专业市场前景评估,必经项目可行性测算,必经合作框架协议审议等,这在一定程度上大大降低了财政专项资金投资风险。由乡镇每月安排各村办集体企业财务人员到创业辅导中心接受指导和集中记账、边做边训、以训促做,使各村集体公司账务凭证装订完整、账簿记录清楚,做到账账相符、账实相符,有效降低了财政资金投入风险。

(四)帮助村办集体企业开展经营管理人才培训,解决带贫主体经营管理能力不足问题

创业辅导中心组织各企业经营管理团队开展多轮次培训,内容包括国家扶贫产业政策解读、企业章程、董事会监事会职能职责、经营管理、财务管理、合同以及相关法律法规等。累计培训900余人次，为村办集体企业培养了一批法制观念强、素质好、懂管理、善经营的村级干部人才，增强了村集体组织的自我发展能力。白石村村办集体企业2017年发展养鸽产业经济效益不佳，经创业辅导中心指导，2018年下半年投入110万元转产百香果产业，仅2019年第一季度就实现收益50多万元，其中36万元用于贫困户分红，每户平均收益1500元。

（五）帮助村办集体企业开展农资、农技和市场销售服务，解决经营主体和贫困户缺技术、缺市场问题

针对本地大力发展的火龙果、香粉蕉和苗圃育种等产业，创业辅导中心指导村办集体企业为农户提供农作物产前、产中、产后各环节的农业社会化服务，既加快了小农户和农业大生产的有机衔接，又促进了集体经济与贫困家庭的同步增收。创业辅导中心指导大里小妹村成立陵水什帝农业生态旅游有限公司，凭借得天独厚的原始热带雨林资源开发旅游产业，通过对农户民房统一规划、运营，民宿、旅游特色商品、农家乐等多个项目初显成效。

（六）帮助村办集体企业开展感恩励志教育，有效解决贫困户内生动力不足问题

创业辅导中心利用自身优势，在本号镇开展了

《脱贫先立志——启志树新风》《脱贫攻坚——我们是主力军》《我的家庭梦想与行动计划书》等20多场感恩励志主题系列培训和多项职业技能及创业培训活动，让贫困户切实感受脱贫攻坚带来的生产生活变化，促使贫困户从内心深处焕发主动脱贫的意愿。

三 启示

本号镇通过经济创业辅导中心，以严格、规范的制度形式对贫困村集体经济进行了升级改造，较好地解决了经营主体经营管理不规范、利益联结机制不紧密、扶贫资金使用管理安全性等产业扶贫中的热点、难点问题。

（一）走专业化发展道路

产业扶贫只有实现专业化，才能做细做强。本号镇创业辅导中心深入一线开展专业化智力服务，大幅度提升了产业扶贫的水平。乡镇政府、创业辅导中心、村集体企业和贫困户在共同参与产业扶贫发展的过程中实现了多方共赢。

（二）构建高效的扶贫资金到户模式

本号镇产业扶贫强调的不是扶贫资金直接到户，而是扶贫效益到户，通过村集体企业，贫困户从规模化的产业发展中直接和间接受益,这可以帮助贫困户稳定积累资产并利用其持续受益,同时提高了抗风险能力,减少因灾、因病、因市场风险返贫的概率,达到稳定脱贫的目标。

(三)建立"风险共担、利益共享"的利益联结机制

贫困户与合作社之间、社会企业与合作社之间、贫困户与社会企业之间均存在利益博弈的关系。如果不能建立起有效的利益联结机制,则易导致不同主体各自为政,贫困户被排挤在外的结果。本号镇利用资金、政策等资源扶持做实事、见实效的村集体企业,由贫困户选出代表组成监事会,对村集体企业的各项重大决策进行全程监督,村集体企业和贫困户之间订立合同契约用来规范各主体的责、权、利,取得了明显成效。

13

"产业村长"带动产业脱贫

一 情况

重庆市彭水县三义乡地处武陵山腹地,"两山夹一槽"、海拔垂直落差达1230米,是典型的高寒冷凉贫困山区。农户主要依靠种植土豆、玉米、红薯等传统作物维持生计,2017年全乡贫困发生率高达11.6%,全乡6个村均为"空壳村"。深化脱贫攻坚以来,三义乡针对本地致富带头人能力有限的实际,引入外来合作企业的负责人和培育本地产业发展的带头人作为"产业村长",以市场为导向与村集体经济合作并带领贫困群众,建设产业基地、发展特色产业、创立扶贫车间,探索出了一条稳定的产业脱贫路。2019年全乡贫困发生率降至0.2%,经济作物种植面积达19076亩,粮经比由80∶20调整为20∶

80，6 个村的村级集体经济平均收入达 20.2 万元。

二 做法

（一）推出"产业村长"制度

为带领全乡群众摆脱贫困，三义乡曾先后发动群众发展中药材、高山蔬菜、经济果林、特色养殖等产业，但受农户技术缺乏、市场信息不足、交通不便、销路不畅、外来企业不愿落地等因素影响，这些产业存活率极低，村民几乎是谈新产业而"色变"，产业结构调整一度成为"痛点"。三义乡党委政府和驻乡工作队抓住深度脱贫攻坚机遇，紧扣全乡特色种植养殖的脱贫主导产业，引入龙头企业合作，有针对性地选择懂产业、懂技术、懂市场，在相对应的村有产业基地并具备一定实力和奉献精神的产业能人，聘请他们作为产业村长。首批担任产业村长的 4 人中，有 3 人是乡外引入企业负责人。如聘请重庆祥林中药材公司负责人王祥任五丰村产业村长，带领包括五丰村在内的 4 个村种植中药材 6000 余亩；聘请重庆沃邦农业有限公司负责人侯春均任龙合村、莲花村 2 个村的产业村长，建设食用菌基地 80 亩，并建设食用菌加工扶贫车间。通过产业村长带动，贫困户 100% 进入合作社，并参与劳动实现就业增收。

(二)明确"产业村长"责任

一是做大做强特色产业。依托自身优势,积极策划所在村特色产业发展方向。培育壮大主导产业,提高产业化、组织化程度,实现"企业+产业基地+村集体经济+贫困户"捆绑发展,确保扶贫产业让企业、村集体、贫困户三方共同受益。二是积极抓好产销对接。积极开拓市场,采取采购、代销、委托加工、农企直通车等方式,帮助农户拓宽销售渠道。带头做好产品包装设计、打造统一品牌。三是有效促进就业增收。深入推进"龙头企业+合作社+农户"等模式,进一步建立健全利益联结机制,确保农户稳定增收。组织农户定期参加相关专业技能培训。为贫困农户提供长期、短期就业机会,优先安排到产业基地务工等。四是指导全村脱贫产业发展。参加全村脱贫产业发展会议,充分发挥自身优势为全村脱贫产业出谋划策,积极向村集体和农户发布市场信息,帮助全村产业发展规避市场风险。

(三)支持"产业村长"工作

一是提升企业负责人荣誉感。三义乡明确规定"产业村长"列席产业发展会议、参与相关讨论,协助村党支部委员会和村民自治委员会做好产业规划。同时,明确产业村长属荣誉性质,不属于村"两委"的实职干部,不纳入乡村干部考核,不领取报酬。二是提升外来能人归属感。三义乡建立党政班子成员与"产业村长""一对一"联系机制,坚持每周至少打1次电话、半月至少见1次面、每月至少召开1次推进会议,及时了解情况、协调解决工作中存在的困难。设立"产业村长室",固定提供协商议事场所,优化办公条件,推动形成"感情留人、事业留人、环境留人"的社会氛围,鼓励村民与"产业村长"交朋友、学技术,让"产业村长"能安心的留下来发展产业,也更愿意带动更多的农户扩大种植、养殖规模。三是提升村民对外来能人认同感。支持鼓励"产业村长"充分发挥专业优势,通过教授种养技术、反复现场观摩、反复入户劝说,开展政策宣讲、做好答疑解惑,打消了村民顾虑,变村民"排斥感"为"认同感"。通过保价收购转移市场风险,做大"蛋糕"分享"甜头",实现贫困群众种养有技术、产品卖得出、年年有收入。有效破除"龙头企业干、干部群众看"的尴尬局面,改变了村民不信任、不支持、不配合的态度。

三 启示

引进龙头企业参与产业发展,培育壮大本乡主导产业和村集体经济,是解决产业发展薄弱、集体经济发展滞后的有效手段。具体来说,一是激发龙头企业动力，实现脱贫产业做大做强。"产业村长"将实现带头人自身价值、企业发展、村集体经济壮大、群众稳定增收等通盘考虑，主动思考、认真谋划，用心用力助推龙头企业和村集体经济共同发展，通过打造产业发展示范户，大力宣传产业收益等方式，强化利益链接，将贫困户与普通农户动员起来，不断扩大特色产业规模，提高产业效益，推动扶贫产业持续发展、贫困群众持续增收。二是激发龙头企业合力，实现村集体经济全面发展。依托"龙头企业+基地+村集体经济+农户"等产业发展模式，将各村特色产业发展与龙头企业优势相结合，通过资金入股、管理入股、保底分红等，激活各类资源要素的配置和利用效率。协助村委推进农业供给侧结构性改革、农业农村综合改革，为集体经济把脉问诊、开具药方。三是激发龙头企业潜力，实现贫困群众稳定增收。加强"产学研"攻关，邀请西南大学、云南大学2名专家为技术顾问，推进技术扶贫创新。将"产业村长"培训纳入致富带头人和产业指导员培训计划，产业指导员、扶贫技术专家组常态化保持工作联络和技术对接，推进产业技术普及和更新，建成食用菌研发中心1个、育种基地3个；建设中药材加工基地1个；QS认证和申请地标2个。在企业潜力充分激发的同时，2019年"产业村长"直接带动贫困群众户均增收达3220元。

"产业村长"将企业、村集体经济、贫困户深度融合,有效解决了农村产业结构调整面临的三大难题:一是有效解决了村集体经济发展薄弱的难题。将引进企业、本乡产业能人和村集体经济发展有效"捆绑"发展,"产业村长"搞产业发展,通过"三变改革"盘活了村级集体资产,激发了引进企业负责人和本乡产业能人发展新兴产业的责任感,有效助推村集体经济从无到有、再到优。高产、优质、高效农业产业应运而生。二是有效解决了贫困群众对产业发展持观望态度的难题。走出了传统农业的定势思维,向现代农业迈出可喜步伐,通过"产业村长"提供种子、技术和市场等,使群众逐渐认识到这些"外乡人"真心实意带领大家增收致富,在尝到产业发展甜头后,进一步激发群众主动参与产业发展的热潮,结束了"外来企业干、本地村民看"的尴尬现象,实现了贫困农民土地入股有分红,参与工作有报酬,空壳村华丽变实体的崭新局面。三是有效解决了产业发展持续性不强的难题。产业村长通过利用自身技术、市场等资源要素,将企业发展和村集体经济、村民增收致富联系起来,大力推动特色产业发展,真正卸掉产业发展财政补贴的"重负",脱贫攻坚产业结构调整成果得到了持续巩固。

14

小笤帚做成大产业

一 情况

内蒙古自治区赤峰市巴林左旗位于京北,因自然地理原因长期处于贫困状态。但其特产的高粱穗可以做成笤帚,其种植历史可追溯到1000多年前的辽代,绑扎技艺兴于晚清时期,享有"中国笤帚苗之乡"美誉,也成为很多家庭增加收入的来源。

2011年,北京与内蒙古对口扶贫协作工作启动,北京市委、市政府按照习近平总书记重要指示精神,发挥首都优势,集中精力帮扶巴林左旗全面振兴当地三大脱贫攻坚主导产业之一的笤帚苗产业。北京市和赤峰市巴林左旗两地党委、政府大力投入,将发展笤帚苗产业作为全旗农牧业产业结构调整和增加群众收入的重要举措来抓,把一家一户

"绑笤帚"的小农经济，做出了文化，做出了规模，做成了活跃全旗经济、带动一方脱贫致富的强大产业。目前，巴林左旗已成为全国最大的笤帚苗生产基地和交易集散地、东北地区重要的笤帚制品加工基地。在2014年4月，"巴林左旗笤帚苗"成功注册为国家地理标识。2018年习近平总书记参加十三届全国人大一次会议内蒙古代表团审议时，特意询问了巴林左旗"笤帚苗"扶贫产业的具体情况。

截至2019年底，全旗笤帚苗种植面积35万亩，年出产原苗6500万斤以上，拥有规模以上加工厂85家，中小加工户1000余家，原苗储存能力5500万斤，年生产加工能力8000万把，产业参与人数8万人，全产业链实现产值10亿元，累计带动9363名贫困人口稳定脱贫。

二 做法

（一）有效投入资金

2014年，北京援助巴林左旗帮扶资金175万元，用于笤帚苗生产园区改造升级科技信息楼项目，目前园区内已吸纳11家企业入驻，安置500余人就业，年加工笤帚苗制品1000万把，其中精品笤帚300万把，交易笤帚2500万把，销售笤帚原苗

2600万公斤，年交易额达1.6亿元。

2018年和2019年，北京累计支援帮扶资金4230万元用于新建笤帚苗加工厂23个，包括标准化加工车间9070平方米，配套标准化仓储库17665平方米，原苗贮存能力达到300万斤，带动劳动用工2100余人，工人保底月工资1560元，带动种植、销售等领域3000余人受益。同时，巴林左旗笤帚苗产业在技术工人培训、线上市场开拓、产品质量追溯体系建设等方面均受益匪浅。

（二）精准开拓市场

北京市与巴林左旗密切合作，打出进军国内国际广阔市场的"组合拳"。2018年4月，巴林左旗笤帚苗产业龙头企业代表参加了北京国际新型城镇化产业博览会；5月，首届巴林左旗笤帚苗文化旅游节新闻发布会在北京梅地亚中心召开；6月，巴林左旗的5家笤帚苗加工企业（合作社）和6万余件笤帚苗制品，走进了第27届北京国际燕京啤酒节；8月，巴林左旗在北京市顺义区开设3家京蒙爱心超市，重点推广笤帚苗制品；10月，顺义区旅游委、工美集团、京东集团、燕京啤酒集团等单位和企业与巴林左旗就产品研发、种苗培育和销售达成了合作意向；12月，北京市顺义区供销社联合巴林左旗，成功举办了帮扶地区特色农产品推介会；2019年5月，巴林左旗在北京市扶贫"双创中心"、南锣鼓巷建立了巴林左旗笤帚制品销售点；10月，参加北京世园会特色产品展销会……小小笤帚苗，已经走出了贫瘠之地、迈进了首都大门，并以星火燎原之势走进千家万户，在广大的中国市场甚至海外市场占据一席之地，产品销往国内19个省区市和日韩欧美等9个国家和地区，产品知名度和影响力不断扩大。

（三）强化产业规模

近年来，北京市协同巴林左旗用发展工业的理念谋划笤帚苗产业，以十三敖包镇为重点，建设笤帚苗及笤帚制品交易批发市场2处，对原笤帚制品交易市场进行改扩建，打造旗级笤帚苗产业扶贫园区，统一各类生产要素、统一科学经营管理、统一服务、统一销售，充分发挥扶贫、辐射、示范、带动作用。全旗发展从事原苗、笤帚制品批发的商户达100多户、笤帚苗产业的农牧民经纪人达1500多人、加工技术工人1800多人，培育发展笤帚苗种植专业村10个、种植户2万余户。十三敖包镇北方笤帚制品（敖包牌）专业合作社已列入国家级首批农民专业合作社示范社名录，全旗发展年加工3万把以上笤帚制品加工户76家，形成了"龙头带动、大户带小户、户户搞加工"的生产格局。在园区的引领带动下，巴林左旗的笤帚苗产业已经具备规模种植、生产加工、产品研发、包装销售的全产业链发展能力。产业链上 8 万多人持续受益，11 个贫困村集体经济收入实现了零的突破，笤帚原苗加工转化率、产品研发能力大幅度提高，笤帚苗制品从简单的清洁用品发展为包括清洁、保健、家居、装饰、艺术 5 大系列 100 余个品种，产业不断延伸，产品附加值大幅度提高，带动了交通运输等相关产业长足发展，有效解决了部分农村剩余劳动力就业问题。

三　启示

（一）坚持优势互补，促进共同发展

京蒙扶贫协作要协调合作。北京有人才、资金、管理等资源优势，巴林左旗有劳动力、土地、自然等资源优势，双方优势互补精诚合作，是京蒙扶贫协作成功的关键。

（二）坚持规划引领，抓好项目落实

京蒙扶贫协作要谋定而动。扶贫项目的规划设计要由"大水漫灌"向"精准滴灌"转变，要遵循市场和产业发展规律，全力调动笤帚苗产业的市场动能，激发笤帚苗的带贫潜能，因地制宜合理确定产业发展方向、重点和规模，提高产业发展的持续性和有效性，使群众抱着"金鸡"捡"金蛋"，为群众提供持续稳定的增收来源。

15

精准聚焦绿色产业促增收

一 情况

浙江省台州市三门县地处浙东沿海,县域面积1510平方公里,下辖6镇1乡3街道,278个行政村,44万余人口,其中农业总人口40余万人。截至2019年末,建档立卡低收入农户7431户11164人,低收入农户占比达5.2%。其成因,一是因病因残致贫,占低收入总农户数的64.7%;二是年老体弱人口占比大,仅60岁以上的就占低收入人口总数的57.97%,低收入户劳动力严重缺乏;三是家庭收入类型比较单一,其中经营性收入占比3.35%,财产性收入占比0.01%,生产性收入占比35.8%,转移性收入占比43.08%。台州市三门县立足本地特色资源实际,针对扶贫对象的特性和帮扶需求，重新修订或出台了一系列政策和指导性文件，紧紧牵住绿色产业"牛鼻子"，实施"一镇一品、一村一业"战略，精准"滴灌"、多措"造血"，确保产业项目的精细管理，扶贫资金的安全使用，为巩固提升扶贫质量、促进低收入农户增收奠定坚实基础。2019年全县低收入农户人均可支配收入达12052元，增长率为18.8%，居全市第一，全省26县前列。

二 做法

（一）因地制宜，厚植绿色产业优势

一是立足本地海产品和柑橘、甜瓜、茶叶、西兰花等特产，做强鲜甜文章，壮大"小海鲜""一果一瓜一叶一花"，精心谋划产业发展。二是精准规划产业扶贫项目，确保每户低收入农户有1个以上增收项目，实现全覆盖。同时，政府投入产业扶持资金2亿元，形成海上陆上"两个20万亩"百亿鲜甜产业集群，带动低收入农户就业7000余人，人年均增收3000元。三是明确项目补助政策，近两年，助力发展种养业的低收入农户453万元，对带动低收入农户增收成效明显的150家新型经营主体给予"以奖代补"扶持680万元。

（二）抱团脱贫，创新产业带动模式

一是成立以低收入农户为主体的互助组织，形成"多户联动、抱团取暖、风险共担、利益共享"共同体，激发内生动力，组团增收致富。如柑橘产业已成立专业合作社167家、家庭农场13家、龙头企业3家、社会化服务组织7个。二是鼓励当地农业企业、专业合作社、家庭农场等新型经营主体，通过订单农业、劳动雇用、土地流转、入股等方式，与低收入农户建立利益联结机制，形成"农业经营主体+低收入农户"的产业带动模式。目前，全县2000多个新型经营主体已与7431个低收入农户建立了联系，以资金或资产入股参与分红3200户，签订农产品订单收购协议1300户，实现7000余名低收入劳动力就近就业。三是搭建淘宝"特色中国·三门馆"、农村电子商务服务站等电商平台，拓宽销售、增收渠道，让"互联网+扶贫"惠及更多低收入农户。珠岙镇东谢村60%的村民开起网店，网上年成交额超3亿元，低收入农户年收入从之前的3000元增加到目前的1.2万元。

（三）多元融合，拉长产业扶贫链条

一是深度发展旅游业，将田园变景区、橘园变公园，形成集休闲、观光、体验、一二三产业深度融合的全产业链，实现收益最大化。如珠港、前郭、渔家岙等一批重点帮扶村相继成为特色旅游村。2019年乡村旅游人数473.08万人次，营业收入51.96亿元，分别增长30.9%和33%，11164名低收入农户直接或间接受益。二是大力发展工艺品、草编、冲锋衣等特色加工业，对从事来料加工的低收入农户，按照实际收入20%给予补助，真正把"小加工"做成"大产业"。三是整合各部门扶贫资金3000万元，成立产业扶贫基金，通过购置厂房等物业用于出租，前两期收益达330万元，62个集体经济薄弱村经营性收入均达到5万元以上，低收入农户户均增收800元。

三 启示

产业扶贫是低收入农户脱贫致富的基础支撑，做好产业扶贫关键要抓好以下工作：

（一）关键在精准

一是产业选择要精准，要以市场为导向，结合各乡镇、重点帮扶村的资源优势规划布局产业，做到长短结合、以短养长、多产联动。二是扶贫对象要精准，措施必须精准落实到低收入农户，效益必须精准体现到低收入农户。三是资金投放要精准，要加强对各类资金的整合使用，变"大水漫灌"为"精准滴灌"，充分发挥扶贫资金的产业导向作用。

（二）重点在保障

一是强化组织保障。要在县、镇、村各级层面建立抓产业的专班，明确人员、目标，一张蓝图绘到底。二是强化资金保障。用好各级财政专项扶贫资金，盘活小额扶贫信贷、惠农贷等金融扶贫产品。积极引入社会资本，聚集市场闲散资金，汇聚多元扶贫合力。三是强化技术保障。实施"科技进乡村""青年回农村"行动，充分发挥农技人员专业优势，深入田间地头跟踪指导服务，大力开展实用技术培训，提高低收入农户自身发展意识和生产技能，力争人人都是"田秀才""土专家"。

（三）途径在带动

要着力培育壮大龙头企业、专业合作社、家庭农场等新型经营主体，鼓励各类人才积极参与兴办农民专业合作经济组织，利用财政专项资金、小额信贷贴息、税费减免、保险保费补助等措施，大力支持扶贫合作经济组织、龙头企业发展，积极推广"公司＋合作社＋贫困户"模式，以龙头带基地，基地连低收入农户，实现合作组织对低收入农户全覆盖。

（四）前提在参与

产业扶贫的出发点和落脚点是低收入农户增收脱贫，只有低收入农户有兴趣参与才有望实现。要千方百计建立健全利益联结机制,助其稳定获得生产收益、劳动务工收益、租赁收益、政策扶持收益、资产扶贫收益、入股分红收益,使低收入农户增收由被动变为主动,实现"输血"变"造血"。

16

光伏扶贫电站的精准脱贫之路

一 情况

安徽省六安市金寨县位于大别山腹地,全县总面积3814平方公里,辖23个乡镇、1个经济开发区,219个行政村、10个社区,总人口68万。金寨是安徽省面积最大、山库区人口最多的县,是安徽省首批国家级贫困县,2014年初建档立卡贫困户4万户共13万人,贫困发生率22%,贫困村71个,贫困人口人均纯收入为2018元。

2014年起,金寨县创新实施光伏扶贫工程,探索走出了一条"产权跟着股份走、分红随着贫困走"的可持续精准扶贫之路,为全国光伏扶贫探索了一条可复制可推广的路径。全县已累计投入14.78亿元建成并网光伏扶贫电站20.11万千瓦,经过几年的努力,实现综合收益 4.5 亿元,助力 11.95 万贫困人口脱贫、71 个贫困村出列,贫困发生率由 22% 降至 0.31%。

二 做法

(一) 因地制宜,探索多样化电站运行模式

金寨县根据光照、土地、电网消纳、运营成本等客观因素,因户因村制宜,探索出户用、村级和联村光伏扶贫电站等三种建设模式。三种模式取长补短,为贫困村、贫困户持续稳定增收提供了有力保障。一是户用光伏扶贫电站。对具备光照、承压、方位等条件的贫困户,在屋顶或房前屋后空闲地建设户用光伏扶贫电站,产权归贫困户所有。每个电站投资 2.4 万元,其中各级财政扶持、企业捐资和贫困户自筹各占三分之一。二是村级光伏扶贫电站。每村投入 74 万元,建成装机规模 100 千瓦的光伏扶贫电站。动员社会力量为全县 30 个贫困村建设村级光伏扶贫电站,产权归村集体所有。每村年均增收 10 万元,发电收益主要用于村级扶贫事业支出。三是联村光伏扶贫电站。对没有建设条件的贫困户、贫困村,由政府集中统一建设联村光伏扶贫电站,现已建设 46 座,产权归县级所有。资金投入采取财政资金、光伏企业让利和贫困户资金

自筹等方式筹集。发电收益扣除土地租金、运维管理等必要费用后，形成贫困村集体经济收入及贫困户入股分红，全县共有1.8万户贫困户获益，每年每户分红3000元。

（二）坚持试点先行，分步实施

按照"统一规划、分步实施"的思路，全县光伏扶贫电站建设历经"试点、推广、提升"三个主要阶段。一是试点阶段。2014年初，金寨县在不同区域按照每户3千瓦的规模试点建设户用光伏扶贫电站。随后在全县建设2000座户用光伏扶贫电站，于2014年底建成并网。按照每发一度电收入一块钱计算，户均年可实现增收3000元，为全面推进光伏扶贫实施探索了路子、积累了经验。二是推广阶段。2015年，全面推广光伏扶贫到户项目，当年新建5795座户用光伏扶贫电站并实现并网发电。各村建设装机规模100千瓦村级光伏扶贫电站，每村可实现年增收10万元。三是提升阶段。2016年，针对户用光伏扶贫电站安装分散、运维管理成本高等问题，采取联村建设的方式，建成了14.5万千瓦联村光伏扶贫电站，为后续统一运维、统一管理奠定了基础。

（三）坚持环节把控，精心组织

一是合理确定建设规模。综合考虑光照、用地、资金、电网消纳等因素，科学合理确定各村级光伏扶贫电站建设规模。村级光伏扶贫电站装机规模为60—100千瓦，联村光伏扶贫电站装机规模为240—6000千瓦。二是优化提升发电效益。根据山区电网特点，村级光伏电站采取380伏就近并网，联村光伏电站通过升压接入10千伏和35千伏线路。三是从严监管工程质量。采取县级统一招标建设、统一验收评估的办法，确保每个参建单位的专业能力和资质，确保每个电站的质量水平。建设单位主要选择在县内有大型商业地面光伏电站的企业，光伏组件、逆变器等采用国家资质检测机构认证的一线品牌，采用EPC总承包方式统一开展光伏扶贫电站建设，确保工程质量达标。

（四）坚持建管结合，确保有效运营

为切实保障光伏扶贫电站持续平稳运行，全县建立了4个服务云平台。一是建立运维服务平台。成立县光伏扶贫管理服务中心，依托县供电公司专业的人员队伍，打造专业运维队伍，加强对光伏扶贫电站运营维护和设备维修。开通运维热线，第一时间发现并及时解决电站运行中出现的各类问题。二是建立短信服务平台。通过与移动公司合作，推出短信提醒业务，根据天气、季节变化及时发送光伏扶贫电站维护信息，普及维护保养知识。三是建立保险服务平台。按照每3千瓦保险费20元的标准，统一为全县村级、户用光伏扶贫电站购买财产

安全保险，减轻潜在自然灾害给光伏扶贫电站造成的损失。四是建立智慧服务平台。建设光伏智慧监控中心，实现对全县光伏扶贫电站设备运转、发电效能、光能转换等情况的实时监控，确保问题早发现、故障早处理，降低运维成本、提高发电效益。

（五）坚持综合利用，实现效益增收多元化

利用光伏扶贫电站板下空地，大力发展"板下经济"，探索发展农业种植、药菌类栽培、养殖、苗木培育等产业，初步形成"农光互补、药光互补、养光互补、林光互补"等模式，引导贫困户通过发展板下经济获得生产性收益，提高了光伏扶贫电站综合效益。目前，已经发展土鸡、白鹅等养殖业500余亩，灵芝、中药材、茶叶等种植业1800余亩，每年"板下经济"至少实现收益800万元。

（六）坚持收支明晰，确保受益对象精准化

一是规范发电收益结算。光伏扶贫电站发电收益全部统一结算至县光伏扶贫发电收入结转机构专户，实行封闭化管理，由县级结转机构承担各种类型光伏扶贫电站发电结算及收益发放。二是完善分配管理实施办法。切实加强和规范光伏扶贫电站收益分配使用管理，建立健全利益联结和带贫减贫长效机制，确保光伏扶贫效益发挥。制定《金寨县光伏扶贫电站收益分配管理实施细则》，明确村级光伏扶贫电站发电收益用途及分配对象,并严格按照细则规范实施。

三 启示

(一) 制定合理高效运维管理模式

光伏扶贫电站涉及电力设施多、覆盖范围广、技术含量高等,后期运维管理较为复杂,如果没有专业高效的管理团队,将会制约光伏扶贫效益发挥。通过成立光伏扶贫管理服务中心,建设运维平台,依托县供电公司庞大的人员队伍和专业的技术支撑,可快速发现问题、解决问题,提高光伏电站发电效能和发电收益。

(二) 创新分布式光伏并网消纳管理模式

金寨县光伏示范工程点多面广,用电负荷密度低,电网网架相对薄弱。为了解决该难题,金寨县联合安徽电科院科研团队从规划、装置、调控三个方面着手,初步形成了可复制、可推广的分布式光伏并网消纳管理模式,有效解决了金寨县分布式电源并网消纳难题,提高光伏扶贫电站发电效率。

17

"只卖茶园不卖茶"的扶贫新路子

一 情况

福建省寿宁县下党村人口309户、1341人,是革命老区村。2014年以前,村民人均年收入仅4200元,村集体收入为零。下党村山青水绿,云雾环绕,具备良好的高山茶生长环境,现有茶园600多亩。但是由于交通不便,下党村生产的茶青均价每斤仅为2元多,茶农靠种植茶叶根本难以致富。

近年来,下党村因地制宜巧做茶叶文章,探索"只卖茶园不卖茶"的"定制茶园"造血式扶贫新路子。2017年以来,茶青每斤从原来2.4元增加到10元、茶园收入从每亩2000多元增加到6000元。2018年,村民年人均可支配收入增加到1.3万元、村集体收入达到30多万元,带动31户建档立卡贫困户脱贫。

二 做法

（一）推出中国首个扶贫定制茶园

为提升茶叶种植效益，下党村策划实施了中国第一个可视化扶贫定制茶园"下乡的味道"项目，植入"消费扶贫"理念，整合原来一家一户零散茶园，推出600亩扶贫定制茶园，以"每亩茶园年租金2万元"的形式，面向全国招募爱心茶园主定制茶园。目前，已经有930亩找到茶园主。通过参与这个项目，茶园主每年每亩可获得100斤生态茶叶回报，茶农每年每亩茶园可增收4000元左右，村集体以茶叶加工包装费、管理费等形式可增加收入10万元以上。

（二）村企共建变村民为股东

过去，下党村没有自己的茶叶加工厂，茶青只能贱卖给外来的茶贩，茶农处在茶产业链末端，收入不高，影响了种茶管茶积极性，部分茶园抛荒。为破解这一困境，下党村通过"公司＋合作社＋农户"模式，提高农民收入。采用股份制模式，重组了梦之乡农业综合开发有限公司。按照现代企业管理制度参与公司管理运营，按寿宁国有旅投公司占股80%，村委占股20%（不参与公司的经营管理决策）股份制组织结构成立了梦之乡农业综合开发有限公司，建成 3000 多平方米的标准化厂房，进行茶叶加工生产。健全利益分配机制，调动茶农积极性。对定制茶园收入扣除生产成本之外的盈余，实行二次分配，让合作社内的茶农也得到分红，调动茶农广泛参与定制茶园生产的积极性。到 2021 年，定制茶园面积将有望达到 5000 亩。

（三）健全"公司＋合作社＋农户"产供销模式

组建茶叶种植合作社，动员全体茶农以茶园入股方式加入合作社，实行茶园统一管理。在此基础上，与下党乡其他行政村农民种植专业合作社组成联合社，由合作联社与梦之乡公司签订合作协议，以高于市场价 50% 的价格收购茶青，保证广大茶农利益，促进茶农增收和茶企增效。

（四）打造"下乡的味道"品牌

为进一步提升下党生态农产品附加值，下党村以"下乡去，尝尝下乡的味道"为广告语，致力打造"下乡的味道"品牌。一是聘请职业经理人制定茶叶生产标准化管理流程，确保茶叶品质达到国家 SC 认证标准；二是开发可视化系统和农产品可追溯系统，茶园主借助互联网技术，通过手机 APP 可随时查看茶园种植管理情况，从生产加工到包装甚至到物流每个环节,让消费者真正喝上放心茶;三是依托福建茶科所技术力量,村集体每年投入10多万元,对茶园土壤进行改良和微生物防抗虫,从源头上提高茶青的品质和产量;四是运用"互联网+TV"精准扶贫模式,在广电网络和省、市、县电视台等重要媒体,以及厦门机场、福州机场等重点部位,全方位宣传"下乡的味道"等商标品牌。截至2018年6月,"下乡的味道"三农综合平台已帮助全县14个乡镇定制1500余亩的28类农产品,平台与32家县域龙头企业及合作社达成合作,带动农户1650户(贫困户370余户),帮助287户贫困户农民收购农产品100余万元。

(五)大力拓宽营销渠道

为了使下党的生态农副产品卖得出、卖得好,驻村干部发挥各方资源优势,大力拓展销售渠道。一是建设扶贫定制农产品O2O平台,通过"互联网+",将贫困村的扶贫产品与大众消费需求有效对接;二是利用福建广电网络集团的电视云商城、微商城和淘宝、京东、亚马逊、有机厨房网等专业平台,指导帮助合作社建立线上销售网络;三是引入天津南开大学"农梦成真"销售团队和广州、南京等地专业互联网营销团队,帮助合作社建立了微信销售平台。

三 启示

去乡下购买放心的特色农产品，是许多城市居民的一种心愿。下党村立足实际，着重在茶叶上下功夫，践行"消费扶贫"理念，推出"定制茶园"扶贫新模式，用情怀带动消费，促进贫困茶农直接增收，也为村集体增加收入。同时，利用"互联网＋物联网"，打破茶叶传统的实物买卖形式，实现"茶园"到"茶杯"的零距离，既节约流通成本，还能让城里人分享山里的种茶乐趣。下党村的探索，为希望通过发展产业实现脱贫致富的广大乡村提供了可复制的经验。

18

蚕桑产业变贫困村为富裕村

一 情况

江西省九江市修水县马坳镇黄溪村,三面环水一面靠山,全村面积11.3平方公里,耕地面积1326亩,山林面积6000余亩。15个村民小组共720户3214人。曾是国家级贫困村,建档立卡贫困户66户、贫困人口223人。黄溪村坚持产业帮扶脱贫、产业富民强村,探索出了一条"合作社+公司+基地+农户(贫困户)+扶贫资金+市场"的新路子。随着产业规模做大,黄溪村现有蚕桑800亩,茶叶500亩,蔬菜200亩,苗木200亩,有机葡萄60亩,组建了蚕桑、茶叶、蔬菜、苗木、葡萄五个专业合作社。许多贫困人员真正实现在家门口就业,收入也有较大增长,66户贫困户中有58

户在中心村建房居住，过上了城镇化生活。黄溪村2016年就退出了贫困村行列，2019年底63户220人脱贫，贫困率降至0.09%。国家级贫困村成了远近闻名的富裕村，先后获"全国一村一品示范村""江西省AAA级旅游村""九江市现代农业示范园"等荣誉称号，被评为省宜居村庄、市"文明村镇"。

二　做法

（一）尊重规律，因地制宜"选"产业

黄溪村地势平坦、土壤肥沃，气候适宜、生态良好，但因东津电站蓄水发电水温低，原来主种的水稻单产低、效益差。经反复论证认定蚕桑是发展有市场前景、群众有能力参与、能带动千家万户增收、适合黄溪村的扶贫主导产业，并于2010年冬实行水改旱，大力发展蚕桑种植。

（二）科学引领，规模经营"壮"产业

农户分散经营是对现代农业发展的制约，黄溪村充分尊重群众意愿，整合各家各户手中的土（林）地进行流转，推进规模化、集约化、标准化经营。农户的承包权按约定的租金体现，而经营权则在年底以组为单位按人口进行股份分红。解决了"有人无田种""有田无人种"的矛盾，打工的可放心外

出务工,种田的可以规模经营发展蚕桑产业。

(三) 专业合作,强化服务"兴"产业

黄溪村建立"入社自愿、退社自由、利益共享、风险共担"的新型产业化运行机制,把有兴趣的农户(贫困户)组建蚕桑专业合作社,全村有141户村民入社。合作社实行统一管理服务,解决一家一户办不了的事。一是统一签订合同,蚕种公司委托合作社与农户签订蚕种生产协议,实行"订单生产",农户对价格、收入做到"一年早知道";二是统一进购生产资料,近几年合作社共为农户购桑苗56万株、肥料180吨,桑园整地800亩,为群众节约资金近46万元;三是统一技术指导,合作社聘请12名技术人员进行全程技术指导,编写了《黄溪村蚕桑生产技术要点》,组织外出学习种养技术,提高群众的种养技能;四是统一产品销售,蚕业公司通过合作社对农户产品采取保护价收购。2019年全村蚕桑合作社收购鲜茧3200担,产值800万元,惠及141户入社村民。贫困户陈乔华通过养蚕年收入达10万元,家庭人均纯收入达1.8万元。

(四) 争取支持,巧借外力"扶"产业

黄溪村多渠道争取550万元用于蚕桑产业开发,有效破解资金短缺的瓶颈。一是精打细算,用好财政扶贫资金,做好基础设施建设等项目。

二是诚实守信,邀请信用管理部门为养蚕户授信,支持贫困农户发展蚕桑产业,每年争取小额信用贷款60余万元。三是苦干实干,以干促变,用扎实工作赢得扶贫、财政、农业等相关部门支持,在黄溪村建立产业示范基地等项目24个。

(五)创新机制,改善条件"促"产业

创新生产方式,实行"统分结合"。一是创新推广"小蚕工厂化,大蚕省力化,上簇自动化"的养蚕新模式,新建了小蚕工厂,改善了生产条件,降低了养殖风险,提高了养蚕质量和效益,促进蚕农增产增收。同时,解决了贫困户就业。2019年共养小蚕3850张,获利润10万元,不仅本村农户受益,还辐射到本镇外村和周边13个乡镇70多个行政村的蚕户。二是改善饲养环境,减轻劳动强度。新建养蚕大棚20000平方米,大棚租费年终一次性按比例分配到组到户,彻底解决人蚕混居发病率高的问题。三是组建了桑田蚕业有限公司,以服务蚕农为宗旨,以让利于蚕农,对蚕茧进行统一收烘、销售,帮助蚕农抵御市场风险,降低经济损失。四是对无力经营管理抛荒土地的贫困户,由合作社提供产业基地、生产资料、技术指导,贫困户仅提供劳动力开展合伙养蚕。2019年合作社与4户贫困户合作,养种30张,各分红1万元。

（六）精准识别，对症下药"做"产业

黄溪村根据贫困户能力和技能，还发展了茶叶、苗木、蔬菜、有机葡萄等种植产业，同时新建100千瓦光伏电站1座。村委会安排有劳动能力的贫困户到村办企业、合作社和村环卫站就业，无劳动能力的贫困户享受光伏电站利润分红，解决了贫困人员就业增收难的问题。

三 启示

产业扶贫脱贫攻坚，必须在以下方面加大工作力度。

（一）选优配强建"班子"

俗话说"村民富不富，关键看支部"，这说明了村党支部委员会和村民自治委员会"两委"班子的重要性。村党总支书记徐万年同志，上任的第一件事就是选优配强村"两委"班子成员，把黄溪村在外的能人以及威望较高的退休干部聚集起来，共谋发展。村干部获得了群众的认可、尊重，做起事来也事半功倍。在蚕桑、乡村旅游等产业培育初期，党员干部用辛勤劳作带动群众创业致富，全村62名党员中大多都是产业大户，创业致富带头人，年收入在10万元以上，成为真正的带贫减贫益贫

模范。

(二) 因地制宜找"路子"

如何发展一直是困扰黄溪村的难题。传统农业与现代农业的落差,促使以徐万年为班长的村"两委"班子转变思维方式,讨论提出了本地的发展理念,竭力将黄溪村打造成全省一流的宜居、宜业、宜游的现代村庄。有了发展路子,定了发展目标,干部群众心往一处想、劲往一处使。

(三) 发展产业赚"票子"

要实现高质量的脱贫奔小康,必须坚定不移地走产业富民强村之路,必须发展规模化、高效化、现代化农业,让每一户村民都有钱赚。黄溪村的土地经营管理模式,实现农户土(林)地资源变资产、资金变股金、农民变股东的嬗变,群众的获得感、幸福感、安全感不断提升。

19

扶贫产业园区的集约发展优势

一 情况

山东省滨州市博兴县2015年有省定贫困村62个,于2016年底全部摘帽退出;累计识别纳入建档立卡贫困人口1.2万户、2.9万人,于2018年底全部脱贫。截至2019年,全县共有脱贫享受政策人口4044户、7808人,占全县农村人口的3.6%;人均年可支配收入8173元,脱贫基础较稳固。

二 做法

脱贫攻坚启动以来,山东省滨州市博兴县坚持把开发性扶贫作为重要脱贫路径,加大财政投入,聚合社会资源,大力实施产业扶贫项目,让产业成为带动贫困群众稳定脱贫、持续增收的"第一驾马车"。2015年以来，博兴县累计投入8515万元各级财政扶贫资金，依托博华农业公司等规模大、效益好、社会责任感强的农业龙头企业，建成扶贫产业园4个，实施回报率高、收益稳定的扶贫项目30个，年可实现产业扶贫收益约620万元，覆盖全县所有贫困群众，户均增收1500元。其中，博华农业扶贫产业园是脱贫攻坚与当地特色产业结合最早、融合最深的产业园区之一。

（一）整合多元资金，破解发展难题

为克服扶贫资金使用"碎片化"、扶贫项目效益差和风险大的问题，博兴县坚持市场导向和效益原则，按照"利于资金监管、利于精准扶贫、确保项目收益、注重脱贫实效"的思路，在全市率先探索实行扶贫资金集中使用、扶贫项目集中实施的"双集中"建设模式。博华高效生态农业扶贫产业园目前已建成乔庄、吕艺两大园区基地，总面积6万余亩，涵盖生态园林、有机果蔬生产、食用菌标准化种植、生态畜禽水产养殖四大产业，打造"公司＋基地＋合作社＋农户"运营模式，开创了"高效生态农业＋乡村旅游＋精准扶贫"三位一体的扶贫模式，在实现贫困群众增收的同时，进一步提升了产业层次。目前，产业园主要建设有2个食用菌养殖项目、1个生态养猪项目、1个海棠乐园旅游扶贫项目及1个电商扶贫项目，都是整合各级扶贫资金集中投入当地优势产业建设的较大项目。2020年,博兴县计划再投入450万元委托博华公司新建食用菌大棚和有机肥料生产项目,延长扶贫产业链条,以规模效应带动扶贫效益的稳固实现。

(二) 创新经营模式,培育发展动能

探索实施"龙头企业+农民合作社+农户"扶贫开发新模式,依托博华农业公司产业基础、技术优势及销售渠道,培育博兴县博岳食用菌专业合作社等一批农村新型经营主体,以扶贫资金作为贫困人口入社股金,带动有劳动能力的贫困人口就业增收、无劳动能力的贫困人口获得分红。具体经营中,博华农业公司负责原料供给、技术指导和产品销售,合作社负责招工用工、日常生产和工人管理。通过吸收群众参与项目生产,提升了周边村民的整体收入水平,带动当地农业生产提效益、上水平,以新发展模式培育乡村发展新动能。

(三) 完善"四权分置",加强资产管理

面对精准扶贫之初产业项目资产管理薄弱、权责不清等问题,探索推行项目资产所有权、经营权、收益权、监督权"四权"分置管理模式,建立起扶贫资产监督管理、经营运维、保值增值的长效机制,有效保障了扶持贫困人口的持续受益、稳定脱贫。通过项目资产确权到村并在农村

"三资"系统正式登记,明确了各扶贫项目资产属于收益贫困群众所属村,经营管理权归属于博华农业公司,收益权属于产权村和村内贫困户,监督权归属于项目当地政府和县产业扶贫项目联合监管委员会,实现了项目所有权、经营权、收益权及监督权的"四权分置",既通过项目专业化运营管理保障了扶贫资产的保值增值,又能在有效的监督下保障贫困户的收益,达到扶贫开发与地方发展双赢。

(四)强化利益联结,共享发展成果

通过与博华农业公司的深度合作,扶贫产业园区已创造就业岗位1000余个、间接就业机会3000余个,每年可实现固定收益183万元,带动帮扶5000余名贫困人口脱贫增收。签订带动帮扶协议保障贫困人口稳定脱贫增收,新增就业岗位优先录用贫困人口。破解了单个村级产业项目发展难和监管难问题,实现扶贫开发与优势产业融合,形成企业发展增强、贫困户稳定增收、村集体经济壮大的共赢局面。

三 启示

脱贫攻坚是项系统性、长期性、复杂性的工程,面对脱贫攻坚的新形势,唯有开拓思路,严格管理，才能更好地破解各种难题，确保完成脱贫任务。

（一）激发贫困群众内生动力

在扶贫工作中，"输血"重要，但"造血"更重要，扶贫先扶志，要更加注重培养贫困群众依靠自力更生实现脱贫致富的意识，树立摆脱贫困的信心和志气。这就要求在脱贫攻坚过程中，不仅要为贫困户创造条件、发展产业、提供就业岗位，而且更重要的是要加大宣传力度，通过典型树立、乡风引领、利益引导等方式，调动积极性，激发内生动力，让贫困户发自内心地想摆脱贫困，"由内而生，动力澎湃"。

（二）构建大扶贫格局

在脱贫攻坚中，政府无疑占有主导地位，但也要注意，面对脱贫攻坚的新形势，必须充分调动社会力量参与，深化与龙头企业、新型经营主体和社会组织的合作，通过相关优惠政策和宣传引导，吸引社会力量积极参与脱贫攻坚工作，形成政府、市场、社会协同发力，构建专项扶贫、行业扶贫、社会扶贫互为补充的大扶贫格局。

（三）因地制宜选择扶贫产业

产业扶贫的关键是通过发展产业，发展产业的关键就是因地制宜，精准选择产业方向。在产业扶贫的项目选择、品种选择、实施方式等方面,要充分发挥市场决定性作用,政府相关部门也要给予技术和信息指导。产业扶贫是一项长期性工作,要建立稳定的扶贫治理机制以避免扶贫的简单化和短期化,应该给予更多的政策倾斜和关照,要把单向的帮扶输出变为双方的互利合作,使扶贫产业能够以市场为导向,发展壮大,实现企业发展与贫困户增收的共赢。

20 发展南药产业助力脱贫

一 情况

广东省云浮市罗定（县级）市龙湾镇是偏远山区镇，总面积126.4平方公里中山林面积达100.6平方公里。"八山一水一分田"导致龙湾镇贫困户743户1979人。龙湾镇依靠当地历史悠久的包括紫苏、八角、益智、广藿香、牛大力、猫须草、肉桂、金丝皇菊等南药资源和种植优势，通过大力发展南药扶贫产业，将环境劣势转化为资源优势，将传统农业经济转化为绿色生态经济，与脱贫攻坚紧密结合，探索一条以种植特色南药助力脱贫攻坚的新路径。

截至2020年3月，龙湾镇种植南药面积达5.7万亩，其中分散种植4.1万亩，示范基地1.6万亩。

南药产业与精准扶贫相结合、同促进，到 2018 年全镇已有贫困人口 595 户，1524 人实现了脱贫，有劳动力贫困户人均可支配收入达到 10678 元。到 2019 年累计脱贫达到 736 户，1965 人，脱贫率达到 99.29%，有劳动力贫困户人均可支配收入达到 14245 元，其中南药产业带动贫困户人均增收 3567 元。该镇的大石村和金充村两个相对贫困村人均可支配收入达到 14316 元和 15520 元。

二　做法

龙湾镇南药扶贫产业发展通过"四种途径"帮助贫困户增收。一是通过自种南药增加收入。两年内，龙湾镇投入扶贫统筹资金 86 万元，发放藿香苗 27.82 万株，紫苏苗 35 万株，动员有劳动能力贫困户 117 户种植广藿香共 153.9 亩，动员有劳动能力贫困户 102 户种植紫苏共 128.8 亩，收益 61 万元，户平均增收 5200 元。二是通过土地流转增加收入。贫困户出租 80 亩自有田地、林地给合作社，由合作社作为南药产业的实施载体承担建设任务，贫困户获得每亩 800 元/年的租金收入，每户增加收入 3200 元/年。三是通过投资合作社增加收入。统筹全镇 417 户有劳动力贫困户扶贫资金、小额金融贷款共计 2926.83 万元投入合作社，每年按投资金额的10%作为投资收益获取"保底分红",每年稳定分红292.83万元。四是通过劳动增加收入。吸纳全镇有劳动力贫困人口65人务工,人均收入增加3000万元/年。

龙湾镇政府推动"政府政策引导、扶贫资金入股、合作社租赁经营、贫困户分红"的龙湾南药产业扶贫模式,制定整体规划,组织动员村集体、农户,尤其是贫困户参与道地特色南药产业发展,把贫困户的利益联结起来,引导贫困户以土地流转、投资合作社等方式参与南药基地建设,坚持"输血"和"造血"政策双管齐下,重点发展村级集体经济,扶持本地合作社,全镇有劳动能力的贫困户均入股合作社"抱团"发展南药产业确保增收。

同时,落实普惠金融政策,制定《龙湾镇贫困户申请扶贫金融贷款指导意见》,以小额贷款为杠杆,整合扶贫资金,为南药扶贫产业发展提供资金保障。该镇投入1096万元扶贫专项资金建设南药温室大棚、南药加工厂出租,用于发展南药种苗培育和加工,租金用于反哺贫困户教育、饮用水安全、生活环境改善等;动员贫困户申请金融小额贷款投资合作社,连续获取3年每年按投入资金的10%作为收益分红给贫困户。

为推动南药产业发展,先后引进多家科研机构为南药产业提供技术支撑,该镇以中科院华南植物园和中科院广西植物研究所为技术依托,特邀中科院院士陈新滋带领中山大学药学院专家团队进驻龙湾,从规划→育苗→种植→管理→加工→开发→品牌等环节为龙湾南药产业提供技术服务、管理和指导,2019年对贫困劳动力开展就业技能培训722人次,使贫困户掌握科学种植技术;政府对就读云浮开放大学南药种植业教育培训的贫困户给予100%学费补贴,全面提升贫困户南药种植技能,让贫困户学着种、跟着种、放心种。

该镇打造南药产业的育种、种植、加工、开发、销售整个产业链,组建大型南药组培中心、温室育苗大棚、配套五个育苗基地,南药加工厂、冷库仓储中心和云浮市首家镇级扶贫消费服务中心,采用"线上+线下"销售网络,南药全产业链为贫困户在种苗、种植、管理、加工、销售等各项环节中提供服务,优先聘用贫困户劳动力,让贫困户参与到育种、种植、基础设施建设、加工、运输等南药产业链建设中增加收入。

三 启示

产业扶贫是帮助贫困户脱贫的重要途径,也是确保贫困户脱贫不返贫的最有效方法。一是政府引导,找准扶贫产业发展路子。龙湾镇因地制宜、精准施策,"整镇推进"、连片开发发展南药产业,实现了推进扶贫产业的规模化、专业化、品牌化,为农民和贫困户脱贫致富构建了产业支撑。二是帮助贫困户降低风险和推动其主动参与是关键。发展特色农业特别是南药产业,是一项风险和收益并存的系统工程。龙湾镇整合多方资金,以"政府+科研+合作社+基地+市场+贫困户"的模式,降低贫困户在种植南药过程中因缺资金、缺市场、缺技术而带来的风险,最大限度地提高贫困户种植南药的成功率,同时让贫困户主动参与到南药产业发展中的各个环节,消除贫困户"等靠要"思想,推动贫困户自力更生,做到扶贫又扶志。三是合作社带动和完善机制有机结合是保障。龙湾镇通过发展南药产业,把合作社与贫困户、扶贫资金有机结合起来,结成利益共同体,以合作社为载体,推动贫困户与大市场对接,让贫困户变"单打独斗"为"抱团发展",取得最佳的经济效益。完善长效机制,合作社为贫困户做好产前、产中和产后服务,保障贫困户脱贫后依靠南药产业持续增加收入。建立创新投资反哺机制,投资利润部分收益用于贫困户关爱工程,作为贫困户教育、医疗等兜底,确保贫困户脱贫不返贫。

21

小果蔬成就富民大产业

一 情况

广西壮族自治区百色市田阳县位于广西西部，右江河谷中游。南部石山区为喀斯特地貌，北部土山区为砂岩地貌，自然环境恶劣。贫困人口主要集中在南部石山区和北部高坡丘陵地区，2015年经过精准识别共有贫困村52个，建档立卡户20933户76277人，贫困发生率为16.35%。

脱贫攻坚四年来，田阳县实行现代特色农业与脱贫产业融合发展，做大做强芒果和番茄"一红一绿"产业。截至2019年底，芒果、番茄产业辐射带动全县8450户贫困户33775人脱贫致富。经自治区逐年审核确认，2016—2018年，全县累计减贫12136户50474人，贫困发生率由16.35%降至 0.29%。

二 做法

田阳县出台了 10 多项扶持产业发展的政策，打出一连串政策"组合拳"，通过发放最高 5 万元免抵押、免担保、全额贴息的扶贫小额信贷，产业奖补、保险补助、基础设施建设扶持等多种形式扶持各方力量参与产业开发，释放政策红利，不断增强政策引导力，促进产业融合发展。

（一）"三个星级三个带动"发挥带贫机制作用，激发贫困群众内生动力

1. 星级示范基地带动扶贫特色产业健康发展。打造北部 20 万亩农林生态脱贫产业核心示范区、右江河谷现代特色农业果蔬产业示范区等特色产业大基地，辐射带动全县芒果、茄果类特色产业规模化、产业化、集约化发展。2016 年以来，成功创建广西现代特色农业示范区 1 个、市级示范区 1 个、县级示范区 4 个、乡级示范区 5 个；全县 61 个贫困村发展特色产业示范基地 21 个。

2. 星级合作社带动贫困户产业持续增收。龙头企业联动农民专业合作社，贫困户以带资入股、返包管理、务工就业、资产性联营等方式增收。目前，全县共有芒果龙头企业 6 家，成立"田阳县蔬菜协会"等果蔬专业合作社 140 个。其中，兴城番茄专业合作社种植番茄 3500 多亩，平均亩产 5000 公斤，总产量 1505 万公斤，总产值 3010 万元，户均番茄收入达 4.48 万元。

3. 星级致富带头人扶贫帮带贫困户创业。从 10 个乡镇 61 个贫困村中精选出 186 名创业致富带头人，经过培训后，授予"田阳县贫困村创业致富带头人"称号，给予金融扶持、产业奖补、农业保险等方面扶持，开展跟踪服务，确保其发挥减贫带富作用。如扶贫状元莫文珍带领尚兴村全村 225 户 1135 人到右江河谷的平旺、绿务等 10 个异地开发点承包开发荒坡种植芒果已达 3200 多亩。如今，村里大部分农户都住进"芒果楼"，开上"芒果汽车"。尚兴村的做法辐射带动全县 1200 多户群众异地种植芒果。

（二）"三个建设三个提高"发挥产业链拓展机制，有效促进了企业和农户双赢

1. 建设品牌，提高产品知名度。田阳县作为第一个"中国芒果之乡"申请通过"百色芒果"原产地保护认证、无公害芒果产品认证，统一"百色芒果"区域品牌标识；注册"壮乡河谷""七里香""布洛陀""醉美乡村""壮乡红"等商标，打造特色品牌。开展"百色芒果""田阳圣女果"品牌宣传推介。每年承办中国—东盟（百色）现代农业展示交易会平台，宣传田阳芒果、田阳番茄；每年组团到北京、上海、广州等地举办芒果展销会、推介会。

2. 建设产业链条，提高产品销售量。建设农产品综合批发市场、中国—东盟现代农业物流园。开通百色—北京果蔬专列，建成农副产品综合批发市场、三雷老韦物流、壮乡河谷公司、中国—东盟现代农业物流园等具有大规模冷链的物流企业。全县拥有冻库近10万立方米，冷藏运输车10余台，总运力215吨/次，芒果、番茄产业形成完整的"种植—收购—包装—运输"链条。2018年，全县芒果通过综合批发市场实现销售超过12万吨。扶持培养本地农民营销队伍已超3000人，招引外地客商每年常驻田阳果蔬销售已超过2000人。

3. 建设电商市场，提升物流配送服务能力。成立广西田阳赶街电子商务有限公司，打造"县买县卖"电商服务平台，设立"田阳特色馆"；支持阿里巴巴百色产业带、淘宝百色馆、微商等建设。建立健全"县、乡、村"三级电商物流体系，实现所有快递到村级服务网点3天内送达，打通全县农村电商物流"最后一公里"。目前，县、乡、村级电商公共服务机构89个点及县级物流仓储中心服务范围覆盖全县152个行政村，服务建档立卡贫困户

39245人次。2019年芒果上市期间，电商网络销售芒果每天发货量达1万件以上，日销售额近百万元。据不完全统计，2019年全县芒果产量27万吨，电商发件量达360多万件，芒果销量达5.28万吨，电商销售额达2.48亿元。

（三）两个保障破除果蔬产业发展瓶颈，帮助产业展翅腾飞

1. 技术保障。与自治区、市级农业院校、科研部门建立合作。邀请有关农业技术人员及本土专家为种植户授课，每年培训人数在3万人以上，利用广播电视、板报、文艺晚会、微信、QQ等方式普及芒果、番茄技术，不断提高广大果农的科技意识和种植管理水平。对全县建档立卡户全覆盖免费开展农业产业技能培训，确保全县建档立卡户一年至少接受1次以上培训，掌握1—2项实用技术。2016年以来，共开展芒果和番茄管护技术、有机肥使用技术、病虫防治技术等各项产业技术培训138期31600人次。

2. 基础设施保障。2019年，完成投资1438.6万元实施村屯道路建设工程；投入6331.97万元实施生产道路78条145.16公里，改善1.06万户3.87万人农村生产条件，受益贫困群众2271户8444人；完成投资2455.5万元实施4G通信网络基站建设；投入3496.2万元改善农村水利设施，为贫困地区产业发展打通基础设施瓶颈。

三 启示

（一）要在全局上加强统筹协调

加强顶层设计，认真谋划工作思路、推进措施、配套政策，统筹参与力量，合理把握工作进度，做到运筹帷幄、进退有序。

（二）要坚持全产业链原则

要坚持以龙头企业带动为主、政府扶持为辅，一、二、三产业同时谋划同步推进，产业才能和谐发展、做强做大，确保可持续。

（三）要遵从群众意愿

无论是发展产业，还是扶智扶志，都要把群众意愿放在首位来考虑，政府加以引导，才能形成合力，才能行稳致远。

（四）要加强资金保障

保障资金投入是确保产业扎实有效推进的重要举措，要构建脱贫攻坚投入新机制、新模式，通过贷款、补助、引进企业投入等方式科学投入资金，让群众跨过发展产业的资金门槛。

22

绿色蔬菜产业助力高原脱贫攻坚

一 情况

西藏自治区日喀则市白朗县位于世界屋脊珠峰脚下、雅鲁藏布江中游最大的支流年楚河畔，平均海拔超过4000米，资源匮乏，基础薄弱，是西藏的传统农牧业大县和国家级贫困县。"十三五"初期，全县仍有贫困人口1946户9237人，贫困发生率高达19.3%，群众收入主要依靠传统种植业、牛羊养殖业和基础性劳务输出。

虽然县域经济发展受到诸多不利因素制约，但白朗农牧业生产历史悠久、集中连片开发地域广阔、交通运输条件便利、劳动力富裕，加之空气纯净、水质洁净、土壤干净、光照时间长、昼夜温差大，具有发展高品质绿色农业产业的独特优势。白朗县因地制宜发展绿色蔬菜产业,走出了一条具有特色的脱贫之路。3年来,共投资6.2亿元实施蔬菜产业扶贫项目7个,受益贫困群众达4439人。目前,全县7000多农户中3000多户(其中,贫困户214户1029人)参与蔬菜产业发展,年户均增收3万元以上。

二 做法

(一)科学规划引领

1998年由山东省济南市援藏引进蔬菜种植,白朗蔬菜种植具有了一定的基础,但仍处于种植规模小、布局比较分散、市场竞争力弱、营销渠道窄的状态。为此,2017年,邀请中国农科院、山东农科院、西藏农科院等科研机构的农业专家,按照"科学规划、区域布局、集中连片、规模经营"的产业发展思路,制定了《白朗县现代农业发展总体规划》和《珠峰有机蔬菜白朗生产基地暨日喀则市"菜篮子"基地发展规划》,提出了将白朗建设成为西藏自治区规模最大、质量最优、技术最强、品牌最响、效益最高、功能最全的蔬菜基地的发展目标,确立了区域产业布局,实施了三年发展行动计划:第一年"企业落户有增加、产业发展有提速、经济带动有增幅、群众收入有提高"。第二年"管理标准化、生产规模化、销售品牌化、经营产业化,有特色、有优势、有规模、有品牌、有效益"。第三年"形成完整的产业体系、产品体系、生产体系和经营体系,完善的产业配套机制体制,整体竞争力显著增强,农牧民收入显著增加",有力地增强了绿色蔬菜产业的发展空间、竞争优势和生机活力。

近年来,年楚河生态农业长廊沿线26个蔬菜生产基地实现稳定量产,企业分片区打造的万亩果蔬产业园已形成三个果蔬核心区;创建国家级农业标准化蔬菜生产示范区1个,20010亩蔬菜种植区通过无公害产地认证、32个果蔬产品通过无公害农产品认证。

(二)优化营商环境

白朗县持续优化营商环境,制定出台《白朗县促进高原有机果蔬产业发展暂行办法》,对蔬菜扶贫产业项目实行"一对一"专班服务和全程服务,为各类经营主体提供良好条件。设立每年不低于3000万元的扶贫产业发展专项基金,用于合作社、家庭农场、种养殖大户奖励以及绿色蔬菜等重点产业奖补;整合政府项目资金10800万元用于扶贫产业基地配套设施建设;落实扶贫产业信贷资金8500万元、扶贫产业资金45272.8万元、整合县级资金1000万元、投入援藏资金980万元用于蔬菜产业发展。组织企业参加中国国际农产品交易会、首届中国国际进口博览会、国家农产品质量安全"百安县"和百家经销企业对接等活动,帮助企业打响蔬菜品牌。与多家科研机构建立战略合作关系,建立科技实验和推广站点,全力推动绿色蔬菜产业做大做强、做实做优。通过土地入股、资金入股、劳动力入股、技术入股、蔬菜种植科技特派员带动等模式,培育了一批蔬菜种植、销售等新型经营主体,组建蔬菜种植业专业合作经济组织16家。根据蔬菜产业发展方向和重点谋划招商引资项目,量身制定优惠政策,拿出最优质的资源,成功引进一批科技含量高、市场前景好、发展潜力大的产业化龙头企业,带动绿色蔬菜产业提档发展。

(三)利益联结带动

建立"扶贫产业园区+龙头企业+合作社+农户(贫困户)"的运营模式,通过以奖代补、金融扶持等方式解决贫困群众的生产资料和前期投入问题,通过政府引导、企业带动有效解决技术难题、产品销售等问题,把贫困户变为种养殖大户、合作社社员、产业工人,实现持续增收致富。

制订精准扶贫产业项目利益联结管理办法,与经营主体签订扶贫协议,为贫困劳动力新开发就业岗位194个,年人均增收5万元以上;兑现分红资金1007万元,受益贫困群众达7814人次。

针对蔬菜产业发展需求开展贫困劳动力技能培训，采取订单式培训、企业代训、就业奖补等办法，建立技能培训基地6个，年度共培训20余万人次，其中定岗培训贫困群众216人，就业率达到100%。

发挥蔬菜产业综合带动效应。绿色蔬菜产业作为农牧民群众特别是贫困群众就近务工增收的主要平台，累计吸纳临时用工39.2万余人次、发放工资8253.2多万元。蔬菜产业项目共流转土地4115.13亩，向2084名群众（含贫困群众79户392人）兑现流转资金4040余万元；通过"订单式农业"、保护性定价形式，与日喀则珠峰农业集团有限公司对接，确保群众增收；全面实行以奖代补、差异化奖补措施，根据自身劳动经营收入情况对贫困劳动力实行奖补，累计向4439名贫困群众兑现奖补资金980.5万元。

三　启示

（一）产业扶贫需综合推进要立足长远发展

因地制宜选准产业；要牢固树立品牌意识，依靠质量取胜；要考虑与城市产业发展有机衔接，要和金融扶贫有机结合，推进产业融合发展。

(二)产业扶贫需确保贫困户利益

在促进产业的合作化、分工化和规模化的同时,一定要让贫困户真正嵌入到产业发展中,让贫困户与产业发展同步受益,让贫困户成为更大的受益者。

(三)产业扶贫要与教育扶贫协调推进

让贫困地区的孩子接受良好教育,是扶贫开发的重要任务,也是阻断贫困代际传递的重要途径。要通过职业技术教育和技能培训方面,重点围绕产业发展需要培养人才,根据产业发展对人才的差异化需求,千方百计引进、培养、用好各类人才。

(四)产业扶贫要坚持绿色发展原则

推进产业发展,一定要把经济效益、社会效益、生态效益有机统一起来,要实行最严格的生态环境保护制度,努力推动贫困地区形成绿色发展方式和生活方式。

23

药材产业搭起扶贫的新桥梁

一　情况

青海省西宁市湟中县拦隆口镇泥麻隆村和卡阳村均为贫困村。其中泥麻隆村属青海干旱浅山和脑山地区，自然条件差，全村500余人，430人是"扶贫对象"，精准脱贫产业选择难度大，选择余地少，依靠种植小麦、油菜、马铃薯等传统农作物为生，人均年收入仅5300元。农工民主党青海省委从2012年底开始定点帮扶。通过实地考察，借助农工党界别优势，提出试种黄芪、当归等中药藏药药材，高效利用撂荒地，调整种植业结构，依托产业精准扶贫，实现了两村全面脱贫。2017年拥有1400亩总耕地的泥麻隆村，稳定种植中藏药材规模达到1200亩以上，人均收入14000元左右，实现了整体脱贫,成为远近闻名的中藏药材种植村,带动起周边乡镇的药材种植热。

二 做法

(一) 试点药材种植

2013年,在全国政协委员,农工党中央党委、青海省委主委张周平的带领下,泥麻隆、卡阳两村村民代表到甘肃省岷县、安徽省亳州市等地考察,通过邀请专家进行育苗栽培、除草施肥等种植技术培训,开展药材种植大户现场观摩会和中藏药材技术讲座等方式,培养了一批药材种植能手和技术中坚人才。试点种植的黄芪、当归当年喜获丰收。经送检,主要成分是《中国药典》标准的3—5倍,比主产区甘肃省同类药材成分高出一倍。

(二) 研发种苗培育

2014年,因村民购买了部分无良商贩高于市场价格的种苗和部分劣质种苗,到6月份当归开始大量抽薹,部分地块抽薹率高达72%,年底出现了亏损,大家意识到只有解决种苗来源等技术难题,才能掌握脱贫主动权。农工民主党青海省委组织党内专家开展了当归育苗研究工作,协调青海省科技厅,争取到科技扶贫资金100万元。通过温室反季节育苗和大田移栽等试验,取得了当归抽薹率从

80%降低到10%左右,试验田亩产高达1083公斤的好成绩,解决了种苗质量问题。

(三) 扩大药材品种

种植产品的单一会制约扶贫工作质量,也会制约农村脱贫稳定性和长远发展。农工民主党青海省委通过市场考察和实地调研,建议泥麻隆村扩大中藏药材种植品种,试种党参、大黄等中藏药材,试种成功后进行了推广。

(四) 延长药材链条

针对省内缺乏规模化收购加工黄芪、当归鲜品的现状,为确保形成产业链,农工民主党青海省委动员相关企业收购黄芪、当归产品,特别是动员企业在当地雇佣村民进行药材初加工,农民利用农闲时间进行田间地头药材分拣整理工作,赚取工资,增加了村民的收入途径。

(五) 产业初具规模

农工民主党青海省委组织编制《湟中县中藏药材产业园区建设项目规划》,配套药材扶贫项目实施,2015年,在省扶贫局的积极支持下,协调资金5653.05万元,在湟中弘大农副产品购销有限公司实施了辽援中藏药材扶贫产业示范园项目,协调引进大型龙头企业,园区成为全省首个集药材收购、加工、物流、电子商务、金融等服务为一体的中药材电商交易平台。

(六) 引导绿色种植

随着种植面积的扩大,专家组提出大力发展中藏药材绿色有机种植。2014年,通过当归、黄芪良种选育技术、GAP种植技术研究等内容,检测分析地区土壤和水资源环境状况,得出了当地比较适合建立中药材GAP种植基地的结论,同时起草制定《青海省当归温室育苗大田移栽规范化生产标准操作规程》等一系列SOP规程,培训引导村民科学育种,加强田间管理,摒弃膨大剂等促生、速生制剂和农药的施用,增施有机肥,减少化肥的使用量,通过科学绿色种植,增加药材含金量。

(七) 拓宽致富思路

通过项目支持,不断扩展村民视野,改变致富理念。盖起温室大棚,帮助村合作社利用药材下脚料试验养殖成功"黄芪猪""当归鸡",受到市场欢迎。结合广大群众喜欢滋补保健的传统,利用专家资源,研制保健配方;利用加工企业工艺设备,试制以黄芪、当归为主要原料的配方保健品,为产业化开发黄芪、当归保健品积累了经验。

泥麻隆村村民代表和专家组一起到山东等地考察药用牡丹的种植情况,引进并规模种植。2017年,该村成功举办湟中县首届油用牡丹观赏节,大大提高了知名度，2018年，到泥麻隆村休闲观光的游客达到了10万人以上。

在农工民主党青海省委建议下，如今泥麻隆村逐步形成了"游美丽乡村，赏药用花卉，观千亩药田，品农家药膳"的乡村旅游模式，走出了一条在干旱浅山缺乏天然旅游资源的扶贫示范推广道路。

三 启示

（一）发挥民主党派优势，形成精准扶贫合力

帮扶工作要充分发挥民主党派联系广泛、人才荟萃的优势。搭建平台，将专业特长和扶贫地区的实际情况相结合，汇聚人才、资金、技术、信息等资源，引导党内各方力量参与精准扶贫。要积极建言献策，做到下情上达，推动扶贫项目落实。

（二）既要"输血"扶贫，更要"造血"自立

张周平委员在2018年1月24日的《人民日报》上发表的对策建议，总结了农工民主党青海省委帮扶工作的核心，要"输血"更要"造血"。扶贫帮扶不应仅仅停留在经济脱贫的简单层面，而要着重培育贫困群众专项技能，着重转变群众思想意识，让贫困群众精神脱贫，让脱贫步子迈得更稳、迈得更快。

(三) 拓展参政议政职能,丰富社会服务形式

将参政议政空间从机关拓展到基层,参政议政方式从建言献策拓展到参与服务,将参政议政视野从宏观性问题拓展到具体实践问题。农工民主党青海省委不断丰富社会服务形式,主动作为,突破义诊服务等常规工作,积极参与到打赢脱贫攻坚战中。通过扎实的市场调研,立足长远发展,实事求是帮扶贫困群众,在加强群众联系的同时掌握省情、民情,又有益转化为参政议政工作一手资料。

24

"基础母牛银行"带来金饭碗

一 情况

宁夏回族自治区中卫市海原县山大沟深、干旱少雨，贫困人口多、贫困程度深，是曾经苦瘠甲天下"西海固"的核心区、14个国家集中连片特困区——六盘山片区国定重点贫困县。华润集团自2012年结对帮扶海原县。截至2019年，已累计向17个乡镇117个行政村，9421户养殖户，赊销西门塔尔基础母牛30888头，其中建档立卡贫困户8737户，赊销28541头。带动全县形成养牛专业村52个，规模养牛场18个、合作社32家、家庭牛场81家，全县肉牛饲养量从2014年的15万头增加到现在的27万头。肉牛六大体系的建立，实现了精准脱贫与产业兴旺齐头并进，延长了产业链，推动一二三产业深度融合发展,助力乡村振兴。2020年3月,海原县退出贫困县序列。

二 做法

华润集团创新开展了"基础母牛银行"扶贫模式,与海原县政府先后投入2.4亿元,设立肉牛产业发展基金,专项支持贫困户赊销基础母牛。成立海原华润农业公司,并以此为龙头带动农民增收。外调西门塔尔基础母牛,以赊销方式投放建档立卡户养殖,每头牛由华润农业公司垫付赊销款6000元,政府对建档立卡户每头牛补贴2000元,农户只需自筹2000余元就可赊销1头基础母牛。养殖三年后,农户无息偿还每头赊销牛款6000元。基础母牛所产牛犊,母犊由农户自繁自育,公犊育肥8—12月龄后,华润农业公司以活畜称重每公斤高于市场价进行回购或抵顶农户赊销款。海原县政府配套扶持政策,为养殖专业村设立科技服务点,由专业技术团队跟踪到户服务。对冷配冻精全部予以补助,对能繁母牛"见犊补母"1000元,建设养殖棚圈补贴3500元/栋,为所有高端肉牛购买5000—7000元不等的意外财产保险。

(一)"托管代养"助残扶弱

针对老弱病残群体大、贫困人口多、发展能力弱现状，创新建立助残扶弱托管代养产业脱贫模式，即按县财政、农户、企业2∶2∶6的比例，筹集资金450万元，由龙头企业基地"托管代养"西门塔尔基础母牛450头，每户3头，每头牛1万元（其中政府补贴2000元，农户自筹2000元，企业提供3年期无息借款6000元），3年一个返还周期，第一年返还6000元，第二、第三年各返还7000元，除去农户6000元自筹贷款和政府6000元补贴，三年纯收益8000元。三年期满本金继续滚动，持续发挥"造血"功能。

（二）村、企合作做大"蛋糕"

为破解村级集体经济"空壳"难题，海原县整合财政扶贫资金，与龙头企业联合建立"村企合作+肉牛赊销+托管代养"机制，县财政投入资金4795万元，为136个贫困村每村设立35万元的集体经济基金；企业从肉牛产业基金中筹措2877万元，为每村注入21万元资金。由企业"托管代养"西门塔尔基础母牛和安格斯基础母牛，每村35头，每头牛由村集体基金投资1万、华润投入6000元，养殖收益按投资比例分成，村均每年分红5.53万元。

（三）健全草畜产业体系

一是在基础母牛扩繁体系上。制定《海原县肉牛产业发展规划（2019—2023）》，加快构建"县有集团、乡有协会、村有合作社"的牛产业发展格局，辐射肉牛养殖合作社、养殖大户，扩大基础母牛群，力争到2020年全县高端肉牛饲养量达到30万头，建成中国西北地区高端基础母牛扩繁基地和高端肉牛养殖基地。二是在品种改良体系上。大力推广人工冷配繁殖技术，引进西门塔尔、安格斯等优良冻精，实行自繁自育、杂交改良。发挥政校企三方优势，成立宁夏西海固高端牛产业研究院，加大高效繁育、科学饲喂、清洁生产、精深加工和智能化管理等关键技术联合攻关，提高全产业链收益。三是在饲草料供给配送体系上。立足海原70万亩优质紫花苜蓿和30万亩玉米秸秆，建设4个饲草加工配送基地，开展机械化收割、打捆、加工、青贮，向深度贫困村和养殖农户统一配送，有效解决饲草料配置短缺等问题。四是在科技服务体系上。依托宁夏西海固高端牛产业研究院，吸纳各类农科院所、专家团队研究推广品种改良、关键技术研发、发展模式探索等，加大本土科技人才、土专家的培养，实行保姆式、无差别跟踪服务，打造养牛户技术服务"110"。五是在动物疫病防控体系上，建成县级动物疾病预防控制中心实验室和疫情报告信息化平台，充分发挥"530"综合畜牧科技服务点能动作用，全面提升动物疫病防控能力；建设动物疫病防控信息平台,突出抓好重点地区疫情监测,做好肉牛重大疫病强制免疫,通过政府购买社会服务的方式,对动物防疫、检疫、疫病诊疗、冷配改良、畜牧科技服务等实现社会化服务全覆盖,保障高端肉牛健康发展。六是在加工营销体系上,与华润五丰公司合作,投入6.5亿元,建设高端牛肉分割、熟食系列产品和红白脏器、牛心脏瓣膜、牛血生物制药及医药中间体等全牛产业链精深加工项目,配套建设冷链物流、国家肉类储备库。项目全部建成后,年屠宰量达6万头,带动海原县乃至西海固地区深度贫困地区高端肉牛产业健康稳定可持续发展。

三 启示

(一)产业培育是基础

精准扶贫工作要落实到具体扶贫项目上,选择安排什么样的扶贫项目,要因人因地施策、因贫困原因施策、因贫困类型施策。海原县和龙头企业在选定帮扶方向时,紧紧结合海原实际情况和企业优势,精准选择贫困人口能广泛参与的产业作为扶贫主导特色产业,确定以肉牛养殖为重点,通过建设现代化大规模草畜一体化肉牛养殖基地,带动农户家庭养殖,扩大养殖规模,确保精准受益。

(二) 品牌营销是关键

龙头企业为规模养殖场、肉牛养殖合作社进行代加工,共同开拓高端市场,带动海原乃至"西海固"深度贫困地区高端肉牛产业健康稳定可持续发展。实施地理品牌培育战略,加快绿色无公害肉牛产品产地认证步伐,大力开发"海原高端牛肉"品牌。依托海原活畜肉牛供港认证资质和华润五丰、华润万家等完善的销售体系,大力开展宣传推介和销售工作,在华润全国超市和便利店销售海原绿色有机高端牛肉,提升知名度,打响海原特色农产品品牌。目前已完成活牛供港857头,真正做到了让好牛肉能走进高端市场卖上好价格。

(三) 创新机制是保障

海原县和龙头企业总结探索经验,形成了"基础母牛银行"+"基础母牛托管代养""发展壮大村集体经济模式""贫困学生圆梦基金""扶弱助残基金""1+1"结对帮扶"等可复制能推广,与农户利益紧密联结的"1+N"长效机制。这些长效机制的建立,进一步稳固壮大了海原县草畜产业基础,提升了帮扶成效,促进了海原县"脱贫摘帽"步伐。

25

小香囊做出大情怀

一 情况

新疆维吾尔自治区和田地区于田县位于塔克拉玛干沙漠南缘，全县总面积4.032万平方公里，是以农为主、农牧结合的农业县。当地特产甘草、大芸、红枣、苁蓉、核桃、葡萄等，但因地理位置偏远、销售方式落后、市场信息匮乏，优质的农产品滞销，当地村民逐渐放弃种植，脱贫问题形势十分严峻，于田县经济情况非常困难。

天津市在对口帮扶新疆贫困地区时了解到，馕是维吾尔族群众不可缺少的最主要的、别具特色的食品，几乎家家都有烤馕的馕坑。天津市援疆前线指挥部和天津市西青区人民政府指导天津市华喜汇通供应链集团加入到于田县"美玉香馕"扶贫基地项目中来,注册了"美玉香馕文创有限公司",先后投资 3000 万元,在当地建厂招工、发展生产,大量收购农民手中的产品,建立电商平台,结合当地实际情况,特别是打造"美玉香馕"系列产品,树立以馕文化为符号的文创发展产业,帮助于田县解决了农产品滞销问题,带动了当地经济发展,将"馕"打造成为美丽新疆的和田名片。

二 做法

基地以"龙头企业+村集体合作社+贫困户"的模式,利用在天津募集的社会帮扶资金 400 万元,为木尕拉镇 800 户建档立卡贫困户每户分配 5000 元,以集体入股的形式成立合作社,用于木尕拉镇现有馕厂的厂房扩建、改造,在解决就业的同时,入股的贫困户年底还能够取得保底 10% 以上的分红。

"美玉香馕文创有限公司"与新疆机场(集团)有限责任公司共同打造于田县"美玉香馕"扶贫基地,负责包销产品。天津市华喜汇通供应链集团负责人李鹏介绍,从生产环节的产品设计、包装设计,到销售环节的品牌包装、渠道推广,公司就投入了 1000 多万元。"我们在于田馕古老配方的基础上进行改进,以求更适合现代人口味,比如多加牛奶、鸡蛋,让馕更酥。这一项就花费四百多万元"。

2019年,华喜汇通在于田县投入资金2000万元打造"美玉香馕"产业,公司目前日产20000个馕,月产值100万元,增收13.5万元(包括就业人员工资和利润),已解决150人就业,150户贫困户直接脱贫。为提升馕的产量,正在筹划以下订单的形式带动周边5—10个打馕合作社发展生产,预计带动100—200人增收。二期扩建后将日产80000个馕,月产值达到500万元。"美玉香馕"系列产品已销售到新疆各大型景区、机场、火车站、商超及批发市场;疆外销售到北京、天津、深圳等全国20余个大中型机场;全国10余所民族大学;淘宝、天猫、京东等线上主流电商平台;全国20余家旗舰店。2020年,力争使"美玉香馕"扶贫基地年产值达到6000万元,年增收840万元,助力当地800户建档立卡贫困户全部脱贫致富,并将"美玉香馕"打造成新疆文创产业的上市公司。

于田县美玉香馕文创有限公司秉承"传播新疆和田文化,传承传统制馕工艺"的经营理念,以"小馕大情怀"的品牌战略,坚持产品开发与文创产业相结合的道路,精细化、专业化打造馕文创产业,让更多的人了解新疆,了解和田。"美玉香馕"成立了馕产品研发中心,相继研制开发了六大系列四十八款馕单品。每一个馕都承载着独特感情和深意。

如以各民族团结互助的故事及库尔班大叔给毛主席送馕的故事为创作背景，开发了表现民族团结一家亲，各民族要像石榴籽一样紧紧抱在一起，体现民族大团结的系列产品。同时，打造以库尔班大叔给毛主席送馕为主线的系列动漫剧。以对口援疆的大事记及援疆干部的故事为创作背景，开发了援疆故事系列产品，号召社会大众一起参与到新疆的建设中。建设美丽新疆，共圆祖国梦想。以新疆的美丽风景为创作原型，开发了美丽新疆，和田美景系列产品，每一个产品封面皆是百分百实拍的新疆美景，同时附带景点介绍及旅游攻略，让每一位消费者都能通过馕了解新疆，刺激消费者去新疆旅游的欲望。每一个馕，都是一处风景。

三　启示

（一）立足当地资源禀赋，因地制宜、精准策划，是公司建立的基础

于田县的贫困情况比较复杂，不仅受到当地基础条件制约，地理位置影响，同时民族、宗教、风俗等问题对当地的经济有着巨大影响。工作正式开展前，美玉香馕文创有限公司对当地进行了细致的考察和研究，结合当地民情风俗等情况，因地制

宜，完成了厂区、产品的策划方案，让脱贫工作能够顺利的进行。

（二）打造高质量全产业链项目，防止返贫，"输血""造血"相结合，是公司运营的关键

为防止出现返贫现象，在扶贫过程中，考虑的不仅是实现就业、增加收入等问题，还深入地研究了如何打造高质量的产业扶贫。一是注重可持续发展，通过培训让每个员工都有一技之长，将"输血"与"造血"有效结合，根据贫困户的自身情况，合理安排岗位、培训技能，让其有参与感，摆脱"内心贫困"的精神面貌，做到真正的造福群众，实现稳定脱贫；二是打造全产业链项目，充分发挥龙头企业的辐射带动作用，带动种植、养殖、运输等相关产业发展，形成龙头带产业、产业带农户的发展格局。

26

黄花引领带动稳定脱贫产业

一 情况

山西省大同市云州区地处大同市东部，全区辖3镇7乡175个行政村，土地面积1497平方公里，耕地面积66万亩，总人口18万人，其中农业人口14万人，贫困人口14466户、32927人，贫困发生率达23.7%，是国家燕山—太行山集中连片特困地区。

云州区作为全国四大黄花主产区之一，由于阳光充足、火山富硒等自然条件，黄花品质优良，有"中国黄花之乡"的美誉。云州区将发展黄花产业作为"一区一业"主导产业，通过几年努力，黄花种植覆盖全区10乡镇、58%的行政村，总面积达到17万亩，2019年产值达到3.5亿元。形成了2

万亩片区乡镇 2 个，黄花种植专业村 92 个，1000 亩以上的规模户 15 家，黄花龙头企业 13 家，实现了有劳动能力贫困户人头一亩的目标，全区 39011 名贫困人口种植黄花 4.4 万亩，按现行价格每亩纯收入 8000—10000 元计算，仅此一项就可脱贫。

二　做法

（一）强化政策驱动

一是种植补贴。对新栽黄花给予每亩 500 元补助，2017 年又对贫困户新栽黄花每人补贴 1000 元，推广套种、间种模式，共有 26131 名贫困人口受益，缓解了种植户前两年没有收益的问题。

二是改善农田水利条件。连片种植 200 亩以上，由水务部门免费打井取水，推广节水灌溉 2 万亩。实施万亩农业综合开发、土地整理项目，配套了农田基础设施。

三是帮助联系雇工。认真分析本地和周边用工行情，通过网络、微信、上门招工等多种形式，帮助种植户联系山东、河南等地的季节性采摘工人 3000 多人。

四是解决晾晒、储存及烘干问题。投资 1420 万元建设黄花冷库 39 个，投资 500 万元建设黄花晾晒大棚 50 个。投资 3500 万元，建设了两个黄花地头加工扶贫车间。对群众自建冷库、晾晒场地和晾晒大棚进行补贴。

五是推广自然灾害保险和目标价格保险。采取政府补一点、农民出一点的方式，协调保险公司开办了新险种，以每亩 300 元、400 元的保费，农户最高可获得 5000 元、7000 元的赔付，增强了抵御自然灾害、市场波动风险的能力。

六是开展多方位服务。农业技术人员上门传授种植管理技术，监测虫害灾情，提供技术保障。农机中心探索黄花机械采摘，对秸秆机械化环保处理，采购和联系 10 架无人机进行病虫防治。扶贫办给予贴息贷款扶持，黄花办搭建市场价格平台，气象局在采摘季节发布天气预报，交警队对拉运黄花的车辆进行安全教育，等等。2018 年山西省脱贫攻坚领导小组专题研究云州区黄花产业扶贫，提出七个方面的扶持意见，更坚定了全区发展黄花的信心。

（二）强化主体拉动

在产业发展中，始终把研究和探索提高农民组织化程度，搭建农民与市场有效对接的桥梁与纽带作为精准产业扶贫的重点。以"一村一品一主体"为切入点，以扶持、培育合作社、龙头企业、能人大户等新型经营主体为着力点。贫困户以土地、补贴资金、劳动力等要素入股合作社，由合作社统一经营，贫困户参与生产管理进行分红，带动贫困户增收脱贫。全区 175 个行政村成立黄花专业合作社 95 家，吸收贫困户 7905 人，28 家一级合作社帮助贫困户争取小额贷款 475 万元。

（三）强化项目带动

通过招商引资和鼓励本地资本转型发展特色农业，共引进和扶持规模以上龙头企业和特色产业发展项目 25 家，共流转土地 10 万多亩。具有代表性的是，云州区政府与大同市经济建设投资公司成立的大同宜民公司，主要进行黄花种植与深加工，以及后续产业的发展。此外，兴农黄花公司、天特鑫公司、永翔食品公司等黄花深加工企业，提高了黄花的附加值和综合效益，对全区特色农业的现代化发展，产生了重要的引领作用。

（四）强化干群联动

产业发展离不开党组织和党员作用的发挥。对于群众不敢种的，党员干部示范带头；对有困难的，党员干部积极服务。全区 83 名支部书记、650 多名党员带头种植黄花。据统计，全区有 81 个黄花种植合作社由村干部、党员担任法人，种植黄花 2.8 万亩。

三 启示

云州区黄花产业发展的良好势头,关键在于按照一二三产业联动的思路,通过政策驱动、主体拉动、项目带动、干群联动,推动产业向着规模化种植、标准化加工、社会化服务、市场化销售、品牌化跃升的方向转变。

27

"金鸡"挑起脱贫富民"大梁"

一 情况

内蒙古自治区乌兰察布市卓资县属国家级贫困县,地处大青山前后山交接地带,属山地丘陵区,境内多山地、少滩川,素有"七山一水二分田"之称,自然条件贫瘠,产业基础薄弱,脱贫攻坚任务艰巨。2014年全县建档立卡贫困人口24010人,贫困发生率14.72%。但是在精准脱贫攻坚政策支持和各方面的共同努力下,截至2019年底,全县64个贫困村全部脱贫出列,8004户16355人实现脱贫,未脱贫229户416人,贫困发生率为0.255%。2020年3月4日,经自治区人民政府公告,退出贫困县序列。

卓资县的"卓资熏鸡"与"德州扒鸡""道口

烧鸡"并称中国三大地方名鸡,年销量350余万只。但是,由于内蒙古卓资县蛋鸡产业现代化技术及规模化养殖的滞后,本地鸡源远远满足不了生产加工需要,严重影响产业发展。

2017年,卓资县挖掘整合县域资源优势,引进北京德青源农业科技股份有限公司,实施"金鸡"产业扶贫项目。项目全部建成投产后,可为卓资县"熏鸡加工"产业提供稳定鸡源,为熏鸡产业扩大再生产提供保障。可安排1000名劳动人口稳定就业,固定资产租赁实现的净收益和安排就业,可带动10000多人长效脱贫,让"名鸡"变成实实在在的"金鸡"。

二 做法

"金鸡"产业扶贫项目位于卓资县十八台镇红色岱村,总建筑面积117亩,养殖规模240万只,是集"生态养殖、清洁能源、有机肥料、食品加工、淘汰屠宰、有机种植、订单农业"于一体的全产业链现代农业产业化项目。项目于2018年9月开工建设,截至2019年底,青年鸡养殖区、蛋鸡养殖区和饲料厂已经建成投产,现存青年鸡30万羽,蛋鸡120万羽,高峰期日产鲜蛋100万枚。具体做法如下:

（一）整合利用扶贫资金

"金鸡"产业扶贫项目的固定资产委托县属国有兴农农业投资有限公司进行管理，租赁给龙头企业使用，明确资产的保值增值责任，建立健全收益分配机制，提高了资金使用效益和抵御风险能力，确保贫困群众取得长效收益。同时，由卓资县兴农农业投资有限公司组织建设形成的鸡舍、厂房、设备等固定资产归该公司所有，保证了国有资产不流失。

（二）解决了贫困户长期就业问题

项目严格落实"379"带贫模式协议，即，"3"是企业用工当中贫困户不少于30%，"7"是政府搭建平台、企业提供订单使贫困户参与物流、运输、饲料基地等关联的产业不少于70%，"9"是政府必须将收取租金的90%以上用于贫困户公益性岗位工资。用工要优先招收本地劳动力，对易地搬迁贫困群众要做到应收尽收，并支持开展职业技能点对点精准培训，使贫困人口快速达到上岗标准。

（三）衔接了乡村振兴战略

"金鸡"产业扶贫项目配套的屠宰厂建设，解决了熏鸡原料从外地购进的困境，降低了生产成本，有效提升了下游熏鸡产业竞争力。通过引进大型龙头企业，培育新型本土企业，带动农户规模养殖，形成蛋鸡、肉鸡、饲料及其加工一体化发展模式，助力做大做强"卓资熏鸡"产业，既在脱贫攻坚阶段发挥立竿见影的效果，又为后续乡村振兴中实现产业兴旺积蓄足够的潜能。

三 启示

（一）因地制宜，布局特色产业保障稳定脱贫

在产业项目选择上，"金鸡"产业扶贫项目注重挖掘卓资县传统文化并结合现代设计理念，深入挖掘自身发展的优势条件，放眼高端市场，进行标准化生产，针对市场"痒点"充分运营宣传，是传统农副产品走向现代化的必经之路。采用"公司＋基地＋农户"的运营方式，极大地提高了扶贫资金的使用效益，为贫困户的增收提供了保障。

（二）精准识别，保证项目长远发展

在承租方选择上，卓资县谨慎对待，选择了全球环保基金在中国投资的生态农业企业德青源农业科技股份有限公司作为承租方实施项目计划，一方面为项目的长远发展奠定了基础，另一方面为卓资县走出内蒙古，走向全国更大市场进行了铺垫。

（三）扶智扶志，保障产业良性运行

职业教育与职业培训点对点精准对接产业需

求。卓资县依托德青源公司技术力量,以职业教育为抓手扶智扶志,通过现场技能实操点对点培训,精准提升贫困人口自身能力,让贫困家庭中具有劳动能力的成员掌握"一技之长",实现顺利就业、稳定就业,也为"金鸡"产业项目的稳定运行提供了保障。

28

鲜切花种植项目助推产业扶贫

一 情况

辽宁省阜新市彰武县兴隆山镇所辖5个行政村、50个村民组。总户数2875户，总人口9657人，其中农业人口9419人。全镇实有建档立卡贫困人口709户、1339人。到2019年，已脱贫700户、1325人；共有2个省级贫困村，分别为赵家村和兴隆山村，已分别于2016年和2017年全部实现整村脱贫。其中，通过设施农业鲜切花种植项目的实施，带动142户、288人实现脱贫，同时180户、329人实现持续稳定增收。

二 做法

（一）因地制宜，选取适合兴隆山的产业项目

实施一个具有活力且有明显效果的项目是脱贫

攻坚不可或缺的。兴隆山镇党委、政府多方考虑，多地考察，审慎研究，最终确定了设施农业鲜切花种植项目，与彰武县北斗星花卉有限公司合作，发展设施农业鲜切花种植项目。

该项目主要以生产祭祀用鲜切菊花为主，产品主要销往日本、韩国等地。近年来，随着殡葬改革的推行，在国内文明祭祀也逐渐为人们所接受，因此国内也有大量需求。该项目生产周期短，正好利用南方地区高温不能生产鲜切花的空档期，定植110天后即可上市销售，项目投入产出比可达到1∶1.6—2，且属劳动密集型产业，用工量大、技术含量低，适合建档立卡贫困人口就近实现就业，是最符合当前脱贫攻坚形式的产业项目。

（二）租用晨曦公司冷棚发展鲜切花种植

为实现所有建档立卡贫困人口脱贫的目标，经镇党委、政府认真研究，投入产业扶贫资金79.3万元，在辽宁晨曦现代农业科技发展有限公司租用冷棚52.86亩，带动建档立卡贫困户322户、617人，以项目托管的方式，与彰武县北斗星花卉有限公司合作，发展鲜切花种植项目。

项目采取扶贫产业补助资金首先量化到户、再集中托管实施的方式，即将产业扶贫资金79.3万元，按项目到户的模式，以每亩补贴1.5万元的标准确定项目受益户，再由镇村协调受益户签订《项目托管协议》，授权村委会与彰武县北斗星花卉有限公司签订《产业扶贫协议》，项目资金由镇政府按项目生产进度拨付生产资金，最大程度上保证扶贫资金使用安全。

该项目种植鲜切花52.86亩，定植鲜切花种苗211.44万株，成花率90%，产出成品鲜切花190万枝，项目当年收益31.716万元，亩均收益6000万元，户均增收近千元。项目采取全程托管的方式，统一安排合理时间种植，按计划采收，合理分配销售，逐渐实现各阶段配额制。统一采购农药、化肥、生产物资等，极力降低生产成本，实现周年生产同时，采用多种种植模式，即西红柿、小柿子、香瓜、芸豆等与菊花轮种，菊花与草莓、小菜等轮种，提高土地利用率，实现利润最大化。合理安排建档立卡贫困户做力所能及的工作，实现产业扶贫，精准脱贫，促进供给侧结构改革，解决农村部分剩余劳力力就业，带动当地农业生产快速发展。吸收建档立卡贫困人口就近务工100余人，整个生产周期用工时2500个，且经镇村协调，根据建档立卡贫困人口的身体条件，确定合适的工作岗位，做到只要贫困人口有务工需求，企业必提供合适的工作岗位，即使是行动不便，年老体弱的贫困人口，也为他们提供了居家裁剪包装鲜花用纸的工作，每天的收入也可达到20—30元。实实在在的收益,让贫困户打消了顾虑,亲身的参与,让贫困户看到了脱贫致富的希望。在第一期合作取得丰硕成果之后,兴隆山党委、政府决定,百尺竿头再进一步,镇村干部借着入户走访的机会,逐户征求贫困户意见,再与彰武县北斗星花卉有限公司按原有方式合作一年,从而使兴隆山镇一半的建档立卡贫困户有了持续的项目支撑,实现了稳固脱贫。

(三)新建兴隆山镇花卉"飞地经济"产业园项目

为利用鲜切花产业蓬勃发展的有利契机,发挥地域优势,发展壮大花卉产业,打造大型的花卉生产基地,兴隆山镇花卉"飞地经济"产业园应运而生。

该项目是兴隆山镇政府积极响应上级党委、政府大力发展"飞地经济"号召,争取产业扶贫资金186万元,通过政府采购的形式,购买高标准曝光温室22.08亩,投入产业扶贫资金65.6万元,发展集花卉种苗繁育、商品花卉种植、销售等为一体的"飞地经济"项目。年繁育花卉种苗88.3万株,预计可实现销售收入61.8万元、利润35.3万元;年生产成品花79.5万枝。可带动建档立卡贫困人口就业20余人,人均增收500元。

该项目由兴隆山镇协调各村与彰武县北斗星花卉种植专业合作社合作，由彰武县北斗星花卉有限公司提供担保，确保项目收益保底不低于10%，采取全程托管的方式经营，即利用产业项目扶持资金和自有资金全额注资，种苗、技术、管理、订单等全部由彰武县北斗星花卉种植专业合作社提供，彰武县北斗星花卉种植专业合作社种苗、技术、管理、订单等占项目股份的30%，扶贫资金占股70%。项目收益资金，由镇政府根据全镇建档立卡贫困户实际情况统筹分配使用，确保收益资金全部用于扶持贫困户发展生产、因病因学救助及向贫困人口购买服务方面。

三 启示

（一）脱贫攻坚必须要有产业支撑

传统的种植、养殖类项目，靠的是一家一户的单打独斗，规模小、收益低、风险大，难以达到持续增收、稳定脱贫的目标。只有通过政府协调、科学选择、集中实施的优势产业项目，才能在短期内实现贫困户大幅增收、长期稳定增收，巩固脱贫攻坚成果。

（二）镇党委、政府勇于担当作为

无论什么项目，都有风险存在，特别是集中实施类项目,党委、政府面对着巨大的压力。兴隆山镇党委、政府在关键时刻勇于担当,科学谋划、果断决策、严格监管,为项目顺利实施提供了坚强保证。

29

"吉尼斯稻香村"香飘神州

一 情况

黑龙江省哈尔滨市通河县富林镇镇域面积414平方公里，耕地面积22.2万亩，其中水田18.5万亩，旱田3.7万亩。境内有国家4A级景区桦子山森林公园，下辖12个行政村，有人口1.77万，基本为农业人口。建档立卡贫困户225户335人，贫困发生率1.89%。

目前，扶贫产业项目"长兴大伯"品牌大米销量和效益逐年攀升，已经走出黑龙江、面向包括港澳在内的全国地区，2019年当年累计销售大米26.5吨。澳门地区的经销商连续两年给该村的5户贫困户派发红包，累计派发16000元。长兴村建档立卡贫困户31户40人，已于2019年10月全部实现脱贫。

二 做法

2017年6月,哈尔滨市政协党组派出3名党员干部组成市政协扶贫工作队进驻长兴村。工作队大胆地提出了以产业化、品牌化为主导的先扶志再扶智的扶贫工作思路,推出了以发展生产脱贫为主线、以配齐基础设施为辅助、市政协机关和全体委员全程支持的扶贫组合拳。具体如下:

(一) 扶植地域优势产业

长兴村是闻名遐迩的吉尼斯稻香村,共有431户、1560人,全村经济主导产业以水稻种植为主,村民几乎都擅长水稻种植技术。2017年5月15日,通河县政府在长兴村举办了一场挑战最多人一起插秧的世界吉尼斯纪录活动,2017人同时插秧创造了新的纪录。"吉尼斯稻香村"从此蜚声国际。

(二) 制定产业项目规划

以前,全村的经济收入来源主要以水稻销售为主,处于产业链条最底端。新成立的农民专业合作社项目包括成米加工和销售环节,提升了产业项目的终端定位。政协工作队在合作社成立伊始,便帮助合作社办理品牌商标注册、生产加工和销售许可等相关手续,为产业项目日后做强做大提供了有力支撑。强化产业项目品牌意识,引导合作社"以质量谋市场、以品牌谋长远",扎实打牢品牌基础,推进产业提质增效。扶持年轻村干部陈兆平牵头成立以低收入农户为主体的农民专业合作社,由其合作社成员对接帮扶贫困户,从而凝聚农户,形成合力,带动脱贫。

(三)大力拓展销售渠道

依托国家4A级景区的区位优势,建设大果榛子扶贫基地,积极发挥市政协机关平台作用,通过市政协港澳委员成功将大榛子、长兴大米、林下鸡鸭鹅、小作坊产品等土特农产品推向港澳市场,增加农民收入。

(四)加强村基础设施建设

针对村基础设施破旧、村容村貌脏乱差等问题,先后投入资金300万元加强建设。修建了400平方米村委会办公楼,完善了长兴村精准扶贫基地1900米围栏、打100米深水井1眼、铺设1.5公里基地沙石路,有效推动扶贫产业的硬件建设。投入130余万元,修建了2.2公里硬化乡村路和6000平方米村民文化广场。

三 启示

（一）充分发挥政协机关和政协委员优势，通过多方面人才和平台带动产业发展，扩大产品市场

人民政协人才荟萃，政协委员依托自身专业和界别资源，带动当地脱贫致富。事实证明，在脱贫攻坚中，人民政协没有缺席。

（二）产业扶贫是持久脱贫致富的关键

以往的"输血式"扶贫，只能解决贫困户和低收入农户一时的生活所需，并非长久之计。而发展生产脱贫则是一种"造血式"扶贫，不但可以在短期之内改善贫困户的生活状况，而且可以为低收入农户提供增收致富的新路径，满足他们对美好生活向往的长远需求。

（三）产业项目要利用优势做强做精

精准扶贫之所以能够取得举世瞩目的成绩，关键在于精准，成败在于选择。在产业项目布局方面，重点不是"补短板"，而是应当发挥长处，让其优势得以充分发挥，让其"长处"变得更长，以期迅速占领市场。在项目资源投入方面，应集合优势力量和资源着力做精一个项目，集中力量办大事。

30

"巴楚留香瓜"网上留香

一 情况

新疆维吾尔自治区喀什地区巴楚县地处塔克拉玛干沙漠西北边缘、叶尔羌河下游,面积2.17万平方公里,气候干燥,常年干旱少雨。巴楚县农村人口29.87万人,占总人口的79.2%。

上海自2010年实施对口援疆项目以来,便不断探索、寻找帮助喀什地区更好发展的办法。巴楚县产业基础薄弱,但却是传统库克拜热甜瓜种植大县,种植面积达15000亩,甜瓜种植产业涉及贫困户众多,库克拜热甜瓜的产量和销量成为农民增收脱贫的重要影响因素之一。2015年上海援疆巴楚分指挥部与电商阿里巴巴农村淘宝和喀什维吉达尼电子商务有限公司等合作,将当地的"土瓜"策划命名为"留香瓜",将留香瓜通过电商渠道进入上海,并坚持品牌化、规模化、产业化发展,精准帮扶,开展电商助力扶贫创新实践。

上海援疆巴楚分指挥部包括对口援疆干部 25 人,长期驻扎在巴楚县。为了推动巴楚留香瓜特色产业发展,指挥部还协调技术人员约 40 人,分 6 批进入巴楚县指导种植过程。另外,阿里巴巴集团也经常派采购人员到乡里开展调研支持。

"巴楚留香瓜"项目参与农户 1254 人,其中建档立卡贫困户 572 人,户均增收 2500 元以上,460 余人收入已达脱贫标准,脱贫率超过 80%。以"订单农业"方式合作的本地种植农户 517 户,其中 225 户建档立卡贫困户已全部脱贫,参与目标价格保险的 222 户建档立卡贫困户,215 户成功脱贫。

二 做法

互联网线上购物省时、省力、省钱,物品种类齐全等优势改变了人们的消费方式,成为人们的日常行为。但在贫困地区,人们仍主要使用传统的销售以及购买方式。运用电商扶贫是产业扶贫和消费扶贫的重要抓手。

(一)"包装"和宣传

"巴楚留香瓜"即库克拜热甜瓜,其清香浓郁、脆甜可口,但本名不易被公众记住。"留香瓜"通俗易记,名如其瓜。当地在线上和线下开展了多种宣传。如在当地搞"一藤两瓜"认养活动,500多农户瓜农平均增收3000元,品牌迅速叫响。在线上阿里巴巴打造"蜜瓜节"活动,各类媒体轮流播放留香瓜故事宣传广告。线下在上海组织"巴楚留香瓜社区品鉴会""沙漠蜜洲行为艺术展"等活动,前后有约200吨"网红"蜜瓜直接来沪推广。

(二) 改进种植管理方式

品牌打响后,需求量大,质量要求更高。具体来说:一是扩大种植面积。瓜农自发种植的留香瓜有15000亩左右,政府与淘宝、农民合作,根据订单规划合理种植面积,再合理分配到巴楚县的各个乡镇以及村民手中,目标是用三年时间,带领2000户农民共同把巴楚县10000亩沙漠荒地打造成留香瓜的"蜜洲"。二是引导瓜农规范化种植,确保留香瓜稳定升值。通过建造100亩种植示范基地——"天猫沙漠蜜洲农场",为瓜农种瓜做出示范。邀请外地技术专家团队手把手、全流程指导教授各种技术,并制定了具体标准,根据市场需求对瓜的大小品相、成熟程度和含糖量等进行优化。如，使用小拱棚双膜种植让瓜提前上市；为保证瓜的甜度，一根藤上只结2个瓜，等等。

（三）制定产品标准

过去，"巴楚留香瓜"没有标准，有大有小，甜度、口感各不相同。建立品牌之后，制定了大小只能在2千克左右，含糖量必须在13%—15%之间的明确标准，否则不能称为"巴楚留香瓜"。通过专家指导、基地示范，同时培养当地的技术人才，以及电商企业派专人盯控生产，督促瓜农严格按照技术标准种植。在进行标准化的种植管理后，"留香瓜"的商品率从20%上升到了60%，增加了一倍的产值。

（四）建立电子溯源和防伪体系

为了确保客户手中拿到的瓜是正宗巴楚留香瓜，当地也采取了很多措施。一是做溯源。从2018年开始，每一个瓜上面都有一个二维码，一扫二维码就知道这个瓜是哪片地里生产，由谁种植。二是渠道防伪。与当地政府合作的商家，必须要用巴楚留香瓜的牌子，采用同样的包装，并在包装上做统一的防伪码，通过扫码辨真伪，让人们更放心。

（五）扩展销售渠道

巴楚县在援疆资金、人才的帮助下，结合县域电子商务进农村工作，布局县、乡、村三级服务网点，打通了各网点之间快递物流通道，为农产品"走出去"打下了基础。阿里巴巴最先找到巴楚县政府，提出了打造贫困地区农产品网络销售直通车，即农村淘宝的想法。重点是汇聚阿里旗下所有资源，建立一个服务三农的包括生产链、运输链、供应链、渠道链、生鲜冷链和品控链等在内的全链路平台。通过大数据，对真正需要支持的农民和农产品进行资源倾斜。同时把消费者真正喜欢的农产品选出来，进而指导农民生产，实现以销定产和订单农业。既提高了农产品的市场竞争力，让农民真正得到实惠，也让城市消费者能吃到新鲜、安全、放心的农产品，实现真正的精准扶贫和脱贫。在打造巴楚留香瓜特色农产品品牌的过程中，由当地维吉达尼公司对接市场、对接阿里巴巴，使得政府部门与阿里巴巴的合作更为顺畅。巴楚县政府和上海驻疆干部，在县内设置了巴楚县电子商务服务中心，作为连接瓜农和销售渠道的桥梁，所有的瓜农信息以及销售渠道信息都汇总于此。其独立于留香瓜供应链之外，与瓜农和销售渠道不存在利益关联，办事更为独立且效率高，也避免了中间商扣除利润。

（六）引入农产品保险，化解市场风险

上海援疆干部巧妙地将金融保险引进到农产品

里面，设计出了针对巴楚县建档立卡贫困户留香瓜农产品保险。依据2017年的数据，农产品保险涉及建档立卡贫困户222户、878人。2017年赔付率达到了99%以上，留香瓜目标价格保险试点亩均赔付266.25元，户均赔付943元，种植面积最大的贫困户增收逾6000元。参与目标价格保险的222户建档立卡贫困户中215户成功脱贫，农产品保险作为兜底政策，有效保障了农户的最低收益。

（七）培养当地人才，增强自身发展能力

人才培养对于留香瓜产业的持续发展至关重要。主要包括四个方面：一是培养当地核心技术人员。二是百姓中的技术人员培养。三是普及性的培训。四是供应链队伍培训。

三 启示

（一）提升贫困地区农产品价值链管理能力

产业扶贫最重要的就是要实现商品的标准化以及保障供应链的完整。怎样调动当地人实现种植的标准化、包装的统一化，怎样培养训练自己的供应链团队，怎样利用市场、政府与社会力量，这些都是品牌建设中必须要考虑的问题。

（二）发挥平台经济优势，带动贫困地区产业发展

"巴楚留香瓜"是农村电商的成功产物之一。农村电商作为精准扶贫的重要载体，对推动农业产业转型升级、促进农村商贸流通跨越式发展、带动农民就业和脱贫增收发挥了重要作用，为深度贫困地区脱贫攻坚开辟了新路径。

（三）挑选合适的品种进行品牌建设

打造特色品牌要选取有独特之处的农产品种类，以及季节性、是否可大量生产、是否方便售卖、运输等因素。

（四）改变种植习惯，规范生产流程

在留香瓜标准化的过程中，最困难的就是瓜农种植的规范化。瓜农有不习惯、怕麻烦、怕失败的想法，要让他们有看得见摸得着的利益。当地政府一方面主要帮助农户解决卖不出去的问题，另一方面提高收瓜的价格至原来的三倍。以前他们单亩瓜地收入1000元就不错了，现在一亩地最多收入5800元以上，最低的也有2500元，为此瓜农当然愿意按标准做。

31

缙云烧饼品牌化引领富民路

一 情况

浙江省丽水市缙云县2014年时有低收入农户10418户15396人，其中，低保户7132户10079人、低保边缘户2969户4999人、特困户317户318人。缙云县委县政府以缙云烧饼品牌建设为抓手，努力把特色美食做成特色富民产业，2014年2月成立"缙云烧饼"品牌建设领导小组，负责"缙云烧饼"品牌建设的组织协调，按照标准化、规模化、品牌化的思路，发展缙云烧饼产业。

2014—2019年，缙云烧饼产业发展壮大，激活了烧饼炉芯、烧饼桶、缙云菜干、烧饼包装、烧饼文化等相关行业的发展，以缙云烧饼为龙头的缙云小吃产业营业收入从4亿元攀升至22亿元，带动相关产业近4万人增收致富。五年多来,缙云烧饼先后获得"浙江名小吃"、"中华名小吃"、"首届中国旅游金牌小吃"等荣誉称号。缙云烧饼示范店开到了全国20多个省、市、区,开到了世界十多个国家和地区,这个古老的地方也随着缙云烧饼走向全国、走向世界。2019年,全县低收入农户可支配收入达10270元,同比增长15.7%。

二 做法

(一)精准施策,扶持产业壮大

一是扶持开设缙云烧饼示范店。制定实施《关于缙云烧饼品牌建设的实施意见》《缙云县"草根创业"专项行动方案(2016—2020年)》等专项政策,每年安排500万元专项资金支持缙云烧饼品牌建设。为鼓励创业,县财政对开设示范店给予1万—3万元补助,以及50%贷款贴息。截至2019年,402家示范店获得653万元补助,43家示范店业主获贴息近12万元。

二是扶持打造"908"小麦基地。为加强小麦生产供应,2016年以来,缙云县每年实施《关于切实抓好粮食产销工作的意见》,鼓励开展连片种植小麦优质品种"908"。2019年,全县"908"小麦种植7200多亩,市场价格达到7—8元每公斤，是普通小麦最低保护价的 3 倍以上。

三是扶持发展缙云菜干产业。为确保缙云菜干品质，制定实施《关于促进缙云菜干产业发展实施意见》，每年安排 200 万元专项资金扶持发展。该县东方镇是菜干大镇，2015—2019 年缙云菜干半成品收购价从每公斤 8 元上升到每公斤 15 元，2019 年菜干种植面积超过 4000 亩，平均亩产鲜菜 1 万多斤，亩产值 7200 多元，成为农民增收致富的主导产业。

四是扶持打造烧饼桶、炉芯等基地。为推进产业链建设，加强对缙云烧饼桶、炉芯等扶持，经认定后将相关合作社加入缙云烧饼协会，列为定点供货单位，帮助农民持续稳定增收。2014—2019 年，累计卖出烧饼炉芯 5 万多套、木制烧饼桶 2.3 万多只，实现产值 2800 多万元。该县农民张云翔还成功研发电热烧饼桶和无油烟烧饼桶，获得三项国家专利。

（二）培养人才，支撑产业发展

一是建设培训基地，培养专业化人才队伍。建立浙江电大缙云分校和缙云县职业中专壶镇分校两个免费培训基地，在县职业中专开设 3 年制高级烧饼师傅、高级店长专业班，专门培养高级人才。成功培育中级缙云烧饼师傅 213 人、高级缙云烧饼师傅 140 人、缙云烧饼大师 10 人。以就业指导中心为依托,帮助学员得到全方位的技能培训和训后服务,累计培训缙云烧饼师傅10502人次。

二是实施系统化技能培训。坚持以提高群众"造血"能力为目标,聘名师、编教材,开展缙云烧饼相关理论、实操、策划、营销等系统化培训,让学员既能做"烧饼师傅"又能当"烧饼老板"。五年多来,缙云烧饼师傅在全国各地开出示范店521家,草根摊点6000多家,并把店开到了美国、意大利、澳大利亚等十多个国家。

(三)打造品牌,引领产业发展

一是规划先行明路径。树牢规划意识,2014年,制定《缙云烧饼产业发展初步规划》,以及丽水市首个特色小吃类市级地方标准《缙云烧饼制作规程》,实现注册商标、门店标准、制作工艺、原料标准、经营标准、培训内容"六统一"。2016年,制定实施《"缙云烧饼"品牌战略和产业发展规划(2016—2030)》,全方位规划设计,引导产业可持续发展。

二是文化打底增内涵。深入挖掘整理缙云烧饼的黄帝文化、饮食文化、商贸文化,讲好"文化饼""养生饼""致富饼"等故事。2016年缙云烧饼制作技艺被列入浙江省第五批非物质文化遗产名录,2018年缙云烧饼获注国家地理标志证明商标和欧盟商标。

三是依托节庆扩影响。配合公祭轩辕黄帝大典，连续五年举办缙云烧饼节，同步举办浙江名小吃全省选拔赛、缙云烧饼大师赛、乡村旅游季等活动，每年有省内外 200 多种特色小吃争相入驻，各地美食爱好者闻香而动，提升了师傅"技艺"，满足了食客"胃口"，鼓起了农民"腰包"，被评为浙江省金秋购物节"最受欢迎的特色活动""精品展会"。缙云烧饼的知名度和美誉度极大提升，激活了整个烧饼产业。

三　启示

（一）找准关键，精准发力

缙云烧饼产业基础好、风险低，是适合农民创业就业、增收致富的产业。通过创新实施"农户＋合作社（基地）＋协会"模式，聚焦"烧饼师傅"这个关键点，开展针对性、实用性的技能培训，成功打造一批制作技能过硬、带动力强、影响面广的"缙云烧饼师傅"队伍，实现富民增收。

（二）品牌引领，整合联动

为改变产业小而散、知名度不高、运营传统的局面，缙云县创新成立烧饼办、组建烧饼协会、开设烧饼班、举办烧饼节，运用现代产业经营模式来培育缙云烧饼品牌。依托"丽水山耕"

品牌共建,对缙云菜干、土麦等相关产业进行整合联动,树立整体区域品牌形象,推动"缙云烧饼"产业品牌化、产业化运作发展。

精心打造魔芋富民新品牌

一 情况

湖南省怀化市会同县总人口36万,其中农村人口32.09万。长期以来,由于受自然条件较差、基础设施薄弱、产业结构单一等因素制约影响,经济发展严重滞后。2016年,全县共有建档立卡贫困村87个,含深度贫困村4个,贫困人口19124户69056人,贫困发生率为23.63%,脱贫攻坚任务十分艰巨。

近年来,会同县委、县政府因地制宜,将魔芋产业作为"一县一特"重点产业和贫困户脱贫致富支柱产业进行全力推进。魔芋种植已覆盖全县18个乡镇,带动87个贫困村、2638户贫困户、8972人脱贫致富,并辐射到广西、贵州、江西等周边4

省 32 个县，形成了集种植、加工、销售于一体的产业链。"盖新房，娶新娘，小小魔芋来帮忙""一亩魔芋十亩谷，十亩魔芋盖栋屋"等顺口溜广为流传。

二 做法

（一）坚持规划引领，强化政策扶持

将魔芋产业纳入县级"十三五"农业产业发展规划。出台会同县产业扶贫实施方案和重点产业精准扶贫规划，将魔芋产业作为"一县一特"重点产业和贫困户脱贫致富支柱产业全力推进。出台《会同县魔芋产业发展实施意见》，分别按每亩 1500 元和 800 元的标准对贫困户和非贫困户种植魔芋进行奖补，按每亩 2000 元对集中连片 50 亩以上魔芋种植示范基地进行奖补。鲜魔芋实行保底价收购政策，同时加大对种植户和加工企业的信用担保融资支持力度。

（二）开展科技合作，强化技术培训和技术指导

加强与中科院会同森林生态实验站、中国魔芋研究中心、湖南农业大学食品科学技术学院、湖南医药学院等机构合作，有效提升魔芋产品科技含量。大力引进和培养乡村魔芋种植技术人员，建立魔芋技术服务体系。政府安排专项工作经费，成立

魔芋技术服务小组，聘请专家与龙头企业一起，通过现场技术培训、互联网授课、下乡上门服务等方式为全县的魔芋种植户免费提供技术培训和技术指导服务。利用国家阳光工程、新型职业农民培训等平台，组织返乡农民工、退伍军人、留守妇女、残疾人等进行200余场2万余人次的魔芋种植专业培训。

（三）培育龙头企业，打造示范基地

支持湖南博嘉魔力农业科技有限公司做大做强，该公司现有魔芋精深加工线8条，加工魔芋年产能可达3万吨。2019年9月，公司"魔湘子"商标成功获得马德里商标国际注册证书。建立魔芋良种繁育示范基地450亩，建立村级魔芋扶贫示范基地55个。

（四）确保资金投入，形成规模效益

2014年投入产业资金100万元，发展魔芋种植面积800多亩；2015年投入财政扶持资金392万元，发动1404户4670名贫困群众种植魔芋3760亩，实现人均增收2300余元；2016—2017年投入产业资金120余万元，新增种植魔芋750亩；2018年投入产业资金500万元，新增魔芋种植面积1700多亩；2019年全县新增魔芋种植基地2000亩，年产量5万吨，年产值2亿元。现魔芋产业已遍布全县18个乡镇,全县拥有魔芋专业合作社53个,带动了87个贫困村。魔芋种植基地被国家林业局认定为"服务精准扶贫国家林下经济及绿色产业示范基地"。

(五)完善利益联结,激发内生动力

大力推广"企业+合作社+基地+农户"经营模式,依托湖南博嘉魔力农业科技有限公司实行四个统一,即统一产业规划,统一种苗供应,统一技术培训和指导,统一产品回收、加工、销售,贫困村与魔芋公司签订了魔芋回收合同,鲜魔芋实行保底价收购,由魔芋公司进行统一加工出售,确保农户实现"订单增收"。积极加强魔芋文化建设,通过举办"魔芋文化艺术节""校园魔芋绘画大赛""魔芋烹饪大赛""魔芋王争霸赛""身边的最美脱贫示范户巡回演讲"等活动,大力宣传通过种植魔芋脱贫致富的先进典型,充分调动贫困户脱贫致富的积极性、主动性,提升"会同魔芋"品牌知名度,形成游客到会同赏魔芋、品魔芋的文化氛围。

三 启示

聚焦产业,形成富民品牌要做好以下几点。一是明确规范。先后起草制定《会同县魔芋生产规程

规范》《会同县魔芋良种繁育规程》《湖南省魔芋低海拔高产栽培规范》《湖南省魔芋林下栽培技术规范》，促进魔芋产业标准化、规模化、集约化、品牌化发展。二是确保质量。通过绿色食品、有机食品、HACCP质量体系认证，"会同魔芋"先后荣获全省首届林博会金奖、第21届中国中部（湖南）农业博览会金奖，2017年获评国家地理标志保护产品。三是开拓市场。大力发展线上线下销售，魔芋产品畅销浙江、上海、广东等省市，并出口到柬埔寨、日本、韩国等国家。

绿色草果撑起脱贫"一片天"

一 情况

云南省怒江傈僳族自治州是中国典型的深度贫困地区。全州4个县（市）均为深度贫困县，255个行政村中有249个贫困村，其中深度贫困村218个。2014年全州累计建档立卡贫困人口26.7万人，贫困发生率高达56.24%，为全国最高。全州98%以上的面积是高山峡谷，最高海拔5128米，森林覆盖率75.64%，滑坡、泥石流灾害频繁。全州无高速路、无机场、无铁路、无航运、无管道运输，道路等级低。虽然自然资源丰富，但未能开发利用，产业基础薄弱，一方水土养不活一方人，脱贫攻坚任务极其艰巨。

近年来，怒江州认真贯彻落实习近平总书记提出的"绿水青山就是金山银山"的生态发展理念,把以草果为主的绿色香料产业作为脱贫攻坚支柱产业重点培植,通过多年科学推动、持续发力,变山地"劣势"为资源优势,截至2019年底,建成种植规模110万亩的全国草果核心主产区,鲜果总产量达3.34万吨,产值2.51亿元,成为怒江带动力最强、辐射面最广、贡献率最大的脱贫支柱产业。草果产业为当地农户提供了就近就地就业增收的机会,怒江沿边3个县市21个乡镇116个村4.31万户农户、16.5万人,人均年增收2700元,近4万人脱贫。2018年底,独龙族在全国28个人口较少民族中率先整族脱贫,草果产业功不可没。

二 做法

(一) 强化政策引领

自治州针对当地林地覆盖广泛和独特的立体气候极为适合草果生长,草果是食药两用中药材大宗品种之一,因地制宜选择发展"林下草果经济",先后制定《关于加快草果产业发展的意见》《草果产业发展总体规划(2014—2020)》《怒江州绿色香料产业建设方案(2018—2022)》等一系列规划和政策措施,把草果产业发展的目标任务分解到年度、落实到乡镇、细化到村组,引导草果产业科学合理有序发展。同时,大力实施退耕还林还草工程,稳定常绿阔叶林林地面积发展林下草果,在适宜种植的区域,全面推开种植业结构调整,扩大草果种植规模,有效替换原本低效、原始的传统种植业。

(二) 加大资源投入

自治州运用深度贫困地区脱贫攻坚政策,整合涉农资金1.65亿元,争取农业农村部项目资金1000万元,为草果种植规范化、标准化、规模化发展提供资金保障;州政府各部门通过多渠道争取和整合资金,每年投入草果产业资金达5000万元以上,按照"点上抓示范、面上抓规模"的原则,在怒江、独龙江河谷及支流区域大力推广草果种植,狠抓基地建设,同步推进草果生产核心区的硬件配套设施建设,确保开发一片、建成一片、见效一片。

(三) 提供技术支撑

怒江州成立草果产业发展研究所,联合国内、省内科研院所、高校和企业,持续开展草果提质增效技术攻关,先后总结推广草果低位微喷技术、草果专用运输索道技术、养蜂辅助性授粉技术等10项提质增效技术措施,进一步提升草果品质。推广草果生物多样性栽培技术,禁止使用农药化肥,实现农户增收、产业发展和土地增绿、保护环境双赢,打造怒江草果纯天然、纯绿色、高品质的"品牌"内涵,使之具有更加广阔的市场前景。

(四) 鼓励要素发展

一是龙头企业带动。如云能投怒江州产业开发投资有限公司成功注册,注册资本金超过10亿元,开启怒江草果公司化经营带动新引擎,以"公司+农户+电商平台"模式,年生产鲜草果6000吨,带动福贡、贡山草果种植农户560户1500多人,直接经济收入2750万元。目前,全州上规模的草果生产龙头企业6家,带动贫困户3150户12200人,直接经济收入12700万元。二是专业合作社带动。全州成立草果专业合作社36个,入社农户1684户,其中建档立卡贫困户562户,2018年实现销售年收入5874.78万元。贡山县普拉底乡咪谷村金秋农民草果合作社投入村集体经济75万元,开启"党支部+合作社+农户"发展新模式,收益30%归集体所有,70%按照入社人口分配,通过合作社与加工厂产业化运营模式,走出了一条以企业管理和经营理念发展"林下草果"的合作社带动之路。三是大户能人带动。动员村干部、致富能人等率先种植草果,获得收益后带动群众广泛参与。独龙江乡巴坡村233户独龙族群众,在老县长高德荣示范带动下种植草果,户均种植面积近100亩,草果种植收入达422万元,占全村经济总收入的79.59%,户均收入最高的超过9万元。四是扶贫车间带动。整合扶贫车间建设项目,采取"企业+扶贫车间+贫困户+非遗传承"模式,引进新繁棕编非遗编织技艺。在扶贫车间把草果叶、草果秆编织成草帽、手包、拖鞋等手工艺时尚用品,带动有劳动能力的贫困群众在家门口就有活干、有钱挣。全州已建成3个以草果叶编织为主的扶贫车间,带动建档立卡贫困户42人,实现人均月增收1250元。

(五) 打造平台品牌

立足草果产业优势,挖掘以草果为核心的怒江绿色香料文化,建设集加工、研发、商贸、展示、文化、旅游为一体的国家级绿色香料产业园区,力争实现草果原料变香料,香料建园区,园区办会展,会展促招商,招商促研发。实施品牌打造、商贸物流、龙头培育、科技支撑、文化引领五大工程,探索一、二、三产业融合的全产业链发展模式。目前,草果蔬菜、叶鞘工艺品编织、手工皂制作、精油、香水等产品研发有力推进,成功开发出50道"怒江草果宴"菜品,社会反响较好。同时,立足"峡谷怒江 养心天堂"得天独厚的品牌优势,加紧推进怒江草果地理标志认证和商标注册,怒江州扶贫投资开发有限公司已注册了"天境怒江"等39个草果商标121个类别。加大怒江草果营销组织化运作，培育怒江草果"网红"，多渠道、多形式开展怒江草果产品推介，培育市场、引导消费，促进草果产品"出山出海"。2018年以来，云南怒江绿色香料产业发展战略研讨会，首届"草果文化周"活动相继召开，共话绿色香料发展。

三 启示

（一）坚持保护优先，是实现人与自然和谐共生的根本前提

深刻认识生态系统、经济系统和社会系统的内在联系。怒江州良好的生态环境是农村最大的优势和宝贵财富，因地制宜发展特色产业，全力推进怒江州生态文明建设，将怒江州良好生态环境优势转化为生态经济优势。

（二）坚持产业发展，是实现贫困群众致富增收的根本之策

要立足当地资源，因地制宜，培育当地特色产业，实现贫困群众就地增收脱贫。积极做好与高校、科研院所以及相关企业的对接，用科技成果强化产业发展内生动力。变粗放管理为集约管理，打造产业发展新动能，提升产品附加值。

（三）坚持组合出拳，是实现产业可持续发展的重要手段

以政府为主导，以企业、专业合作社、扶贫车间为核心，以群众为基石，贫困地区脱贫致富才能持续健康发展。统筹推进以草果为核心的全州绿色香料产业建设，各级部门各司其职，合力推动，充分运用各自服务网点、人才、技术、信息等优势，优先保障，形成合力助推特色产业发展。以群众增收致富为目标，活用多种模式，环环相扣，互相反哺，互动发展，带动群众脱贫致富，共同推动发展大格局。

柞水木耳产业创扶贫新路径

一 情况

陕西省商洛市柞水县总面积2332平方公里,是一个"九山半水半分田"的土石山县区。柞水县下辖8镇1个街道办事处、81个村(社区),有脱贫任务的村(社区)79个、贫困村51个,其中深度贫困村24个;有建档立卡贫困户13644户42878人,贫困发生率22.6%,是国家扶贫开发重点县和陕西省深度贫困县。

柞水县因柞树多而得名,柞树是生产食用菌黑木耳的优等苗材,2010年成为国家农产品地理标志。柞水县充分发挥资源禀赋,把木耳作为县域贫困群众稳定脱贫主导产业,走出了一条稳固长效的产业脱贫新路子。2019年,全县建成木耳种植大棚

16.2万平方米，辐射带动44个村（社区）发展木耳产业。建成5条菌包生产线，年生产能力可达1亿袋，已初步形成原种研发、菌包生产、栽培种植、精深加工、销售终端、仓储物流、信息服务到废旧菌包利用的闭合全产业链条，带动贫困户固定用工658户710余人、临时用工520户600余人。22个村集体经济发展木耳产业带动村级贫困户3716户，带动全县贫困户5933户，贫困户户均收入增加5000元以上，脱贫成效明显。

二　做法

（一）强化政策支持

先后制定《木耳产业发展指导意见》《木耳产业发展奖励扶持办法》《木耳保护价收购办法》等政策文件，整合扶贫专项资金、各类涉农财政资金3.65亿元，撬动社会资金1亿元，集中投向木耳产业。对带动10户贫困户以上的农民专业合作社，贴息贷款50万元；对带动3户贫困户以上的家庭农场，贴息贷款10万元。协调金融机构向各类经营主体发展"产业贷"1502万元，为木耳产业规模经营提供了有力支撑。

（二）实施企业带动

培育4家国有企业，每家企业分别负责建设一个年产能力达 2000 万袋的菌包生产基地，并从生产端到回收端提供一条龙服务。引进陕西中博农业科技发展有限公司等多家企业，参与木耳袋料生产、冷链仓储、配套产品开发、包装营销等生产经营，激发整个产业链的生机活力。引进淘宝、京东等电商公司，大力发展农村电商和农产品物流平台。充分调动各类社会资源向木耳产业聚集，有效扩大木耳产业销售终端覆盖面。目前，共引进企业230 余家，与全县 820 余家商户、餐饮企业签订了供销协议，木耳产业聚集效应初步形成。

（三）抓好基地建设

2017 年 4 月，引入龙头企业和村集体注册企业，投资 4.5 亿元建设下梁镇西川现代农业休闲园区木耳小镇，占地 1850 亩，设门户区、示范区、观光区、生产区、加工区 5 大片区。以木耳小镇为核心示范区，带动周边 4 个镇发展集中连片 300 亩以上、年生产规模达 500 万袋以上的示范基地，形成木耳产业带。

（四）创新组织和生产模式

采取村集体控股、干部带头参股、动员贫困户自愿入股的方式发展村级集体经济，将村集体、干部和贫困户个人闲置的林山、土地、房屋等资源量化折股，投入到村集体，采取资源开发、资本运营、土地流转、产业带动等模式,培育壮大村级集体经济。由农户与村集体经济组织签订"借袋还耳"协议,村集体经济免费提供木耳菌袋,每季木耳采摘结束后,农户将成品耳上交村集体统一销售,村集体经济组织将销售资金扣除借袋成本后返还贫困群众,贫困户无须资金就能参与木耳产业。

(五)发挥科技服务支撑作用

建立陕西省科技资源统筹中心柞水分中心,搭建农业科技信息服务平台,派出科技特派员12批342人次,深入木耳生产基地开展技术指导。聘请有资质的专家,面向干部和全体种植户开展技术培训,培养了一批木耳产业发展的行家里手。建立了商洛首个院士专家工作站,建成西川木耳小镇技术研发中心,研发出产量高、推广前景好的5个黑木耳品种,成功培育玉木耳、金木耳等特色木耳品种,为木耳产业发展提供了强有力的技术支撑。

(六)构建产品市场平台

借助国家支持消费扶贫的政策,与省内对口帮扶单位签订长期供货协议,积极参加丝博会、农高会、农交会、苏陕协作推介会等重大商贸活动进行产品推介。大力发展电子商务,与阿里巴巴集团达成营销战略合作协议,建成电商消费扶贫中心1个、扶贫超市2个、镇村电商服务点23个、扶贫专卖店6家、扶贫专柜1个、展销中心1个,全力拓宽产品销售渠道。柞水木耳先后被认定为国家地理标志证明商标和农产品地理标志产品,2018年入选央视"国家品牌计划",2019年登上阿里巴巴丰收节公益直播盛典,并入选全国名特优新农产品名录和全国绿色农业十佳蔬菜地标品牌。

三 启示

(一)精准选择产业

柞水县结合种植传统、气候条件、资源禀赋等优势,通过深入研究,精准定位,打造成功木耳大产业。可见,唯有因地制宜,结合实际,产业发展才能显现实效。

(二)强化组织和政策保障

柞水县把培育壮大木耳产业作为产业脱贫的核心,落实县级领导责任制,直接负责工作推进和及时协调解决突出问题;建立了完善的财政投入、税收优惠、金融支持等木耳产业支持保护政策体系,从而确保了产业发展成效。

(三)健全产品销售网络

柞水县通过一系列宣传推广措施,打响了"柞水木耳"品牌,建成了系统化的线上线下营销网络，包括木耳交易市场及物流集散中心、各类电商平台等，从而解决了产品销售难题，提高了产品效益。

35

"金银花"撑起脱贫攻坚艳阳天

一 情况

甘肃省定西市通渭县地处黄土高原丘陵沟壑区，海拔1410—2521米，年均气温7.5℃，年降水量380mm左右、蒸发量1500mm以上，呈典型的温带半湿润半干旱性季风气候特征。通渭境内植被稀少，水土流失严重，以干旱为主的自然灾害频繁，贫困发生率高。玉米、马铃薯、小杂粮等传统产业效益增值难度大，难以满足贫困群众长期稳定增收的需要。然而，通渭县种植金银花的历史可追溯到几十年前。金银花是国家重点管理的38种药食兼用名贵中药材之一，兼具药用价值、经济效益、生态功能于一体，盛花期达20—30年。但由于过去仅是作为观赏树种在农家院落零星种植，其经济价值没有得到开发利用。

近年来,通渭县把发展金银花产业作为助推脱贫攻坚的根本之策,强化政策供给,精心组织培育,走出了一条产业做大、群众增收与环境改善相宜相长的新路子。全县金银花参与种植农户达到2.3万户10.3万人,其中贫困户1.7万户7.8万人,种植户年收益可达到1.5万元以上。2019年产花面积达到3万亩,年产鲜花750万公斤,鲜花销售额突破1.5亿元,干花销售产值达到2.4亿元。目前,通渭县已成为西北最大的金银花标准化种植基地、金银花种苗繁育基地、优质金银花产品生产和供销基地。直接受益贫困户1.1万户,1210户贫困户依靠金银花产业实现了稳定脱贫。

二 做法

(一)试验示范先行,做好规划打基础

2013年,经与金银花全产业链龙头企业——山东九间棚集团公司合作,引进"北花一号"金银花新品种27万株、试验种植220亩,通过对不同海拔区域试种的金银花产量、品质、效益等进行综合评估,2016年实现亩均收益3000元以上。2017年,县委、县政府在试验种植的基础上,制定了金银花全产业链发展3年规划,明确

科学化布局、集约化种植、标准化生产、精深化加工、品牌化营销的发展思路，提出到 2020 年分区域打造总面积达 10 万亩的金银花标准化种植示范园区，种植业总产值达到 5 亿元以上的发展目标。

（二）制定配套政策，强化资金保障

为打破不同群体发展资金短缺的"瓶颈"，政府积极发挥投入主导作用，鼓励社会资本深度参与，对建档立卡贫困户实行种苗补贴 70%、农户自筹 30% 的扶持政策，对非建档立卡贫困户和新型农业经营主体给予免息金融贷款支持。同时，申报办理金银花自然灾害和价格保险 2 万亩，构建了良好的风险保障机制。2017 年以来，累计投入各类资金 1.2 亿元扶持发展金银花产业，其中财政资金 6800 万元，金融资金 909 万元，吸纳社会资金 4600 万元。

（三）创新模式机制实现抱团发展

创建了"龙头企业+合作社+基地（园区）+贫困户"模式，推行"土地入股、租金保底、收益分红""资产入股、价值保底、集体分红"和"现金入股、本息保底、按股分红"3 种利益联结机制，引进金银花龙头企业 1 家，组建联合社 1 家及下属合作社 8 个，带动贫困户 1.7 万户，实现龙头企业

带动产业园区、合作社带动贫困户"两个全覆盖"。2018—2019 年，累计投入折股量化资金 1631.8 万元，带动 1630 户贫困户分红 130.4 万元。通渭县清凉沅金银花产业扶贫开发有限责任公司在短短两年时间里快速发展壮大，已于今年 6 月份被培育为新增规模以上企业，与九间棚公司一道，成为了金银花全产业链发展的"主力军"。

（四）聚力产业提质增效

以通渭清凉沅公司为龙头，与北京中医药大学合作开展金银花绿色标准化生产及质量提升研究；与郑州太龙制药、山东广药、四川绵竹市汉上至尊酒业等企业签订金银花购销合同和衍生产品开发协议，建成烘干加工车间 11 个，鲜花年加工能力达到 2500 吨。逐步发展形成了上游由科研院校驻点研发培育种苗、合作社带动农户种植采摘，中游由龙头企业带动合作社烘干加工，下游由龙头企业对接市场研发生产新产品的一体化发展链条，实现了"三产"深度融合、互促发展。与此同时，通过举办通渭金银花节，研发金银花茶、金银花日化品等"清凉沅品牌"衍生产品，制定相关地方标准，积极申报"通渭金银花"农产品地理标志认证，联合推介、集中宣传，全面打造"通渭金银花"品牌优势。

三 启示

通渭金银花产业的快速发展崛起有以下几点启示：国家和省、市脱贫攻坚利好政策的大力扶持；立足资源禀赋优选"新产业"，将发展金银花产业作为实现脱贫的根本之策；龙头企业山东九间棚集团公司的产业全链条引领带动；科研院校和专家学者的科技支撑，得益于数万农户的广泛参与。

36

拉面经济拉动脱贫攻坚

一 情况

青海省海东市化隆县地处青海省东部,属国家和六盘山集中连片特困地区扶贫开发工作重点县,总面积2740平方公里,平均海拔3200米,辖17个乡镇、362个行政村,总人口30.7万人,是以回族为主,汉、藏、撒拉、土等15个民族聚居的回族自治县,其中农业人口24.5万人,占总人口的79.8%。全县耕地总面积为54.95万亩,人均耕地不足2亩。2015年经精准识别建档立卡贫困村144个,贫困户9641户,贫困人口36326人。

通过深入推进脱贫攻坚,截至2019年底,化隆县144个贫困村全部脱贫退出,8520户34709人全部脱贫,全县实现脱贫摘帽。全县贫困人口人均可支配收入从2015年底的2580元增加到2019年底的7030元,年均增长30%,群众获得感显著提升。

20世纪八九十年代,以韩进录为代表的化隆群众,以"敢为天下先"的创业精神,以厦门经济特区为起点创办拉面店,用"亲帮亲、邻帮邻"的互助合作方式,逐步在"长三角、珠三角、京津冀"等地遍地开花,创出了一条由拉面产业带动农业、农村发展和农民增收的路子。目前,青海省海东市化隆县231个"拉面村"近11万人（占全县劳动力的60%）在全国31个省、市创办拉面店1.7万家,实现总产值近130亿元。拉面经济已成为当地农民群众的"脱贫经济"和"致富经济","十一五"以来全县累计脱贫的12万人中,有9万人是通过拉面经济脱贫的。

二　做法

（一）创新培训模式助脱贫

充分发挥拉面经济优势,以全国化隆拉面店为载体,以市场为导向,以提高建档立卡贫困劳动力技能为重点,变以往短期培训为到输入地带薪在岗实训,引导扶贫对象从"跑堂"打杂干起,实训期间月工资不低于2500元,年工资不低于3万元,两年培训期完成后还可获得政府每人每年5000元的扶持资金。经过一年实训培养成拉面匠，从事拉面匠的年工资收入在6万元以上，并通过贫困户自身资金积累，再加上政府支持资金和扶贫贴息贷款，帮助扶贫对象开办一家"扶贫创业拉面店"。截至2019年，已累计实训建档立卡贫困对象4100人次，开办"扶贫创业拉面店"111家。

（二）强化产业扶持助脱贫

一是科学使用产业扶持资金。将贫困户产业扶持发展资金以折股量化形式与品牌拉面店合作开办"扶贫创业拉面店"，按照投入本金的10%利益分配机制，进行利益分红。同时，鼓励入股贫困户到品牌拉面店上岗实训，使建档立卡扶贫对象获得"股金和薪金"收入，加快脱贫步伐。2016—2017年开办"扶贫创业拉面店"21家，将扶持资金投入到自己亲戚拉面店、村内拉面店、品牌拉面店的建档立卡贫困户686户2664人，参与"股金+薪金"双收入的建档立卡扶贫对象197人，年人均收入在4.2万元以上。二是引入品牌企业助力"扶贫创业拉面店"。鼓励支持牛肉面品牌企业与贫困人员联合开办扶贫拉面店，政府投资100万元，每人扶持1万元，在全县范围内筛选出有意愿且符合条件的贫困人员，扶贫对象在拉面店既可以就业还可以参与分红。品牌企业为其在技术培训、开店指导及后期经营管理等方面提供帮助，支持贫困户开办"扶贫创业拉面店"，最终由贫困人员独立收购、经营拉面店。

(三) 做强拉面经济助脱贫

一是发展拉面电商促脱贫。投资 1600 万元建成了全省拉面扶贫培训服务中心，拉面信息化大数据平台建成运行，中国拉面网电商平台注册企业和个人会员达 6.5 万，微信公众平台用户达 3 万，并在全国 15 个大城市设立了拉面服务站，在 42 个贫困村设立了电商服务中心，服务拉面店达 2 万家（其中化隆籍 1.12 万家），先后培训拉面匠 1500 人次，将拉面电商打造成了集拉面学员招募、农村电商网购普及、政策宣传、信息服务、清真拉面食材配送、信息对接等为一体的全国最大的拉面行业网上信息服务和商品交易平台。二是建设产业园促脱贫。规划建设扶贫拉面产业园，群科新区拉面主题广场规划等重点项目前期工作正在开展。引进土耳其牛骨粉加工、10 万吨高原小油菜加工油脂厂、拉面汤料厂和拉面相关研发中心等，初步建立了高原有机绿色食材的生产加工基地，正规划建设全国拉面店食材供应"中央大厨房"。三是引导返乡创业促脱贫。化隆县借助被确定为全国农民工等返乡创业试点县的机会，结合全县 1.5 万家拉面店和中小微企业优势，在"巴燕·加合经济区"和群科绿色产业园规划建设返乡创业孵化园，重点围绕孵化小微企业，通过项目推荐、创业培训、贷款扶持等优惠措施，引导拉面经济返乡创业成功人士成立各类合作社399个、各类企业380家，涉及餐饮服务、牛羊肉冷藏配送、建筑建材等23个行业，带动贫困群众1.48万户从事种草养畜、油菜等冷凉作物种植，为全国各地拉面店冷链配送牛羊肉等，实现年产值达8.6亿元，带动建档立卡扶贫对象1100多人在相关产业就业。四是建设拉面小镇促脱贫。按照"以产带城、以城促产、产城融合"发展思路，编制了《特色小镇总体规划》，以拉面经济为支撑，培育发展拉面全产业链、文化旅游业等，建设以清真餐饮文化为主，集民族特色产业、旅游度假、商贸发展的拉面小镇。通过建设拉面产业大厦、拉面主题广场、拉面文化博物馆、拉面美食一条街等具体项目，使拉面小镇特色鲜明、产业聚集、吸纳人气、带动明显。

（四）做优劳务经济助脱贫

围绕"化隆牛肉面"品牌，积极组织引导，加强服务管理，加大技能培训，形成了以拉面经济为主，运输、建筑、季节性输出等为辅的劳务输出格局。全县劳务输出人员每年稳定在10万人次左右。一是强化培训引输出。依托青海省扶贫拉面培训服务中心等平台，扎实开展了拉面匠、烹饪、泥瓦工、驾驶员等专业的劳动技能培训，累计举办各级各类培训达1100期6.4万人次。二是信息服务促输出。充分利用县、乡、村三级劳动服务网络、电商中心信息平台和全国45个拉面经济服务办事处职能，多渠道收集发布用工信息，积极组织县内富余劳动力参加各类供需洽谈会，拓宽务工渠道，加大劳务输出力度。近年来每年发布用工信息25000余条。三是贷款扶持活输出。成立了精准扶贫金融办公室，组建了化隆鸿兴担保公司，专门协调各银行对从事"劳务经济"和有从事"劳务经济"意向的群众提供政府贴息贷款，先后为拉面经济返乡创业成功人士等发放担保贷款1600万元（县财政贴息677万元），发放总授权额度达1.2亿元的拉面信用卡800余张，对建档立卡贫困户发放"530"信用贷款1.35亿元，有效激发了群众创业就业的积极性。

三 启示

（一）依托国家战略和政策机遇脱贫致富

化隆县抢抓西部大开发战略、退耕还林、扶贫攻坚等政策机遇，通过设立驻外拉面经济服务办、注册"化隆牛肉面"品牌、发放拉面贴息贷款等措施，积极鼓励贫困山区的农村剩余劳动力到全国各地进行拉面创业或劳务输出，逐步将拉面经济打造成了一碗"扶贫面""脱贫面""致富面""幸福面"。

（二）发挥本地特色优势脱贫致富

化隆县位于青海省东部干旱山区，山大沟深。受自然条件、地理因素和经济基础制约，既不适合发展农牧业，也难以快速发展乡镇企业和民营企业。而拉面经营门槛低、投入少、见效快，又是当地群众的传统手艺。

（三）通过发展产业和经营品牌实现脱贫和持续致富

拉面经济已成为化隆县的支柱产业，也是群众脱贫致富最有效最快捷的产业之一。经过近30年的发展，拉面经济实现了"群众首创、政府扶持、市场发展、民族团结、共同富裕"，广大"面一代""挣了票子、育了孩子、换了脑子、练了胆子、拓了路子、创了牌子"，有尊严地实现了创业、脱贫、致富，特别是养育了返乡创业的"面二代"，有力地促进了民族贫困地区经济、文化等各项事业的发展。

37

沙漠玫瑰成为农民"致富花"

一 情况

新疆维吾尔自治区和田地区于田县阿热勒乡位于昆仑山北麓山前砾石戈壁带和洪积、冲积平原，克里雅河流经乡境。全乡下辖10个行政村均为贫困村，深度贫困村4个；耕地面积3.07万亩，人均耕地面积1.5亩，贫困发生率高达11%。5043户19392人中建档立卡贫困户2462户9697人。人多地少，土地贫瘠，传统农业生产模式粗犷、收益低等是主要致贫原因。

阿热勒乡水土光热条件十分适宜种植沙漠玫瑰，是世界上唯一的高地玫瑰产区。近年来，阿热勒乡把发展玫瑰花产业作为产业脱贫重要支柱产业，建立集玫瑰花生产种植、加工、营销、旅游等于一体的现代玫瑰花产业体系,拓宽了农民增收渠道,使得传统小而散的玫瑰花产业逐步实现了向标准化、绿色化、特色化、品牌化现代农业发展方式转型。2020年,全乡参与玫瑰花生产的贫困人口达1062户5836人。全乡玫瑰花种植面积已达2.01万亩,亩产值0.52万元,年创收1.13亿元。玫瑰花种植户人均种花收入3100多元,占家庭总收入的48%。

二 做法

(一)积极创造良好稳定的产业、生产和经营环境

按照"一乡一业"的发展思路,于田县政府从组织领导、产业指导、政策扶持、激励机制等方面着手制订了《于田县玫瑰花产业发展规划(2018—2020年)》,以阿热勒乡为中心,辐射带动全县8个乡镇,增强"造血"功能,不断加大产业扶持力度,以绿色发展为主线,推动阿热勒乡玫瑰花产业健康可持续发展。

(二)推行"龙头企业+合作社+基地+农户"发展新模式

1. 引进龙头企业。依托新疆于田瑰觅生物科技股份有限公司等龙头企业,带动建设玫瑰种质资源

中心、技术研发中心、市场信息中心、产品加工销售中心,使玫瑰花规模化种植基地与生产加工、销售流通等环节有机结合,强势带动玫瑰花全产业快速发展。

2. 组建专业合作社。通过本地4个合作社,采用订单形式,引导玫瑰花加工企业在平等互利基础上,与农户或合作社签订购销合同,合理确定收购底价,形成定向供销关系,确保农户收益。

3. 建设产业基地。以阿德让村的万亩玫瑰为核心示范区,建成1个现代化农业示范基地,加大基础设施建设投入,完善水利设施,推广滴灌节水技术,安装高标准节水滴灌设施。辐射带动周边10个村,开展玫瑰花观光、采摘基地建设,发展休闲农业和乡村旅游,拓展农业功能、拓宽农民增收渠道。

4. 引导农户参与。积极吸纳当地农民参与特色玫瑰种植示范园区基础设施建设,当地城乡富余劳动力就业107名,劳务工资收入260余万元。特别是5月份采花旺季,玫瑰花产业年可实现3500余人次就地就近就业,人均增收4000元。

(三)强化精深加工,延伸产业链、提升价值链

注重产学研技术合作,加强标准化、规模化、机械化田间管理。积极对接各大科研院校和专家教授,针对玫瑰花生产的关键环节,如种苗繁育、移栽、修

剪、施肥、病虫害防治、采摘等对农民进行技术指导和培训。推广机械化作业和种植新技术，促进玫瑰花生产基地向高产、优质、高效益方向转变。

加大玫瑰花精深加工技术创新，引进先进加工设备设施，提高加工效率和品质。打造集香料、食品、化妆品、医药、日用品于一体的玫瑰精深加工产业链和产品线。通过自加工和代工，产品线已涵盖了花茶、精油、纯露、花酱、面膜、眼膜、精油皂、霜乳膏、酒、馕等。玫瑰花精深加工商品附加值高、经济效益显著，已成为阿热勒乡促进增收、带动就业的支柱产业。

（四）树立"绿色、有机、无公害"的品牌形象

深入实施以生态调控、生物防治和施用有机肥为主要技术措施的"无药无肥"玫瑰花示范工程，制定严格的育苗、种植、有机绿色生产等技术规程，推行规模化、标准化、绿色化种植，新增绿色无公害农产品认证2个。积极开展特色农产品地理标志保护产品认证，加大品牌保护力度。"于田沙漠玫瑰"已获得国家农业农村部地理标志认证，具有较强的品牌影响力。通过参加展销会、品牌推荐会，举办多届玫瑰风情节，打造阿热勒"玫瑰之乡"的名片，多渠道宣传，提高了产品的知名度、认知度。目前，阿热勒乡玫瑰在中东阿拉伯地区乃

至欧美声名远播,已成为世界公认的出油率高、香型最佳的玫瑰品种。

(五)搭建玫瑰花系列产品电商销售平台,拓宽销售渠道

与国内知名品牌策划公司合作,以玫瑰花为核心原料生产玫瑰花茶、玫瑰花沐浴露、玫瑰花香皂及精油等60余种系列产品,成功入驻北京、上海、深圳、广州等地知名商超和天猫、京东等电商平台,实现产品在一线城市高端消费市场的突破。

三 启示

(一)产业扶贫要因地制宜、突出特色

阿热勒乡结合当地实际,围绕农业结构战略性调整和农产品提档升级,集中优势资源,将大力发展优质玫瑰花作为产业扶贫的特色产业,走出了一条因地制宜的成功道路。

(二)产业扶贫要充分调动各方积极性

阿热勒乡玫瑰花产业"企业+合作社+基地+农户"发展模式,让农民尝到了与市场对接的甜头。只要农民和市场对接了,收入增加了,自然就有了动力,产业也有了发展前景。如今,每到收获季节,当地龙头企业和其他玫瑰花加工企业都会派人来收购玫瑰花。

（三）产业扶贫要依托精深加工

通过精深加工可延伸产业链，提升扶贫产业特色产品的附加值和发展空间，有利于增强经济活力和发展后劲。

（四）产业扶贫要依靠科技

产业需求为导向、产学研紧密协作、合作社和农户广泛参与的多元化产业技术推广服务体系，是有力推进玫瑰花产业升级、提质增效的重要保障。科技可以帮助扶贫产业实现向高产量、高品质、高效益转变。

小额信贷助力乡村持续脱贫

一 情况

福建省宁德市屏南县辖159个村（居），总人口20万，农业人口16万，建档立卡贫困户1896户6991人，贫困村39个。

屏南县属于典型的山区农业县。农业特色主导产业以高山蔬菜、食用菌、水果、竹林为主。2019年，39个贫困村全部脱贫，贫困发生率从2013年的6.1%降为零。

二 做法

近年来，针对贫困户在发展生产和脱贫致富中存在的贷款担保难、贷款办理不便捷、银行服务成本高的三大难题，围绕农村综合改革，大胆探索，建立"政策支持、银行主导、第三方服务、市场取向"的扶贫小额贷款模式，确保扶贫小额贷款可持续发展。

（一）建立"贷得准"管理模式

应用大数据技术，建立线上线下相结合的县、乡（镇）、村三级联动的扶贫小额信贷服务平台，做到"三个精准"。一是精准建档立卡。整合部门信息和金融扶贫协理员调查信息，通过微信扫码、电子表等方式动态收集贫困户人口、生产、生活信息，数据化管理信息。二是精准评级授信。依托"大数据"建立贫困户授信评价指标体系，按照个人品德、生产能力、家庭和睦、供养人口、增信资产5个方面，分解为16个可量化指标，对贫困户5万元以内贷款预授信。三是精准审核资格。综合贫困户"大数据"和评级授信，核实劳动能力、贷款用途、信用状况，并与县域涉农银行信息共享，贫困户申请贷款不出村。

（二）实施"用得好"帮扶措施

建立扶贫项目选育机制，推动贫困户自我发展脱贫致富。选准项目：立足资源禀赋，培训先导，提升贫困户"志"和"智"，帮助贫困户选育适合自身发展的高山蔬菜、食用菌等优势产业项目，促进80%以上贫困户有增收致富项目。带动帮扶：按照"建基地、扶实体、带农户"的思路，建立21个产业扶贫基地，培育163家带贫减贫经济实体，推动金融扶贫与产业扶贫深度融合。用好贷款：因地因人帮扶，引导贷款精准用于贫困户发展本地特色优势产业。陆地村贫困户余自恩贷款5万元种植滑菇，不仅还清了8万元欠债，而且还成为脱贫致富带头人。

（三）创新"收得回"风控机制

一是实行服务和风控并重。小额信贷促进会牵头服务，开展信用村、信用户创建活动，"大数据"网上服务，金融协理员实地服务，做好贷前、贷中、贷后服务，及时掌握贫困户生产经营情况，预警风险。二是多措并举防风险，创新了政策性和商业性统一的扶贫小额贷款风险分散机制。县财政设立1600万元贷款风险补偿金；充分发挥农村"熟人社会"信用约束作用，建立还贷周转、利息补偿、人身保险、农业保险机制。2014年以来，为1042户贫困户累计推荐服务贷款近2亿元，无一笔不良贷款，实现了扶贫小额贷款零呆账。

（四）三级联动强化服务

建立了以大数据技术为支撑的县、乡（镇）、村三级联动的扶贫小额信贷服务平台。政府购买第三方机构小额信贷促进会金融扶贫服务，成立了一支有463人的金融扶贫协助员志愿服务队伍。小额信贷促进会在政府、银行、贫困户间充分发挥了桥梁和纽带作用，以贷款增信服务为基础，融合乡村电商、农村信息、技术便民服务，提高了贫困户贷款的满足程度和信贷扶贫的效益，有效降低了信贷风险。

三　启示

屏南县金融"造血式"扶贫，以问题为导向，以政策为杠杆，撬动了农户、金融机构和市场的多重力量，形成了互补共济的生动局面。消除绝对贫困后，建立解决相对贫困长效机制，如何发挥金融扶贫的作用，屏南县给出了可借鉴、推广的经验。

（一）政府购买第三方服务

金融"造血式"扶贫，是摆脱贫困的长久之计，也是一项系统性工程，可引入第三方服务。屏南县政府购买第三方服务，通过政府搭建平台、建立风险补偿金、实行服务机构风险奖补等购买方式，政府当好"裁判员"，银行和第三方当好"运动员"，提高了政策的有效性，也充分调动了服务方的积极性和主动性，实现了金融扶贫的政策效应和市场取向的统一。

(二）贷款跟着项目走

金融扶贫是政策手段和市场手段的有机结合，屏南县始终坚持"产业跟着市场走，项目跟着产业走，贷款跟着项目走"。金融扶贫坚持市场导向，以信贷资金为支撑点，一头抓贫困户扶志提智，一头抓经营主体带贫减贫，在"小农户对接大市场"上，找到了一条切合贫困户特性的金融扶贫可持续发展新路子。

(三）创新信贷产品和服务

信贷产品和服务创新是提高金融扶贫有效性和长效性的基础，屏南县金融扶贫有力地推动了信贷产品和服务创新。金融机构推出了风险补偿金质押贷款，其中，农业银行推出了免担保、抵押、基准利率、期限三年、自助循环小额贷款，邮储银行、农信社简化了扶贫小额贷款办理手续。

39

开创金融扶贫工作的新路径

一 情况

湖北省十堰市是秦巴山集中连片特困地区,所辖8个县(市、区)中有6个国定贫困县(含5个深度贫困县),2个省定贫困县。全市建档立卡贫困户26.6万户83.4万人,贫困发生率37.26%;贫困村456个(含深度贫困村87个)。

脱贫攻坚战打响以来,十堰市以"金融+"的思维,积极构建"政府主导、央行推动、金融发力、各方协同"的金融扶贫工作机制,探索了一条金融为脱贫攻坚"输血""造血""活血"的特色之路,金融扶贫各项指标位居全省前列,郧阳扶贫小额信贷"一站式服务"模式成为全国推广扶贫小额信贷样本之一。到2019年底,全市456个贫困村全部出列，存量贫困人口 1646 户 3841 人，综合贫困发生率降至 0.17%。

二 做法

（一）强化政策引导，构建三个机制

一是构建组织保障机制。成立十堰市金融精准扶贫领导小组，各金融机构主要负责人为成员，会同发改、财政、农业等部门不定期会商产业扶贫、财政贴息等事宜。二是构建政策引导机制。协助政府编制《十堰市金融业发展十三五规划纲要》，将推进金融精准扶贫列为重要内容，为实施金融扶贫提供路线图。2016 年以来，每年召开一次金融助力深度贫困县脱贫攻坚推进会、制定一个金融支持十堰脱贫攻坚实施意见或行动方案，将《十堰市金融业发展十三五规划纲要》落到实处。三是构建考核约束机制。将精准扶贫贷款增长、扶贫小额信贷运行质量纳入各县（市）政府扶贫工作考核范围，实现市、县两级政府对金融扶贫的主导。

（二）营造政策环境，搭建三个平台

一是建立完善金融服务体系，构建金融扶贫操作平台。到 2019 年底，全市已在贫困村建立金融精准扶贫工作站 456 个，在非贫困村建立惠农金融服务站 1186 个，实现了金融"两站"在全市

行政村全覆盖，解决了以前农民小额存取款、贷款、转账等需要出村的问题。同时，涉农银行机构专门成立"三农事业部"或普惠金融部，为精准扶贫提供专项金融服务。二是建立金融扶贫数据库，构建金融扶贫评估考核平台。人民银行建立标准统一的"金融精准扶贫数据库"，各金融机构按季向人民银行报送金融精准扶贫数据。人民银行据此考核评估金融机构金融精准扶贫工作。三是持续推进"三大行动"，搭建金融扶贫运行平台。在全市银行系统中推进金融扶贫产品定制、评级授信、贷款发放"三大行动"。各家商业银行相继推出扶贫类信贷产品20多个。全市涉农银行对20.1万户建档立卡贫困户建立起信用档案，对18.62万户进行信用评级，对16万户授信51.78亿元。开展金融扶贫示范县、示范乡（镇）、示范村"三示范活动"，全市3个县被省政府授予金融扶贫示范县，99个乡镇被省信用环境办公室授予信用乡镇，17个村被授予十堰市金融扶贫示范村。

（三）支持扶贫创新，推行三种模式

一是推行"三产融合"金融扶贫贷款、扶贫过桥贷款模式。解决政府产业扶持"资金池"不足、新型农业经营主体和涉农企业"融资难、融资贵"的难题，有效带动建档立卡贫困户依托产业致富，实现精准脱贫目标。该模式已在郧阳区投放2亿元。二是推行郧阳扶贫小额信贷模式。郧阳区对小额扶贫信贷实行户贷社管、户用户还,保证贷款用于发展产业项目之上。三是推行"金融+"扶贫模式。涉农银行机构按照金融支持产业、产业带动脱贫的思路,推出"公司+基地+农户+金融""专业合作社+农户+金融""能人大户+农户+金融""扶贫贷"等系列金融扶贫产品,增强了扶贫实效。至2019年末,全市金融支持并已建成具有区域性特点的茶叶、黄酒、生猪、黄牛、食用菌等多种经营生产基地500多个、农民专业合作社2400多个,实现产值近150亿元。在基地和专业合作社务工的贫困人员,由原来年人均收入2000多元增加到8000多元。2019年,十堰通过涉农贷款助推农业产值增长3个百分点。

(四)防范金融风险,注重三个协同

一是推进央行再贷款与风险保障基金协同。到2019年底,人民银行市中心支行向10家地方法人金融机构发放扶贫再贷款18.99亿元。积极促成各县政府建立扶贫小额贷款风险补偿基金5.21亿元,县均超过6000万元。二是涉农银行放款与贴息、奖补协同。2019年,全市县级财政补贴扶贫小额贷款利息1.46亿元。竹山县、郧西县政府兑现2017年、2018年对放款银行奖补资金1163万元、953万元。三是注重信贷与保险协同。全市农商银行对

1.5万笔扶贫贷款投保。郧阳区政府为提供小额扶贫信贷的银行向保险公司一次性购买2亿元标的保险。竹山县政府2019年拿出1479万元购买扶贫小额信贷保证保险。到2019年末，全市扶贫小额信贷逾期贷款366万元，逾期率0.13%，低于全省平均水平2个百分点。

三 启示

（一）关注民生，提高站位，增强政策协同是金融助力脱贫攻坚的前提

人民银行积极履行牵头抓总的职责，为实施金融扶贫工程提供了充足的弹药。同时，金融扶贫领导小组按季召开工作例会，协同金融与财政、农业等政策，有效地凝聚了金融扶贫合力。

（二）政府主导，央行牵头，增强部门协同是金融助力脱贫攻坚的有效方式

实施扶贫小额信贷风险补偿金制度，带动全市金融精准扶贫贷款增长率连续三年比全省平均水平高出30%以上。各地财政部门按季补贴扶贫小额贷款利息，实施奖励政策，有效降低了金融机构财务成本，提高了金融机构发放扶贫小额信贷的积极性。

(三)因地制宜,选准产业,增强金融支持的精准性是打赢脱贫攻坚战的关键

在支持发展茶叶、旅游等产业扶贫的基础上,引导小额扶贫信贷和其他信贷投入优先支持产业和就业。通过构筑贷款与客户带动贫困农户股份合作、订单帮扶、生产托管挂钩,促进贫困农户与现代农业、现代工业发展有机衔接,推动了贫困户在产业开发中获得更多收益。

(四)搭建平台,选准载体,增强扶贫实效性是金融助力脱贫攻坚的有效手段

十堰率先在全省推出金融扶贫产品定制和计划编制、站点建设和评级授信、项目推动和贷款发放等"三大行动",带来了金融产品推陈出新、金融投入大幅度增长、老百姓信用意识不断增强、农村信用环境的逐步改善等新变化。

(五)固本强基,多方协同,构建金融风险防控机制是金融助力脱贫攻坚的坚实保障

研究制定扶贫小额信贷还款高峰的应对措施,建立大集中与小分散诚信教育培训相结合机制、健全乡镇主抓与金融工作站主推相结合清收扶贫小额信贷工作机制、实施双通报与双考核相结合的工作督办机制等,促使扶贫小额信贷逾期率控制在0.1%。

40

资金引导保险护航脱贫产业大发展

一 情况

甘肃省陇南市西和县蒿林乡蒿林村辖8个自然村，农业人口198户954人，耕地面积1230亩，有效灌溉面积200亩，林地面积3000亩。平均海拔1275米，年平均气温15℃，年均降雨量495mm，无霜期188天。全村自然条件严酷，产业基础薄弱、社会发育程度低，严重阻碍社会经济发展，是贫困人口主要聚集地区。2013年建档立卡时有贫困人口115户585人，兜底户9户21人，贫困发生率为61.32%。

自2017年实施产业扶贫政策以来，蒿林乡坚持"外抓劳务、内强产业"，大力提升新型农业经营主体经营水平和带贫能力，千方百计增加贫困群众收入。截至2019年底,全村累计减贫114户577人(依靠产业脱贫105户556人),目前剩余未脱贫人口1户8人。2013年至2019年,全村贫困发生率由61.32%下降到0.84%,全村农民人均可支配收入由3500元增加到6729元,年均增长7.9%。

二 做法

(一)围绕稳定增收,夯实脱贫基础

2018—2019年全村投入到户产业扶持资金125万元,给111户贫困户落实到户产业资金87万元,给38户贫困户每户按1万元的标准落实配股带贫资金38万元,未脱贫户到户产业扶持资金人均达到5000元,实现了全村所有贫困户到户产业扶持资金全覆盖。充分利用到户产业奖补资金,结合气候特色,引导适宜发展花椒的地方大面积栽植花椒,以花椒为主的经济林产业,成为持续增收的长效产业。2019年,全村花椒种植面积达1100亩,占耕地总面积的89.4%,户均达5.5亩。同时,将适合蒿林气候特点、群众喜爱种植的辣椒打造成为蒿林村的第二大主导产业。实现以辣椒为主的蔬菜产业,成为亩均3000元以上的快速增收的短线产业。种植辣椒237亩,参与贫困户206户,亩均增收4500元以上。

2020年,为支持贫困户发展后续产业,继续投入扶持资金18.9万元,对2020年未脱贫户按照"人均3000元、户均不超过1万元"的标准,对2014—2017年的已脱贫户按照"户均3000元"的标准,配置扶贫产业,确保贫困户群众稳定增收。

(二) 实行龙头带动,做大做强特色优势产业

2018年,蒿林村致富能人李渊带领该村4户农户(其中贫困户2户),组建起了西和县林富种植养殖农民专业合作社(以下简称"林富合作社"),在全村流转土地390亩,种植花椒320亩、种植中药材70亩,吸纳贫困劳动力在合作社季节务工19人,户均增收3000元。同时,投入带贫配股资金25万元,按照每户1万元的配股标准,带动贫困户25户,每年按照入股资金的8%进行保底分红,累计分红2万元,户均增收800元。林富合作社对带动的农户和贫困户积极开办田间学校,围绕花椒的栽植、修剪、病虫害防治等田间管护技术,结合农时进行实地培训。

2019年,西和县引进山东湘鲁公司,在石堡工业园区建成日处理鲜椒200吨的辣椒加工厂1座,通过订单辣椒收购,带动大桥、蒿林、何坝等18个乡(镇)、李坪、鱼洞、赵尧等89个村的3206户贫困户实现稳定增收。蒿林村林富合作社也抓住了这次大好机遇,成为了山东湘鲁食品有限公司的合作伙伴,参与了订单辣椒的示范推广和收购。订单辣椒种苗由山东湘鲁公司统一繁育,林富合作社免费发放给本村贫困户,与贫困户签订种植合同,提供统一标准的技术培训指导,贫困户开展标准化种植。收获后产品由林富合作社按保护价全部回收,交到辣椒加工厂统一加工成辣椒酱。2019年,林富合作社采取"公司+合作社+农户"的方式,带动本村农户标准化种植辣椒237亩,年底收获辣椒470吨,带动贫困户206户,户均增收2500元。蒿林村的这种通过"统一供苗、统一指导、统一收购"的方式,建立起的"公司+合作社+农户"的"订单"式经营模式,使贫困户不愁没有种子种苗及生产资料,也不愁产品的销售,解决了小农户与大市场衔接的问题。

(三)强化金融保险,促进农业健康发展

一直以来,蒿林村自然灾害频发,群众发展产业抵御风险能力弱。2018年,蒿林村强化政策宣传,充分发挥农业保险助推产业发展的兜底保障作用,对农户发展的产业开展承保理赔,立足"增品、扩面、降费、提标"的要求,按照"能保尽保、愿保必保"的原则,保险种植业258.3亩,保费总额4945元,受益农户62户。2019年,在政府的统一指导下,承保机构把林富合作社和贫困户的237亩订单辣椒全部纳入保险,政府承担

保费的 90% 以上，对部分群众遭受自然灾害造成的损失，农业承保机构及时启动理赔程序，累计理赔 5.7 万元，最大限度地减轻了种植农户和合作社损失。

三　启示

（一）精准施策是关键

习近平总书记强调，扶贫开发贵在精准，重在精准，成败之举在于精准。推动产业扶贫落实见效，关键也是要抓住"精准"两个字。要以市场为导向，结合不同区域气候资源优势规划布局产业，宜种则种，宜林则林，宜养则养，宜加则加，做到产业长短结合，以短养长，既重视群众短期增收的种养业，又布局长远增收的林果业，厚植群众长期稳定增收的产业基础，坚持因村而易，因户施策，选择适合贫困村自然禀赋的，贫困户爱种养会种养，市场销路好的产业，使产业扶贫精准到村，滴灌到户。

（二）政策支撑是重点

产业扶贫时效性长，涉及产业发展谋划、资金整合配套、重大资金投向、资金使用监管、产业项目实施、生产体系构建、经营主体培育、产品储存运销、生产风险防范等方方面面，县级层面作为区域责任主体必须围绕各个环节出台政策制度，指导基层落实各项措施。

（三）产业体系是抓手

扶贫产业要成为群众增收的重要渠道，单靠贫困户发展产业远远不够，贫困户之所以"贫"，是因为他们具有多种复杂的致贫原因，导致他们从发展条件、发展能力、适应市场各方面存在先天不足。因此，对于贫困县要把联结贫困户，组织新型经营主体带动作为发展产业的主要抓手。

（四）贫困户参与是前提

产业扶贫的出发点和落脚点是贫困户增收脱贫，只有贫困户全员参与，这一目标才有望实现。要千方百计建立健全产业精准扶贫利益联结机制，帮助贫困户稳定获得订单生产收益、劳动务工收益、政策扶持收益、资产扶贫收益、入股分红收益，使贫困户增收由被动变为主动，实现"输血"变"造血"。

（五）农业保险是保障

农业保险可以有效防范自然灾害和市场波动对农户产业发展造成的损失，消除农户和合作社发展产业的后顾之忧，有效降低行政决策风险，使政府引导发展产业有了底气，合作社带动群众发展产业有了底气，农户自身发展产业有了底气，农业保险已成为促进全县产业发展的"助推器"和有效防范自然灾害和市场风险的"定心丸"。

41

金融支持"催生"羊产业

一 情况

宁夏回族自治区吴忠市盐池县王乐井乡曾记畔村地处毛乌素沙漠边缘地带,年降雨量200mm左右,蒸发量2000mm以上,生态十分脆弱,自由放牧的生产方式,难以养活一方人。该村辖6个村民小组,总人口741户2084人,2015年精准识别建档立卡贫困户196户576人,占总人口的27.6%。

为摆脱贫困,曾记畔村立足当地实际情况,以金融扶贫为突破口,通过互助资金、小额信贷打基础,诚信体系培育做铺垫,撬动金融资金支持养殖产业发展。截至2018年底,曾记畔村互助资金总量达到880万元,扶贫小额信贷累计惠及3129户次；羊只存栏量从4000只增长到1.3万只，饲养量由1万只增长到3.8万只。曾记畔村集体收入由2010年的空壳到2018年的38万元；人均收入由2000元以下增长到9496元（建档立卡贫困户人均收入从2010年的1500元左右增长到2018年底的8760元），2016年整村脱贫出列。

二 做法

盐池滩羊远近闻名，曾记畔村群众普遍有养殖滩羊的习惯。但由于原始积累薄弱，资金短缺，群众无法通过扩大养殖规模发展生产。盐池县政府因势利导，出台了金融助推产业的"菜单式快捷扶持政策"，对建档立卡贫困户执行3年期10万元以内（5万元以内免担保免抵押）基准利率、财政贴息等扶贫小额信贷政策；创新融资担保模式，成立盐池滩羊产业集团公司，支持滩羊全产业链发展；引导龙头企业与贫困村建立"养加销"产业链利益共享、风险共担联结机制，实行订单养殖、订单收购，形成了资金跟着穷人走、穷人跟着产业走的产融扶贫新模式。

（一）建立互助资金运行机制，增强群众发展产业动力

2006年，曾记畔村被国务院扶贫办确定为

"村级发展互助资金"试点村,投入资金20万元。村里从解决群众生产没有本钱入手,确立了20万元的使用原则,即"自愿入社、小额投入、产业支撑、有偿使用、五户联保、按期归还、滚动发展"的运行原则。为此建立了群众代表参与管理的互助资金运行机制,制订了完善的互助资金管理运行制度。起初工作进展并不顺利,20万元本金只借出12万,有8万沉淀在账上。村里号召党员带头借款养羊,村干部出面为想发展生产却找不到担保人的群众提供担保。当年,村党支部直接帮助的农户16户,担保金额8万元。经两年运行,互助资金贷款数额虽小,但操作规范、业务透明、随借随用、随用随还的便利模式得到群众认同。随着滩羊养殖市场的繁荣,第一批在互助社借款的群众收入基本上都翻了一番,群众"借鸡生蛋"的意识逐步养成,主动融入生产发展之中的积极性明显增强。到2008年,互助资金池的20万元已满足不了群众需要。互助资金良好的运行模式和显著的帮扶作用,引起了盐池县政府以及热心扶贫事业的企业和团体关注,纷纷注入资金支持发展,互助资金盘子也越滚越大。截至2018年底,村互助资金总量达到880万元,互助资金对村民发展经济的支持力度明显增强。

（二）完善诚信体系建设，建立诚信贷款信用体系

曾记畔村坚持物质脱贫与精神脱贫一起抓，"扶贫先扶志"，把提高贫困户诚信意识，增强内生动力，完善村级金融信用体系作为推进金融扶贫的"总开关"。充分发挥村级互助资金作用，按照信誉推荐互联互带模式建立小额信贷诚信环境。同时，不断健全各项规章制度和"村规民约"，通过致富带头人示范引领，促进村风民风的转变，"有借有还、再借不难"的观念根植于心。在此基础上，村里不断探索创新工作思路，将建档立卡贫困户取得贷款的诚信度占比由原来的10%提高到60%，家庭收入30%，基本情况10%，即"631"模式，得到了盐池县政府及有关部门的大力支持。由村里出面，将那些在互助社有良好借（还）款记录的群众优先推荐给金融部门，银行对曾记畔村良好的金融环境充分认可，在其村部设立了金融便民服务网点。

（三）落实扶贫小额信贷，夯实产业发展金融支持体系

曾记畔村部分被识别出来的贫困户，由于基础薄弱，在互助社没有贷款，产生不了信用记录，仍然存在贷款难的问题。同时，随着经济不断发展，群众扩大生产的愿望不断增强，对资金的需求不断增大，互助资金给予的支持已不能满足群众需要。

2015年扶贫小额信贷政策在盐池县全面推行,曾记畔村抢抓时机、广泛宣传,率先在全村落实5万元以下、3年期以内、免担保免抵押、基准利率、财政贴息等扶贫小额信贷政策,有效解决了贫困户贷款难、贷款贵问题。全村190户贫困户通过小额信贷获取发展资金1387万元。村里还针对建档立卡贫困户贷款年龄受限、60岁以上无法贷款的问题,积极与各家银行协商,将建档立卡贫困户贷款年龄放宽至65周岁,互助资金借款年龄放宽至70周岁,目前已为13户60岁以上有发展能力的贫困户发放贷款32.5万元,扶贫小额信贷极大地激发了建档立卡贫困户的内生动力,造血功能不断增强,产业发展成效显著。

(四)创新信用评定模式,优化扶贫资金使用效益

为适应生产发展资金需求不断扩大和种养殖资金需求季节性变化的特点,曾记畔村适度扩大互助资金和千村信贷的信用评分占比,让信用和真金白银挂钩。在金融部门和盐池县扶贫办指导下,他们摸索建立了一整套的评级授信操作办法,将遵纪守法、信用状况、家庭资产等指标有机结合,按照"1531"的比例(即精神文明10%、信用情况50%、家庭资产30%、基本情况10%),将全村所有农户的信用情况由低到高分为A、A+、AA、AAA四个信用等级(AAA级可贷10万元以上、AA级5万—10

万元、A+级2万—5万元、A级2万元），实行贷款额度、利率优惠与信用等级挂钩，推行免担保免抵押贷款，有效降低贷款门槛和贷款成本。至2016年底，评级授信工作在全体村民中展开，结合"信用村、信用组、信用户"评定，2016年共评议推荐AAA级信用户226户、AA级319户、A+级15户、A级4户。凡是经过信用评定的农户，在一个授信周期内（一般为3年），可获得优先贷款。在极大方便群众资金需求的同时，群众根据需求随取随贷、随用随还，使资金的使用效率大大提高，显著降低了资金使用成本。截至2018年底，全村有570户群众在金融部门贷款5400余万元。

三　启示

（一）产融结合是核心

产业发展是贫困地区增加收入、摆脱贫困的关键。曾记畔村瞄准贫困群众发展产业资金短缺的薄弱环节，将金融活水引入贫困群众的主导产业，调动贫困群众创业增收的积极性，把扶贫和扶志、扶智结合起来，变"输血"为"造血"，走出了一条"依托金融创新推动产业发展、依靠产业发展带动贫困群众增收"的脱贫富民之路。

(二) 改革创新是动力

贫有百样、困有千种。解决问题必须依靠强有力的改革创新来实现。曾记畔村坚持问题导向,大胆探索"产业+金融+保险+诚信"的创新路径,解决制约金融扶贫的深层次问题,增强自我发展能力。同时,坚持把贫困群众作为脱贫致富的主体,激发群众自主脱贫内生动力,并以落实扶贫小额信贷政策为契机,通过信用评定模式,把诚信建设融入精神文明建设之中,实现了精神文明建设支撑金融扶贫顺利开展,金融扶贫成果反哺精神文明建设的良性互动,为脱贫攻坚注入了强劲动力。

中国非洲研究院文库
学术专著系列

中国精准脱贫100例

第三册

中国非洲研究院 编

中国社会科学出版社

目　　录

（第三册）

实施教育和社会保障类

70. 脱贫攻坚教育优先　科学规划创新发展……………………………………（405）
71. 斩断贫困代际传递　奠定脱贫攻坚基础……………………………………（412）
72. 创建走教模式　促进教育公平…………（418）
73. 树立发展教育意识　培育乡村振兴人才……………………………………（424）
74. 勇于承担社会责任　创新教育扶贫模式……………………………………（431）
75. 实施扶贫培训工程　增强脱贫致富动力……………………………………（438）
76. 贫困县办大教育　脱贫致富有希望……（444）
77. 落实落细教育扶贫　打牢脱贫人才根基……………………………………（451）

78. 搭建有效管理模式　筑牢控辍保学底线……………………………………（457）
79. 精准培训创品牌　劳务革新助扶贫……（463）
80. 弘扬优秀传统文化　消除乡村精神贫困……………………………………（469）
81. 培养产业工人　助力稳定脱贫…………（475）
82. 电视夜校送服务　脱贫致富有新途……（482）
83. 职业教育助力扶贫　农村女孩走出贫困……………………………………（487）
84. "组团式"教育援藏　提升边疆教育水平……………………………………（492）
85. 打好人才培育基础　建设优秀教师队伍……………………………………（498）
86. 精准扶贫量身定　致富路上阔步行……（505）
87. 完善社会救助模式　筑牢民生保障底线……………………………………（512）
88. 织牢兜底保障网　脱贫攻坚无盲区……（519）
89. "组团式"医疗卫生援助　专啃贫困地区"硬骨头"……………………………（524）
90. 慈善医疗衔接救助　困难群众就医不愁……………………………………（531）
91. 健康扶贫有良策　精准救治有成效……（538）
92. 巡回诊疗下基层　健康服务助脱贫……（544）

93. 改造农村危房　打造安居家园 ············ (551)
94. 撑起特殊"幸福伞"　筑牢社保
"兜底网" ································ (556)
95. 集中供养"失能"人员　帮助贫困
家庭"松绑" ······························ (561)
96. 帮扶失能贫困群众　脱贫攻坚不留
死角 ······································· (566)
97. 精准施策搞帮扶　残疾人稳定脱贫 ······ (572)
98. 产业振兴贫困村　企业搭建扶贫桥 ······ (578)
99. 对口扶贫协作　"输血"变
"造血" ··································· (584)
100. 发挥政协优势　助力脱贫攻坚 ········· (591)
后　记 ·· (598)

实施教育和社会保障类

脱贫攻坚教育优先
科学规划创新发展

一 情况

河北省保定市阜平县地处太行山深山区，自然条件艰苦，山场面积占总面积87%，人均耕地面积仅0.96亩；贫困程度深，209个行政村中有164个贫困村，2014年贫困发生率达54.4%；经济基础薄弱，2012年教育支出仅1.6亿元人民币；教育扶贫任务重，山区学校义务教育阶段建档立卡贫困家庭学生11704人，占全县学生的39.2%。

经过不懈努力，目前阜平县优先发展教育、助力脱贫攻坚取得积极成效。教育扶贫任务高质量完成。阜平县义务教育入学率100%，三类残疾儿童少年入学率100%，家庭经济困难学生实现资助全覆盖。全县学校办学条件整体跃升。2013年以来，累计投入20余亿元人民币，新建改扩建108所学校，新增建筑面积35.1万平方米，新增运动场14.3万平方米，千余名偏远村落的孩子能够就近上好学。教师队伍水平全面提高。2013年以来，补充教师1183名，保定市各区县优秀教师来阜平县支教1072人，培训教师21166人次，教师队伍水平全面提高。职业教育跨越发展。职业教育为贫困学生转移就业、全家脱贫开辟了重要渠道，开放合作的办学模式有力带动了协作区职业教育发展。阜平梦翔汽车培训基地招录学生3917人，1935人在车企实习就业，年收入4万—5万元，真正做到了"培养一人，就业一个，脱贫一家"的职教扶贫目标。

二 做法

阜平县坚持把优先发展教育作为精准扶贫的重要举措和拔掉穷根的治本之策。

（一）政策引领，科学规划教育扶贫

一是县政府全面保障教育政策优先落实、教育事项优先办理。二是建立教育资金优先保障机制。县财政每年压减各单位公用经费5%全部用于教育，统筹存量资金、整合涉农资金优先用于教育，持续加大教育投入。三是坚持教育与经济社会发展同步

规划、同步实施,制定《阜平县"十三五"教育事业发展规划》《阜平县教育扶贫三年攻坚实施方案(2018—2020)》《阜平县进一步加强控辍保学工作实施意见》等政策文件,努力促进教育公平发展、高质量发展。

(二)攻坚克难,控制辍学保障就学

创新实施控辍保学重要举措。一是健全机制,依法控辍。严格落实县长、局长、乡长、村长、校长、家长、师长"七长"责任制,建立控辍保学联席会议制度,依规依法严格按程序劝返。2018年以来,召开控辍保学联席会36次,深入全县209个行政村全覆盖摸排3次,召开家校共建会612次,发放政策宣传资料34000多份。二是精准落实,资助控辍。精准落实各项资助政策,把国家政策关怀、学校教师关心送进农户。创新制作张贴"贫困学生资助明星卡"18936张,鼓励学生用知识改变命运,让贫困孩子有尊严地受助。开展四轮15756人次大家访,遍访县内外29560户学生家庭,发放宣传资料52710份。三是情感关爱,兴趣控辍。借助志愿服务优秀师资,引进足球、手工制作、音乐、绘画等山区紧缺教师,丰富文体活动、社会实践活动,满足学生个性化发展需求。通过周末家校、暖心课辅班、送教上门等,关注关爱留守儿童,保障残疾儿童接受教育权利。944名留守儿童建有专门档案,

303名适龄残疾少年儿童全部建立学籍,让特殊孩子享有特殊关爱。四是重点监控,联合控辍。针对最难监控、最易辍学的县外就读学生,建立周联系、月汇报机制,通过电话、微信等方式,常联系、多沟通,及时了解学生在外地的学习生活,以情化人,实现不让一个孩子失学辍学的目标。

(三)改善条件,优化布局均衡发展

2013年以来,阜平县多渠道筹措资金,着力破解"城镇挤、乡村弱"难题,全面改善办学条件。一是聚焦乡村抓布局。针对农村学校办学规模小、缺少拓展空间现状,在13个乡镇分别规划建设一所寄宿制学校,打造乡镇教育龙头。二是聚焦城区抓扩规。针对城区大班额现象,结合县城整体规划,加大重点发展区域的学校建设,新建城区学校2所,扩规增容,实现优质资源共享。三是聚焦薄弱抓均衡。改造提升乡村小规模学校和薄弱学校93所,优化资源配置,缩小教育差距,促进教育公平。四是聚焦设施抓提升。加大设施设备购置力度,2013年以来,装备各类功能教室336个,新建录播教室21个,新增计算机6404台、多媒体845套,扩充音体美劳等仪器器材12余万件(台、套),新增图书89.86万册,实现设施设备提档升级。

(四) 外引内联，开源节流提高质量

阜平县抢抓京津冀协同发展机遇，促进教育质量全面提升。一是培养现有教师队伍。通过轮岗交流、挂职锻炼、结对支教等交流互动方式，让城乡教师动起来、活起来；落实乡村教师工资待遇政策，足额发放乡村教师生活补助和乡镇工作补贴，建设教师周转房72套。用好教师补充、交流、激励和提升机制，实现待遇留住人才、培训提升人才、机制用好人才。二是外引名校，引进优质教育资源，带动县内学校办学水平快速提升。引进衡水中学、保师附校等名校，通过合作办学、定点帮扶、对口支教等形式，引领帮扶全县41所学校，全力打造本土品牌学校。三是结对帮扶，资源共享。推行"乡镇中心学校+小规模学校"一体化模式，强校扶弱校、先进带后进，帮助区域内薄弱学校发展能力。

(五) 学以致用，精准发展职业教育

阜平县注意畅通贫困孩子就业渠道，培训农民技能，通过发展教育来服务产业发展。一是聚焦转移就业促脱贫。积极与优质企业、行业协会对接，打造"未毕业、已就业"的"无缝就业模式"。2013年，职教中心与中国第一汽车集团有限公司、上海汽车集团股份有限公司等四大车企共建阜平梦

翔汽车培训基地。2016年与北京物业管理行业协会合作,建成梦翔楼宇智能化培训基地;2017年与北京、天津、上海等物业管理行业协会合作建立了"5+N"就业合作模式。二是聚焦贯通融通促脱贫。按照国家现行学制,在中等教育阶段,职业学校或职业高中,修业年限一般为3年;在高等教育阶段,大学和专门学院,修业年限一般为4年。阜平县积极探索推动中职与高职"3+3"、中职与普通本科"3+4"分段贯通培养,探索建立普通高中与中等职业教育融合发展新机制。2017年,在全市率先开展职普融通,打通中职教育和高中教育的互通渠道,帮助中职学生多路径成才。三是聚焦区域协作育人促脱贫。2013年,建立9年义务教育与职业教育协作区。2017年,主动对接京津地区优质职教资源,成立职教扶贫协作区,有力促进连片贫困地区脱贫。

三　启示

一是政府重视是教育脱贫攻坚胜利的根本保障。阜平县委、县政府把对教育的重视提升到前所未有的高度,建立教育优先保障机制,精确掌握阜平教育发展问题,对症下药。

二是开放创新是贫困地区教育快速提升的有效

途径。从斩断贫困"代际传递"的角度着手，创新办学思路，引进优质资源，开放办学，名校引领，构建区域内帮带网络，增强薄弱学校自我发展内力，加快全县教育发展一体化进程，促进阜平教育加速发展。

　　三是大力发展职业教育是教育扶贫的战略之举。职业教育与技能培训是促进就业和消除贫困最直接、最有效的手段，阜平以政府主导，建立职业教育政府统筹发展机制，科学构建县、乡、村三级职教扶贫网络，创新模式，定向就业，为促进脱贫攻坚提供了有力支撑。

斩断贫困代际传递
奠定脱贫攻坚基础

一 情况

江西省兴国县辖25个乡镇、总面积3215平方公里,总人口84万,是国家确定的贫困县和罗霄山脉集中连片贫困地区,由于战争创伤、地理位置等历史原因,兴国县经济基础、财力较薄弱。据统计,兴国县共有建档立卡贫困人口12.84万人,有建档立卡学生3.3万人。

经过多年努力,兴国县杜绝了贫困家庭义务教育阶段适龄子女失学辍学现象,实现学前教育到高等教育各项学生资助政策全覆盖,2016年以来累计资助贫困学生21.2万人次,发放资助金2.54亿元(含助学贷款)。2017年以来,收到社会各级各类捐赠资金共计1270.24万元，受益学校12所，资助困难学生1526人。通过实施学生营养餐计划，既实现了学生午餐吃得营养、吃得安全，又保障了全县11个农村合作社的农产品销路，带动了全县近5000余户贫困户走向脱贫致富之路。

二　做法

自开展精准扶贫工作以来，兴国县把教育精准扶贫作为减贫脱贫、斩断贫困代际传递重要举措。按照"治贫先治愚，扶贫先扶智"的总体思路，以"抓细控辍保学、抓实学生资助、抓好学生营养餐"聚集教育扶贫力量，帮助贫困家庭的孩子成人成才，努力斩断贫困代际传递。

（一）控辍保学，呼唤"游子"回归

全县学校与政府部门双线落实控辍保学。跨省市劝返、进村入户劝返、通过亲戚朋友劝返、下发律师函等，积极开展辍学学生劝导返校工作。同时采取机关领导干部包片挂点、教师结对帮扶等形式，有机结合控辍保学与送教上门工作，实现了易辍生"摸得清、劝得回、融得进、学得好"，特教生"送文化、送健康、送温暖"的良性发展态势。自去年以来，兴国县共有7000余名学校教师、乡镇领导、教科体局领导干部参与摸排劝返，有十余

名校长驱车千里,分赴广东、浙江、福建等跨省劝返60余人回归课堂。

一期一摸底,确保就读路上"不漏一人"。每学期开学初,组织全县学校通过国办系统、学校台账比对,学籍和本乡(校)在校生花名册比对,户籍与学籍比对,以及逐一上户调查摸排等方式,将辖区内适龄儿童、少年就学信息摸查清楚;确保数据精确,不漏一户,不漏一人。

一人一策略,确保教育扶贫"不存盲区"。对劝返回校就读的建档立卡辍学学生,除落实资助政策外,学校实行兜底保障,解决其就学的一切费用,满足其在选课、选班、选校等方面的要求,实现学生"留得住、学得进";对升学无力的学生通过职业规划培训或就读中职学校,系统学习法律、实用文化知识和实用技能,借助兴国县职业中专学校平台推荐到相关企业就业;对因病因残辍学学生,全部推行教师定期送教上门,与县残联等部门携手,分类确定残疾类型,确定送教内容,确保全县315名残疾儿童教育全覆盖。

(二)精准资助,助力寒门学子

学生资助是实现教育扶贫的最精细化工作,对建档立卡户子女,资助范围囊括了从幼儿园到大学各个阶段。为确保符合资助条件的建档立卡学生资助全覆盖,兴国县根据"国办、户籍、学籍三大系统"进行比对摸排,构建出"本县、本市外县、外市外省"学生资助"三本台账",并细化教育系统、政府系统两条保障线。教育线重点进行数据比对摸排构建台账。政府线派出帮扶干部以户为单位上户排查,对建档立卡学生就学情况认真比对,两线数据及时进行共享修正,对全县的建档立卡贫困学生实现了网格化管理,保障了学生资助的精准发放。

(三) 创新模式,改善学生餐食

兴国县将农村义务教育学生营养餐工作与精准扶贫有机融合,推行"农村学生营养餐+菜篮子+产业扶贫基地"一体化建设,探索出"教育+精准扶贫"共建共管共享的新路子,"小餐桌"成为推动精准扶贫"大转盘"的不竭动力。

让最偏远山区孩子也能享用"美味午餐"。兴国县创新探索推动学生营养餐由"课间加餐"向"食堂供餐"、由"零星采购"向"集中供应"转变,由中标企业统一采购食材,统一进行食材加工,统一进行冷链配送,最大限度保证了食材从源头上可追溯、运送中保持新鲜、到学生口中营养美味。即使是距离县城70多公里,只有3名学生的教学点,学生们每天中午也能吃上安全、美味的营养午餐。

用监控"天网"守护学生"舌尖上的安全"。2019年,兴国县按照国务院、省教育厅和省市场监管局关于"明厨亮灶"工程相关要求,安排资金260万元,为424所学生营养餐食堂和27所公办幼儿园食堂安装了视频监控系统和监管平台,将学校食堂食品加工、切配烹饪、分餐留样、清洗消毒等关键环节"透明化",将食堂操作的每一道工序直接"亮晒"出来,接受社会的监督,让每一名学生吃得安心、吃得健康。

把市场"菜篮子"与学生"餐桌子"无缝对接。兴国县学生营养改善计划国家试点学校于2016年秋季全面铺开"四统"服务,全县每天肉类约需5400公斤,蔬菜约需2万公斤,每周约需供应鸡蛋10万只,形成了稳定的食材市场需求。兴国县教育扶贫巧借力,采取"企业+基地+贫困户"模式推进脱贫攻坚,全力推动农企对接,做好教育扶贫工作。

三 启示

(一) 政府重视,汇聚教育扶贫合力

兴国县政府认为,做好教育扶贫功在当代、利在千秋。把教育扶贫工作抓实抓细,汇聚各方力量,高标准推动全县教育扶贫工作。

(二) 两措并举,做好教育扶贫工作

兴国县以控辍保学与学生资助为两大抓手,以

学生营养餐工作为引擎,做到控辍保学工作"底数清、措施准",资助工作"台账明、督查细",营养餐工作"思路新、效益强",努力做好教育扶贫工作。

(三)三级联动,持续开展教育扶贫

兴国县教育扶贫战线以政府为主导、以教育行政部门与学校为主体,融企业、贫困户、各相关部门、社会各界力量于一体构建教育扶贫大生态圈,认真抓好"控辍保学、学生资助、营养餐建设"三个重要环节的工作,积极满足当地民众对教育的需求。

创建走教模式 促进教育公平

一 情况

甘肃省天水市秦安县陇城镇距秦安县城49公里，2014年以前小学布点多、班级规模小、山区川区办学条件差距大，教师队伍不稳定、学科配备不合理，教育资源短缺、质量差，家长对学校教育满意度较低。

近年来，秦安县把脱贫攻坚的聚焦点放在教育扶贫上，按照"资源共享、联合互动、集中住宿、巡回走教"的总体思路，变学生"走读"为教师"走教"，"学生不动老师动"，率先在陇城镇开展农村教育综合改革试点，建成了集食宿、办公、管理于一体的教育园区。目前有初级中学1所，小学5所，教学点11个，幼儿园9所。教职工人数共计

209人,其中初中70人,小学123人,幼儿园8人,代课教师8人。

陇城教育园区的建设和运行,不仅有效改善了乡村教师的居住条件,实现了教育资源山区川区共享,还在促进贫困乡村教育均衡发展、破解教育发展难题方面探索了新路子。一是稳定了农村教师队伍。园区为全镇144名教职工提供食宿,学区教师携家入住,极大改善了乡村教师的工作生活条件,稳定了教师队伍,有效解决了农村教师工作成本高、工作不安心的问题。二是确保了山区学校的保学控辍。教育园区运行后,变学生"走读"为教师"走教",最大程度地解决了农村子女上学难的问题。教师进行走教,学生可以就近在本村上学,便于管理,既消除了安全隐患,又减少了学生转学、辍学的现象。三是实现了教育资源共享。园区按照校点一体化的管理模式,对区域内的教育资源进行整合利用,对教师进行统一调配,坚持教师巡回走教,有效化解了数十年来川区师资富余而边远山区严重缺少教师的矛盾,最大程度实现了区域内师资资源的共享。特别是英语、音体美等短缺学科实行教师巡回走教,使山区各校学生享受到优质教育,为教育均衡发展奠定了坚实基础。四是提高了教师队伍的整体素质。教师在园区一起学习交流,开展教研活动,进行集中培训,共享教育资源,为教师业务水平的提高创造了良好条件。同时，教师在园区集体备课，增进了教师之间的了解和团结，通过互学互帮，以老带新，有效促进教师队伍素质的整体提高。五是加强了学校薄弱学科建设。过去一个教学点一般只有一名教师，一所完全小学的同一门学科一般也只有一两名教师，教研活动根本没办法开展。教师统一集中入园、统一调配管理后，园区针对各校英语、科学、音乐、体育、美术等短缺学科实行教师巡回走教，做到了全学区各个小学和教学点开设科目全、开设课时足，保证了各校学生享受公平优质的教育，提高了教育教学质量。六是降低了山区学校教育成本。通过整合教育资源，实行"学生不动老师动"的巡回走教模式，农村学校的教育成本进一步降低。原来边远山区教学点学生撤并到规模较大的小学上学，每天接送学生387人上下学，共需校车14辆，每天费用为4200元。现在改为接送教师，需校车4辆，每天费用为1200元，比接送学生节约3000元。每年按在校时间200天计算，一年可节约开支60余万元。

二　做法

一是整合项目建园区。2014年以来，县委、县政府采取财政资金拿一点、项目资金整一点、社会人士捐一点的办法，共筹措资金2460多万元，建成了占地15亩，总建筑面积为11244平方米的陇城教育园区。园区分为住宅区、办公区和综合服务区3个区域，住宅区建设教师周转住房3栋144套，其中：2栋96套为83.26平方米，1栋48套为29.54平方米，总建筑面积9411平方米；办公区修建教研综合楼1栋，建筑面积1833平方米；综合服务区为食堂、锅炉房，配套大门、围墙、健身设备、绿化等附属设施。该工程于2014年6月开工建设，2015年8月建成运行。

二是创新机制抓管理。园区采取"三个一"的管理方式，成立了园区管理委员会，与学区两块牌子、一套班子，下设一个办公室（综合办公室）、一个中心（教研教改中心）、一个公司（后勤服务有限公司）。综合办公室负责编制园区每周工作日程、各学校教师派送、园区安保及日常工作；教研教改中心负责制定学区教育教学发展规划，探索新型办学模式，安排学区教师培训，组织教师集体备课，开展教学交流和教研教改活动，建立园区的教学资源库；后勤服务有限公司负责教师住宿、各功能室的协调分配，教师食宿、车辆调配、财产财务管理、园区绿化卫生及供电、供水、供暖等后勤保障工作。

三是探索模式保运行。园区实行"六统一"的运行模式,以中心小学为主体,与全镇各小学和教学点教师建立互动联合体,实行教师走教,校点一体化管理。各小学教师集中在园区统一食宿、统一接送,园区规划4个走教片区,每个片区配备专车1辆,每天负责接送教师白天到走教区学校上课,晚上在园区食宿、备课及开展教研活动。各校课程由园区统一安排,教师由园区统一调配,全学区小学教师统一纳入园区管理,打破校际界限,按照完全小学与山区教学点的地理分布、学生就近划片入学和各小学教师的余缺情况,进行统一调剂调配,教师由"学校人"变成了"园区人"。学科在园区内实行统一走教,语文、数学、英语等基础学科教师相对固定,定期交流走教,品德、科学等综合学科和音乐、体育、美术等技能技巧学科教师随时巡回走教,同一学科教师可以为多所学校的学生"走教"上课,破解了课程开不齐、开不足的难题,解决了学科教师短缺、师资力量不足的问题。教研教改统一进行,全园区的教师统一组编为语文、数学、英语综合、音体美四个教研组,在园区集体备课、研讨交流。在园区教学资源网上,设立优秀教学课例、教学叙事、教学课件等模块,各教研组互助联合体定期上传相关素材。每个片的同学科教师也可进行集体备课,定期开展主题教研活动,促进了学区内教学水平的整体提升。

三 启示

扶贫先扶智,扶智抓教育。要抢抓国家和省市扎实推进精准扶贫精准脱贫的有利时机,充分发挥教育在精准扶贫中的智力支撑作用,不断深入农村教育综合改革,将园区化办学模式作为推动义务教育均衡发展的有效途径,让农村偏远地区的孩子享受到公平而优质的教育,从而在根本上阻断贫困的代际传递。

树立发展教育意识
培育乡村振兴人才

一 情况

湖北省宜昌市五峰土家族自治县全县总面积2372平方公里，总人口19.6万人，以土家族为主的少数民族人口占84.8%，属国家武陵山片区扶贫攻坚重点县、深度贫困县。2014年，全县贫困人口20262户60155人，贫困发生率35.1%，贫困村24个（含6个深度贫困村）。经过几年的脱贫攻坚，到2019年底，全县24个贫困村全部出列，存量贫困人口144户290人，综合贫困发生率下降至0.16%，预计2020年底可实现整县脱贫。

二 做法

五峰县把教育扶贫作为摆脱贫困的治本之策、阻断贫困代际传递的重要途径，努力让每一位贫困学子能上学、上好学、好上学，让每一名贫困劳动力有技能、稳增收、能脱贫。汇聚全县教育资源，统筹推进"10+1"项目：资助贫困家庭学生、扩充学前教育资源、建设城乡义务教育一体化、改造农村薄弱学校、提升职业教育质量、发展民族地区教育、关爱特殊群体、提高贫困地区教师素质、贫困地区专项招生、教育信息化及教育服务社会等，进一步完善资助政策提升助贫扶弱水平，加强统筹整合支持贫困地区持续改善办学条件，维护教育公平努力拓宽贫困家庭上升通道，加强智力帮扶切实增强教育服务社会功能。

（一）围绕"上得起学"的目标，对困难学生进行全程资助

全面摸清贫困家庭经济困难学生信息，建立从学前教育到大学阶段"从小到大"的全程资助体系。对学生资助落实情况，运用大数据全面清查、专项审计实行有效监管、专项督查确保项目实施，有效地杜绝了侵害群众利益等违规违纪行为的发生。建立健全学生资助管理工作机制，用制度确保

资助政策长期稳定落地执行。

（二）围绕"能上好学"的目标，切实改善农村学校办学条件

近五年来，先后投入近 1.5 亿元加强农村地区薄弱学校建设，全面改善农村地区办学条件，确保薄弱学校达标升级。仅 2019 年争取义务教育校舍维修资金 336 万元，维修改造了农村薄弱学校的学生宿舍、教学综合楼；争取学前教育专项资金 585 万元和"棚改"资金 750 万元，用于乡村幼儿园建设和寄宿制学校"两人一铺"问题的解决。

（三）围绕"能留能教"的目标，全面加强乡村教师队伍建设

一是健全教师补充机制。坚持每年为农村义务教育学校补充新教师。近年补充 72 名老师，进一步改善了农村教师队伍的年龄和学科结构。二是健全教师交流机制。实施教师管理体制改革，教师交流覆盖面明显扩大，农村义务教育学校教师得到有效补充。三是健全教师帮扶机制。开展优秀教师送教下乡活动，以强带弱，学科专任教师专业水平得到较大提升；对接武汉优质中小学与县内 19 所中小学开展"手拉手"结对帮扶活动，采取"跟岗学、现场引、网络研"的方式，全县中小学教师教育教学活动水平明显提高。

（四）围绕"富脑袋"的目标，加大贫困农民职业技能培训

整合县直部门培训资源，以县职教中心为阵地，以促进贫困劳动力转移就业增收为目标，开展烹饪、蜜蜂养殖、创业就业等技能培训，提升贫困人口致富能力。仅2019年就有951名贫困人口接受了职业技能培训、85个行政村开展了产业扶贫培训，400余户贫困户从中受益。

（五）围绕"共同成长"的目标，倾情关爱特殊群体

一是建立留守儿童关爱中心。各乡镇依托学校建立了"留守儿童关爱中心"，设立留守儿童活动室或亲情活动室、心理咨询室，配备相关设施设备，做到留守儿童在校活动有场所、生活有着落、学习有人帮、心理有人导、健康有人护，让全县932名留守儿童得到更好的关爱。二是完善留守儿童关爱机制。针对留守儿童家庭教育缺失的现状，与北京某企业合作，聚焦精准扶贫，从教育留守儿童家长为切入点，采用"扶志"与"扶智"相结合的工作方法，找到从家长教育入手改变留守儿童成长环境的新路径。三是发展特殊教育。配齐配强县特殊教育学校设施设备，保障义务教育阶段特殊教育学校学生个性化教育和康复训练需求。

（六）围绕"融合共享"的目标，加快边远山区教育信息化建设

一是加大硬件投入。先后完成教育城域网、学校录播教室建设及一体机配备，教育城域网和录播室与宜昌市教育云平台对接，实现学校录播教室覆盖每一个乡镇，多媒体一体机覆盖每一所学校，信息化教学覆盖每一个学生，教育现代化基本做到乡镇全覆盖，学校录播教室与宜昌市教育云平台无缝对接，利用"空中课堂"实现"远程教学"，让山区孩子共享山外优质教育资源。二是加强技术培训。以"信息化与教育教学深度融合"为课题，推动应用信息化教学，实现全员培训，人人会用。三是强化应用考核。对教师以"人人达标"的方式全员过关，乡镇教育信息化推进情况纳入乡镇学校目标考核。通过考评，中小学教师信息技术能力提升工程培训考核，合格率99.9%；一体机应用考核，抽查过关率超过90%。

通过这些做法，取得了以下成效：一是通过全程资助贫困家庭学生，确保不让一名学生因家庭贫困而失学辍学。2019年全县小学适龄儿童入学率100%，初中适龄少年入学率100%，残疾少儿入学率100%，高中15—17周岁适龄人口入学率99.3%，高于全省高中毛入学率。二是通过改造农村薄弱学校，软硬件设施设备焕然一新，花园式校舍成为武陵山区一道靓丽的风景线。三是通过均衡配置农村地区教育资源，农村义务教育学校教师学历合格率达到97.8%，一支数量充足、师德高尚、业务精湛、群众认可的农村教师队伍初步形成。四是通过开展职业技能培训，农村贫困家庭劳动力创业就业能力得到提升，脱贫致富能力显著提高，确保了"学技能、增收入、稳脱贫"目标的实现。

三 启示

（一）要树立优先发展教育的意识

教育是扶贫最基本的保障，教育是阻断贫困代际传递最有效的措施，教育是激发内生动力最有效的途径，要从根本上消除贫困，离不开教育，必须始终将发展教育摆在优先发展的位置。

（二）要有完成目标的统筹措施

教育扶贫工作要立足脱贫工作全局，制定完善的方案，落实有效的举措，确保对整个工作统筹谋划、统筹部署、统筹推进。

（三）要有勇于负责的担当精神

主动作为，主动担起责任，不断缩小城乡教育差距,着力推进城乡教育一体化发展,努力办好每一所学校,让农村孩子特别是贫困家庭的孩子能在家门口享受到优质的教育。

勇于承担社会责任
创新教育扶贫模式

一 情况

碧桂园集团十分重视教育扶贫的根本性作用，积极投身扶贫公益事业，认为"把贫困地区孩子培养出来，才是根本的扶贫之策"。20多年来，已为全社会捐款累计超64亿元人民币；创办3所慈善学校；设立24个专项助学金，覆盖40所高校；结对帮扶全国9省14县，惠及3747个村33.6万建档立卡贫困人口。

二 做法

碧桂园的教育扶贫事业总体可分为两个阶段：

一是捐资助学阶段。从 1997 年起,通过捐资助学、开办慈善学校等,惠及数万贫困学子。二是全国 9 省 14 县全面推进阶段。2018 年起,结对帮扶全国 9 省 14 县,因地制宜开展教育扶贫。

(一) 开办免费学校,阻断贫困代际传递

2002 年捐资创办全国第一所全免费民办高中——国华纪念中学,面向全国招收家庭贫困、成绩优异的初中毕业生。学生从报考直至大学本科或研究生、博士毕业,学习、生活、交通等一切费用全部由学校承担,每人培养费用超 30 万元。

截至 2019 年,国华纪念中学共接收 3096 名辍学边缘学生,总投入已超 6 亿元。学校一直保持高升学率,截至 2019 年,有在校学生 518 人,已毕业 2405 人,其中硕士 707 人,博士 120 人,出国深造 91 人。

(二) 发展职业教育,产教融合校企共育

2013 年创办全国唯一全免费大专院校——广东碧桂园职业学院。学院专业设置紧跟国家及集团产业转型升级需求,先后开设了建筑工程技术、工程造价、物业管理、酒店管理、建筑装饰工程技术、园林工程技术、学前教育、智能控制技术 8 个与集团优势产业紧密对接专业,推进校企合作。学院采取"三段式"教学模式,学生用一年半时间学习理论知识；再用半年时间在校强化训练岗位所需专业知识和技术技能；再用一年时间在碧桂园对应岗位实操锻炼。

学院实施"产教融合、校企共育"培养模式，采用专兼结合的双师型师资体制，从企业抽调学者型和专家型高管当教员，让学生在实战场景中掌握生产经营技能，实现"毕业即就业"。

截至2019年，招收贫困学生2043人；已毕业1007人，就业率达100%。730人成为一线管理干部或技术骨干，48人月薪过万，真正实现"一人成才，全家脱贫"。学院已免费为14626名农村劳动人口提供职业技能培训。

在甘肃东乡建设全免费中等职业学校——国强职业技术学校。2019年8月已开工奠基，建成后能容纳2500名学生就读，对贫困学生免除一切费用，帮助学生掌握就业技能。

（三）设立爱心助学基金，助贫困生完成学业

1. 仲明大学生助学金。1997年，碧桂园创始人、董事局主席杨国强先生捐出100万元设立仲明大学生助学金，资助广东20所高校中品学兼优的贫困大学生。截至2019年，已累计捐赠3800万元，受助学生达10750人。每位受助者接受仲明助学金时，需签署一份《道义契约》，承诺有能力时要将受助款项回捐，用以帮助更多贫困学子。

2. 惠妍教育助学基金。2017 年捐款 1 亿元启动"惠妍教育助学基金",帮助顺德区贫困孩子用知识改变命运。基金帮扶对象覆盖从幼儿园到大学阶段的贫困学生,除发放奖助学金外,还支持开展课业辅导班、兴趣班、夏令营等活动,开创了将助学扶贫贯彻至全县(区)、全学段模式。截至 2019 年,已帮扶顺德区贫困学子 3668 人次。

(四)结对帮扶 9 省 14 县,教育扶贫扶志扶智

号召员工进行爱心助学捐款。2018 年,集团员工 28002 人捐款 1150 万余元,资助 6724 名贫困学生,按照小学生、初中生每人 1000 元,高中生每人 2000 元,大学生每人 3000 元进行资助。

(五)用好自身资源,精神物质双重关怀

1. 用好名师资源,提升教学质量。发挥下属博实乐教育集团名师资源,结对英德市开展为期三年的"乡村教师培训计划"。举办清华大学碧桂园教育扶贫校长管理能力提升研修班,来自 9 省 14 县及联络县、博实乐集团的 57 位校长参加。

2. 给予物质及精神帮扶。发动集团各单位开展"暖冬行动"。2018 年捐赠物资 2 万余件,2019 年为 100 户深度贫困户赠送 1500 个暖冬礼包,通过筹募过冬衣物、探望慰问等活动,帮助 2583 名贫困户、留守儿童温暖过冬。集团总部为新疆伽师县捐赠物资 2502 件，惠及贫困户 2000 余人。

3. 借助"微心愿"，促进青少年全面发展。2018—2019 年，组织员工结对家访贫困学子 1701 人次，帮助学子实现 493 个"微心愿"。组织受助学生代表参加"阳光少年成长夏令营"活动，通过参观、体验 IB 学校国际课程，从意志、思维、心智、眼界、能力等方面促进贫困地区青少年全面发展。

4. 关爱农村留守儿童，打造"童心港湾"。响应共青团中央号召，资助团中央在全国 12 省 43 县建设 113 个"童心港湾"。通过选配"童伴妈妈"、日常陪护、志愿服务等，对农村留守儿童进行亲情陪伴、情感关怀、自护教育。

（六）因地制宜教育扶贫，完善学校配套设施

1. 东乡县：援建龙泉学校。针对学校教室不足、住宿环境拥挤的现状，援建 1 栋教学楼、1 栋宿舍楼及附属工程，提供各科目功能教室，解决了 316 名学生的住宿问题。项目已于 2018 年 10 月移交东乡县政府、教育局使用，为龙泉学校 1300 多名师生提供了良好的教学环境。

2. 兴国县：红星计划。江西兴国县革命烈士多达 23179 名，迄今还有红军烈士后代学生 800 余名，因学致贫学生 500 余名。碧桂园与兴国县政府一道，成立红军子弟奖学金、开展"1＋1＋1"红军

后代帮扶计划、共建爱国教育基地,资助全县品学兼优的红军后代。

3. 滦平县:"3+3"教育扶贫。碧桂园集团捐赠 700 万元对河北滦平县 11 所学校进行 3 大件(操场、厕所、水井)3 小件(冰箱、微波炉、净水设备)修缮,集中改善校园户外活动条件,完善学校配套设施,彻底解决了师生的饮水卫生难题。

三 启示

在探索可造血、可复制、可持续的长效机制上下功夫。

(一)要创新可造血的扶贫方式

要彻底改变贫困面貌,仅靠"输血",治标不治本。要把着力点放在"造血"上,紧紧围绕"人"这个关键因素,聚焦深度贫困户、资助贫困学生完成学业,激发造血活力。通过创新校企共育机制,构建"产教融合、校企共育"人才培养模式,实现人才培养与产业发展和企业转型升级需求精准对接。

(二)要探索可复制的扶贫模式

作为世界 500 强企业,将公司化管理成功引入扶贫工作,打造制度化的扶贫工作模式;通过实施扶贫模式标准化，提供一套现成方案，带动更多社会力量参与扶贫。

（三）要构建可持续的扶贫机制

要做好精准扶贫工作，必须探索可持续的扶贫机制，科学谋划、整合资源、精细管理，努力实现多方共赢。

75

实施扶贫培训工程
增强脱贫致富动力

一 情况

广西是全国农村贫困人口最多的少数民族自治区,是全国脱贫攻坚的主战场之一。2015年底,有建档立卡贫困人口452万,贫困发生率10.5%,有5379个贫困村和54个贫困县(国家级贫困县33个、自治区级贫困县21个)。2016—2020年,全区累计减少建档立卡贫困人口474.5万(含动态调整新增数),贫困发生率从10.5%降至零,5379个贫困村全部出列、54个贫困县全部摘帽,历史性地解决绝对贫困和区域性整体贫困问题。

近年来,广西把实施雨露计划作为提升贫困人口内生动力、阻断贫困代际传递的重要举措,对贫困家庭接受职业学历教育学生实行应补尽补,支持贫困劳动力接受技能培训。通过实施雨露计划,帮助贫困家庭孩子圆了就学梦、掌握技能梦、稳定就业梦、家庭脱贫致富梦,每年可使3万个以上贫困劳动力实现稳定就业,确保其家庭增收脱贫。

二 做法

2014年至2020年11月,广西投入财政专项扶贫资金27.03亿元,扶持农村贫困家庭子女和青壮年劳动力214.13万人次接受学历教育和技能培训,其中:中、高等职业学历教育资助投入18.79亿元,资助农村贫困学生123.34万人次;普通高校本科学历教育资助投入6.08亿元,资助农村贫困学生12.44万人;劳动力转移就业技能培训投入1.85亿元,培训农村贫困家庭青壮年劳动力17.07万人;农村实用技术培训投入0.31亿元,培训贫困农民61.28万人次。具体做法如下:

(一)完善政策,确保扶贫助学不落一人

一是实行精准补助应补尽补。2014年广西率先在全国实行雨露计划学历教育精准补助、应补尽补政策,切块到县的财政专项扶贫资金要优先保证贫困家庭"两后生"学历教育补助,为资助贫困家庭"两后生"接受职业学历教育、普通高校本科学历

教育提供资金保障。二是优化补助审核发放流程。根据国务院扶贫办的统一部署,从 2018 年开始,雨露计划扶贫助学补助以全国扶贫开发信息系统标注的贫困家庭子女接受学历教育学籍信息作为补助的依据,由帮扶干部核准帮扶户学生在校就读情况,出具学生在校就读确认书,取消学生申请补助环节,无须学生提交学籍就读证明,杜绝因学生不主动申请导致未获得补助的情况,切实落实应补尽补。三是打造扶贫巾帼励志班品牌。以"培育一个好女孩,培养一个合格母亲,造就一个幸福家庭"为办班主旨,在广西右江民族商业学校举办广西扶贫巾帼励志班,专门招收培养农村贫困家庭女学生,创新开展"六扶一体"(扶困、扶心、扶弱、扶志、扶智、扶技)职业教育扶贫模式,增强学生学好专业技能的信心和通过自身努力摆脱贫困的决心,实现教育脱贫。截至 2020 年 7 月,扶贫巾帼励志班毕业生 2392 人,除 328 人继续升学外,其余全部实现就业。

(二)按需培训,提高转移就业竞争力

实施技能培训促就业行动,根据贫困群众转移就业需要,有针对性地开展短期技能培训,提高就业质量;创新短期技能培训以奖代补方式,对贫困劳动力自主参加技能培训,获得国家承认的职业资格证书的给予一次性奖励。如,广西扶绥县紧扣增

收核心目标,创新开展"一户一薪"(组织全县贫困劳动力参加技能培训并到县内工业园区进行就地就近就业,实现每个贫困家庭至少有一人有稳定的工资性收入)专项培训就业行动,以"四个一"(对每一户贫困家庭进行一次实效动员、教会一项实用技能、组织一次实地应聘、找到一份实惠工作)活动为载体,面向有劳动力但未有效就业的贫困家庭,通过培训提高贫困群众就业技能,引导贫困群众到企业就业。

(三)实时培训,提升产业发展技能

围绕当地扶贫产业、特色主导产业,根据生产环节,组织学员到生产现场开展实时培训,让学员在做中学、在学中做,增强培训效果。如,广西靖西市探索农村实用技术"购买技术服务"式培训,面向区内外公开选聘一批实践经验丰富、关心贫困户脱贫致富的农业技术"土专家",常年派驻产业集中区域,分片包干传授农业生产技术,随时随地开展技术培训和日常护理指导,"一对一""面对面"实践教学,手把手传艺,让贫困户掌握一项实用技术,更加主动发展产业,为实现脱贫致富奠定坚实的产业基础,解决了以往农村实用技术培训针对性不强、集中培训难度大等难题。

(四)创新宣传,确保政策家喻户晓

每年5月份组织开展雨露计划扶贫培训政策宣

传月活动,从源头上加强宣传。一是到校宣传。扶贫、教育部门联合到校开展"三个一"宣传活动:到每所学校召开一场扶贫政策宣讲会,讲解雨露计划补助政策;到各级中学给建档立卡贫困户学生每生发放一张雨露计划补助政策宣传单,让贫困学生了解补助政策,提高防骗意识;每所中学张贴一张扶贫政策宣传板报。二是进村入户宣传。落实帮扶干部"一对一"精准宣传责任,主动向帮扶户家长、贫困生宣传雨露计划补助政策,并跟踪政策落实情况;发挥贫困村第一书记、驻村工作队、村干部的作用,有针对性地开展入户宣传,有效提高雨露计划补助政策知晓率。三是各地结合实际灵活采取"两微一端"、网站、广播、电视等媒体手段开展宣传。

(五)干部结对,深化学业就业帮扶

广西壮族自治区扶贫开发领导小组印发《关于开展帮扶贫困户联系贫困生活动的通知》,在全区开展帮扶活动,安排52.3万名干部结对帮扶贫困户、联系贫困户学生,实现全覆盖。帮扶干部负责联系帮扶贫困户子女,全程跟踪帮扶,直至其完成学业和实现就业。帮扶内容包括政策帮扶、成长帮扶、就学就业咨询等。

三　启示

抓好教育是扶贫开发的根本大计。通过完善教育精准扶贫资助体系，落实定人定向联系帮扶责任，扶持贫困家庭子女和青壮年劳动力接受中、高等职业教育、普通高校本科学历教育和技能培训，加大学业帮扶和就业援助，有助于提高贫困群众的就业技能和增强就业信心，有效提升贫困人口内生动力和自我发展能力，积极发展产业、转移就业，助力贫困家庭增收脱贫，阻断贫困代际传递。

76

贫困县办大教育 脱贫致富有希望

一 情况

云南省曲靖市会泽县处于三省八县交界,因境内金沙江、小江、牛栏江、以礼河等三江十河交汇而得名,是出滇入川的重要通道。全县面积5886平方公里,山区面积占比高达95.7%。辖23个乡(镇、街道)378个村(居)委会,总人口106万人,农业人口90.43万人,是云南省第三人口大县。会泽县贫困面大、贫困程度深,是国家级扶贫开发重点县和乌蒙山片区集中连片特困县。目前,全县有各级各类学校538所,其中,普通中学38所,小学352所,职业技术学校1所,教师进修学校1所,幼儿园145所,校舍建筑面积189.59万平方米;在职教职工9619人,在校学生16.05万人,建档立卡贫困学生 70628 名。

近年来，会泽县把教育扶贫作为阻断贫困代际传递的有力抓手，不断创新教育体制机制，成立会泽县教育联合体，精准资助贫困学生，确保每个学生都"有学上""上好学""不辍学""学能用"，走出了一条山区小县同样可以办大教育的生动实践之路。2019 年，全县 6116 名学生参加高考，上线率 100%；进入全省理科前 50 名考生 1 人，重点上线 1735 人，本科上线 4752 人。每年都有 5000 余名会泽籍学生从高校毕业，并在全国各地上岗就业或创业，大批贫困家庭的孩子走出大山，靠知识改变了命运、改善了家庭经济状况。全县小学入学率 99.95%，初中入学率 99.8%。职业教育毕业生就业率达 100%，月工资在 6000 元左右，职业教育成为贫困群众脱贫致富的直通车。同时，鼓励学生参加"三校生"考试，先后已有 2000 多人升入高等院校深造。

二　做法

（一）加强基础设施建设，确保学生"有学上"

积极争取"全面改薄"等学校建设项目，加大建设力度，强化工程监管，在全面改善办学条件的同时，把中小学校舍建成精品工程、样板工程。"十三五"期间，共投入各类建设资金 22.1 亿元，新建校舍102.36万平方米，加固改造C级不安全校舍16.34万平方米，改造旱厕412个2.92万平方米，排除现有全部D级危房。扩建会泽一中东屏校区，新建东陆高中、以礼中学、春晖小学、翠屏小学、县第二幼儿园、中河小学。认真贯彻落实县委、县政府易地搬迁决策部署，规划总投资7.46亿元，在城区安置点新建4所幼儿园、2所小学、2所中学，改扩建3所小学、3所中学，确保易地扶贫搬迁安置群众子女"有学上""上好学"。实现了"农村最好的房子在学校，城区最美的建筑在校园"的建设目标任务。

（二）狠抓控辍保学工作，确保学生"不失学"

一是始终把控辍保学作为教育扶贫工作的重中之重来抓，建立"双线四级"和乡镇干部包村、村干部包组、组干部包户的控辍保学包保责任体系。二是编制《会泽县义务教育阶段控辍保学工作操作手册》，通过"四查三比对"摸清辍学底数，建立包保责任清单。三是按照《会泽县义务教育阶段控辍保学督查指导手册》对各乡（镇、街道）政府和学校控辍保学工作进行专项督查。四是出台《会泽县义务教育控辍保学责任追究制度》，切实加大控辍保学追责问责力度，确保工作落实。五是按照控辍保学"四步法"，整理编印《会泽县义务教育阶段依法控辍工作流程》及相关法律文书样本，依法开展控辍保学工作。六是在城区主要路段完成永久性墙体标语8条，PVC雕刻标语10条，在高速公路沿线制作宣传版面2块，张贴《控辍保学年历》2万余份，发放《致广大家长的一封信》14万余份，发放《致广大商户的一封信》2万余份，通过会泽县融媒体中心在曲靖M、七彩云端等网络平台投放控辍保学宣传微视频20余部。七是积极组建工作专班及时动员劝返，并对辍学学生推行"一人一案"管理，健全政府、学校、家庭三位一体的"防辍"机制，加强留守及孤残儿童的关爱服务、教育服务和救助保护，立体动态推动控辍保学工作，确保辍学学生劝返工作落实到位，辍学学生返校接受教育。

（三）落实教育惠民政策，确保学生"能上学"

通过精准识别，建立了70628名建档立卡贫困学生档案和台账，用足用活学前教育省政府助学金、义务教育"两免一补"、普通高中助学金、生源地助学贷款、优秀贫困学子奖励计划等近20项教育惠民政策，建立覆盖学前教育到高等教育的学生资助体系，对各学段学生进行资助。2015—2019年期间，全县共投入资金10.96亿元，资助学生112万人次，确保学生不因贫失学。

（四）提升教育教学质量，确保学生"上好学"

坚持问题导向，不断创新教育体制机制，成立了会泽县高中教育集团（教育联合体），整合 4 所高中教育资源，实现资源共享、优势互补，促进会泽普通高中均衡、优质、和谐发展。成立了 9 个普通高中县级学科中心教研室，把县级教研工作细化到学科，切实发挥优秀学科教师的教学教研作用，提高学科教研质量。

（五）大力发展职业教育，确保学生"学有用"

抓住教育卫生补短板机遇，投资 1.02 亿元新建职业学校实训基地，并以职校为依托，加大实施基本素质提升工程，通过校校合作、校企合作，拓宽培训就业渠道，提高学生就业能力。

三 启示

（一）县委、县政府的高度重视是发展教育脱贫的前提条件

会泽县委、县政府始终把教育事业摆在优先发展的战略地位，将教育纳入国民经济和社会发展总体规划，形成"党委领导、政府负责、部门协同、社会参与、统筹推动"的工作推进机制。

（二）符合县情的管理体制是发展教育脱贫的有力保障

为统一思想、集中发力，会泽县实施了一系列人事制度改革,取消了学校行政级别,全县所有学校校长、教师人事工作均由教育行政部门负责,做到了人权和事权的统一,在体制上保证了教育行政部门与学校思想认识统一、工作步调一致。同时,把教师工资、公务费收到县里统一发放,确保中小学教师工资、公务费按时足额发放,保证了学校工作的正常运转。

(三)安居乐教的教师队伍是发展教育脱贫的先锋队伍

每年招聘300余名新教师,补充教师队伍,优化教师结构。通过"青蓝工程"、校本培训、集中培训、跟班学习、与生同测等方式,打造了一支能吃苦、讲奉献、善教学的教师队伍。每年投入600万元对教学质量优异的学校和教师进行表彰奖励,每年投入200万元给予普通高中优秀骨干教师政府特殊津贴奖励。落实乡镇教师500元/人/月的乡镇工作岗位补贴,实施普通高中优秀骨干教师政府特殊津贴,每年投入200万元对优秀教师进行奖励;投入4525万元落实乡村教师生活补贴;解决了91对乡(镇)之间夫妻分居的教师调动问题。定期举办教职工体育节、艺术节,广泛开展教职工文体活动,促进教职工身心健康。通过团购房、廉租房、周转宿舍等方式,有效解决了教师的住房和住宿问题,让广大中小学教师"安居乐教"。

（四）优质发展的职业教育是发展教育脱贫的剑刃利器

"授人以鱼不如授人以渔",通过实施高质量的职业教育,让贫困家庭子女掌握一技之长后,通过就业创业带动家庭脱贫,是目前推动贫困家庭脱贫致富最有效、最直接的途径之一。

77

落实落细教育扶贫
打牢脱贫人才根基

一 情况

西藏日喀则市萨嘎县，萨嘎藏语意为"可爱的地方"，地处中国西南边陲，与尼泊尔接壤，全县平均海拔4600米以上，最低海拔4300米，最高海拔7095米，气候恶劣、高寒缺氧。全县总人口共有4695户16671人，城镇化率偏低，农牧业人口多达3528户14286人；贫困发生率偏高，建档立卡贫困人口共计1038户3719人；受教育程度较低，全县人口中文盲占2.13%，小学文化程度占62.22%，初中文化程度占29.64%，高中文化程度占4.23%，大专及以上文化程度占1.78%。特别是贫困人口中文盲占2.82%，小学文化程度占78.63%，初中文化程度占 13.25%，高中文化程度占 3.66%，大专及以上文化程度占 1.64%。

2016 年以来，萨嘎县全面落实落细教育精准扶贫政策举措，加快补齐教育领域短板、不断提升教育脱贫能力、努力集聚教育脱贫力量，奋力书写"生命禁区"的教育脱贫奇迹。控辍保学成效显著。目前全县在校生 1705 人，建档立卡贫困户在校学生共 1047 人。小学段适龄儿童净入学率达 100%；初级中学 1 所，在校生 786 人，初中阶段入学率达 100%；适龄残疾儿童 53 人，其中随班就读 40 人、市特殊学校 7 人、送教上门 5 人、1 名多重残疾儿童"无送教上门价值"，入学率达 98%。共有幼儿园 14 所，在园幼儿 701 人，入园率 76.11%。小学段适龄儿童入学率、巩固率和初中段入学率、巩固率均达到 100%，没有让一个孩子辍学、没有让一个孩子掉队。就业形势前景良好。全县往届高校毕业生 155 人中实现就业 145 人，就业率达 93%，其中 2019 年应届高校毕业生就业率达 100%。升学考试逐年提档。2016 年以来共有 15 名学生录取到内地西藏初中班就读，打破了多年来的零纪录；初中升学率逐年提高，4 年间共有 850 人参加中考，高中录取 349 人（重点高中 98 人）、中职录取 191 人，初中升学率从 2016 年的 27.2% 提升到 2019 年的 90.9%。师资水平明显提升。现有一级教师职称101名、二级教师职称97名,三级教师职称61名、高级教师职称22名,过去的4年先后有106名教师荣获市级和区级"模范教师"荣誉称号。

二 做法

在县财政财力十分紧张的情况下,"勒紧裤腰带保教育"。4年间县本级财政累计投入资金2277余万元用于支持发展教育事业,并且每年拿出不少于50万元表彰教育战线涌现出的先进集体和先进个人,全力营造党以重教为先、政以兴教为本、师以从教为乐、民以助教为荣的良好教育生态;采取企业、个人自愿捐款等方式,设立"萨嘎县教育圆梦基金","以奖代补",旨在解决考入大学的建档立卡贫困家庭大学生在大学期间可能遇到的无力支付学费生活费等困难,让他们安心学业、后顾无忧,截至2019教育圆梦基金先后资助195名贫困大学生圆了大学梦,基金余额达72.51万元;积极争取对口援藏省市特别是吉林省四平市、白山市的支持帮助,四平市、白山市援藏工作队先后筹资904.86万元用于教育领域基础设施建设、帮扶走访慰问等。

（一）建好基础设施，努力改善办学条件

积极向上反映教育领域基础设施方面困难和需求，争取国家等投资2.25余亿元，全面改善学校基本办学条件。加快推进幼儿园建设步伐，完善县乡村三级学前教育公共服务网络，大力提高农牧区乡村幼儿园覆盖面，新建改扩建县乡村三级幼儿园28所，全力保障贫困家庭适龄儿童就近就便接受学前教育。全面改善薄弱学校办学条件，积极实施"全面改薄"工程，聚焦薄弱学校、覆盖贫困地区，坚持勤俭办学、满足基本需要，相继实施8所学校的薄弱学校改造和校舍维修改造项目，尤其是投资4900万元新建县中学，义务教育薄弱学校办学条件显著改善。

（二）落实惠民政策，减轻贫困家庭负担

西藏自治区成立以来，特别是20世纪80年代以来，在党中央的关心关怀下，实行了一系列特殊的教育惠民举措，自1985年起实行义务教育包吃、包住、包基本学习费用的"三包"政策，2011年起实行学前至高中教育阶段的15年免费教育政策，目前全区已先后出台实施了40余项学生资助政策，包含了覆盖学前教育、义务教育、普通高中教育、中职教育、高等教育、研究生教育等全学段的资助政策以及综合类学生资助政策。2016年以来，萨嘎县累计落实15年免费教育资金403.49万元、教育

"三包"资金3578.73万元、各类学生资助资金35.92万元、营养改善计划资金616.8万元,受益学生达9029人次,令众多的寒门学子有了改变自己人生的机会。特别是36名贫困大学生享受到建档立卡贫困家庭子女接受高等教育实施免费教育补助政策,让他们走出了大山、改变了命运。同时,残疾人受教育机会不断扩大,进城务工人员随迁子女就学保障和农村留守儿童关爱服务体系进一步完善,促进教育公平取得实实在在的成效。

（三）发展职业教育,阻断贫困代际传递

精准开展"两后生"（建档立卡贫困家庭中初中毕业后没有考上高中、高中毕业后没有考上大学的新增劳动力）职业教育,保障"两后生"继续教育。制订培训计划、搭建培训平台,并在师资力量、培训场所、实验实训等方面提供全方位服务保障,确保42名贫困家庭"两后生"中等职业技术教育和职业技能培训全覆盖,让贫困家庭子女有技能、能就业,实现一人长期就业、全家稳定脱贫。与此同时,坚定不移推行国家通用语言文字教育,确保少数民族学生基本掌握和使用国家通用语言文字,为今后升学和就业打下语言基础,阻断贫困代际传递。

三 启示

打好打赢教育脱贫攻坚战加强党的领导是根本。没有中国共产党的领导，没有习近平总书记和党中央的亲切关怀，萨嘎县绝不会取得这么大的发展成就。

打好打赢教育脱贫攻坚战用好扶贫资金是关键。习近平主席指出，"扶贫资金是贫困群众的'救命钱'，一分一厘都不能乱花，更容不得动手脚、玩猫腻！"对于教育脱贫而言，资金投入是关键，而要确保每一分每一厘钱都发挥出最大应有作用更是教育脱贫的重中之重。要优化教育脱贫资金支出结构，提高资助精准度，确保精准资助、应助尽助。

打好打赢教育脱贫攻坚战锻造教师队伍是重点。要不断推进师德师风建设，把师德师风作为评价教师素质的第一标准，健全师德建设长效机制，提升教师师德涵养，以高尚师德引领学生成长成才。要不断提升教师地位待遇，充分保障教师待遇权益，完善教师从教保障激励机制，加大倾斜支持力度，逐步改善工作和生活条件，不断提高教师政治地位、社会地位、职业地位，让广大教师安心从教、热心从教、舒心从教、静心从教。

搭建有效管理模式
筑牢控辍保学底线

一 情况

陕西省延安市地处黄土高原丘陵沟壑区，总面积3.7万平方公里，辖1市2区10县，总人口226万。2019年5月7日，陕西省人民政府对外郑重发布：延安市延川、宜川两县退出贫困县序列。这标志着革命圣地延安的延川、延长、宜川3个贫困县全部"摘帽"，全市693个贫困村、19.52万贫困人口脱贫退出，至此，革命圣地延安告别绝对贫困、实现整体脱贫。

二 做法

（一）落实精准方略，重点施策控辍

制定出台《关于健全落实教育扶贫长效机制的

实施方案》《关于进一步做好义务教育控辍保学有关工作的通知》《关于进一步做好全市特殊教育工作的通知》等一系列政策文件，从政策、责任、机制、制度、措施和保障等方面进行了具体部署和细化要求。各县区围绕"三避免、一落实"（避免因贫、厌学、上学远上学难，全面落实政府及社会各方控辍保学责任）工作要求，结合实际因地施策，精准制定"一县一案"和一系列切实可行的配套制度和规范文件，从责任落实到制度保障做到有章可循，有效提升了控辍保学工作的效果。

（二）加强双线管理，夯实责任控辍

严格实施"一县一案"，建立健全"政府一线按照户籍和教育一线按照学籍，纵向排查分层建档，横向比对补漏监管"的双线目标管理机制，实行"责任+清单+追究"制，织密织牢"责任网"。强化责任考核和督学督导，将控辍保学工作纳入市人民政府教育督导委员会对各县区的专项督导内容，工作动态定期通报县区政府。建立市级联县包抓机制，成立14个以局领导及市直有关单位领导为组长、局机关各科室和主要负责同志组成的包联工作组，定期进校到班、进村入户进行随机走访问询和数据核查比对，实行"一县一单一督办"，形成强有力的管控体系。

（三）严格三单制度，监测排查控辍

一是执行三个清单。月报清单，实行"在校学生、建档立卡贫困学生、留守儿童、送教上门学生"市、县、校三级月报清单；台账清单，县、镇、村、校按学期据实建立三类（户籍、学籍、建档立卡贫困户）四级适龄儿童少年就读台账清单，实行台账式精准动态管理；告知清单，建立市、县、镇、村、校互通告知、合力劝返机制，根据需要及时发放告知单（延缓入学通知书、辍学情况报告书、限期返校通知书），确保有效监控和及时劝返。二是加强动态监测。构建三类重点监测和三级同步监测体系，重点监测两个地区（农村地区和流动人口相对集中的地区）、一个学段（初中学段）、五类群体（建档立卡贫困户学生、农村留守儿童少年、进城务工人员随迁子女、学习困难学生和孤残少年儿童），实行市、县、校三级同步动态监测、全程追踪和预警报告机制，强化学籍异动管控，严格执行"日考勤、周统计、月报告"制度，形成动态监测工作常态。三是强化源头排查。建立联查联控机制，每学期集中组织开展"户籍、学籍、在校情况"三排查工作，采取"户籍、学籍、扶贫"系统数据比对和实地入户双线排查，以建档立卡学生为重点，建立"市级脱贫攻坚大数据平台"建档立卡学生动态预警监测模块，"双线双比对双跟踪"

破解监管难点盲点,确保无缝对接、核查精准。

(四) 靶向四个环节,落实机制控辍

一是抓好招生管理。按照属地管理、免试就近入学原则,提前宣传告知,严格计划管控,统一按程序、分批次做好义务教育招生入学工作,全市5万余名进城务工人员随迁子女享受同等入学权利,确保全员入学、机会均等。二是强化异地监管。建立了"市级统筹协调、县区政府牵头、教育查学籍、公安查户籍、镇村查去向、其他部门配合举证"的异地追踪监管举证和定期回访机制,部分县区创新实行"一校包一镇""教办分片负责"和"责任督学落户包抓"等办法,确保有效监控和及时劝返。三是扎实开展帮扶。全市实现了1.99万名教师与2.47万名学生牵手帮扶"志智双扶"全覆盖,坚持劝保并重和教学管理双发力,把"贫困、学困和劝返复学"学生作为控辍保学重点监管对象,实行一生一策、分类安置和全过程帮扶机制,做到"关心学习、关照生活、关怀成长"。四是强化特教保障。13个县区均成立了残疾人教育专家委员会,规范适龄残疾儿童少年排查登记、评估认定和分类安置工作。按照"一生一案、医教结合"原则为667名不能正常到校就读的重度残疾儿童提供了送教上门服务。市政府支持改扩建市特殊教育学校,特设自闭症康复训练班,招录专业教师

21 名，特招 36 名自闭症儿童，有效解决了全市自闭症儿童教育保障问题。

（五）厚植保障基础，推进质量控辍

一是改善条件强基础。覆盖贫困县区、聚焦薄弱学校，大力实施"精准改造"，实施义务教育薄弱环节改善与能力提升工程，按需求保留村小学和教学点，按标准改善办学条件。2016 年以来累计投入 65.8 亿元，新建改扩建中小学、幼儿园 484 所，实现了"宽带网络校校通、优质资源班班通"，全市整体通过"国家义务教育基本均衡县评估认定"和"双高双普"验收。二是固本培元强师资。落实乡村教师支持计划，通过特岗计划 4 年累计补充教师 3793 名，各级各类培训项目向农村薄弱学校教师倾斜，近两年评选乡村教学能手 95 名，设立"延安优秀乡村教师奖励慈善信托基金"。2019 年秋季起将乡村教师补助提高到每月 500—800 元标准，实行差别化乡村教师补助，义务教育学校教师校长交流轮岗规范化和常态化，城乡、校际师资水平差距不断缩小。三是培优扶弱强质量。推进"核心校＋X（薄弱校、乡村校、新建校）"集团化办学，全市组建 37 个校际联盟、纳入学校 184 所，并借助"苏陕、粤陕"合作机遇，与北京、广东、江苏等 10 余省份、61 所知名学校全方位合作，清华附中、江苏中学等名校落户我市，形成了以强扶弱、以城带乡的发展格局。四是精准惠民促公平。执行"宣传、申请、认定、公示、审批、发放、告知"七步工作法，建立了"学籍、扶贫、资助"系统比对复核和按月排查补录的"双保险"工作机制，实行建档立卡学生"户籍、学籍"精准资助双台账管理，确保各项助学政策不漏项不漏人。2016年以来，义务教育"两免一补"投入资金12.97亿元、"一补"受助学生60.72万人次，13个县区386所中小学实现营养改善计划全覆盖，投入营养改善计划资金8.04亿元、受益学生100.05万人次。

三 启示

延安市坚持把控辍保学作为"义务教育有保障"的关键举措和底线任务，积极推进有效管理模式，优化保障基础，精准发力攻坚，确保工作成效。通过"双线三单四强化"管理，进一步夯实了政府教育双线责任，"户籍、学籍双台账"动态管理确保责任具体化、任务清单化、措施实效化，达到对学生在学状态和资助落实的有效监管，形成了上下联动、通力合作的联控联保长效工作机制，进一步巩固提升了教育扶贫的精准性和实效性，全市义务教育阶段除因身体原因不具备学习条件外，实现了"应入尽入，有学上、上得起学"。

79

精准培训创品牌　劳务革新助扶贫

一　情况

山西省大同市天镇县是国家扶贫开发重点县,属于燕山—太行山集中连片特困区,是山西省十个深度贫困县之一。作为山区农业县,受自然条件所限,无霜期短,老百姓一年有近半年闲在家里,在家闲散的妇女劳动力更是多达约2.6万人,劳务输出空间巨大。贫困人口中,初中以下文化程度占到85%,由于技能不足,外出务工缺乏竞争力,收入偏低。贫穷导致天镇县信息相对闭塞,观念相对落后。如何让祖祖辈辈生活在大山中的农村妇女走出家门从事家政服务,靠自己的力量摆脱贫困,成了当地脱贫攻坚的一道坎。

天镇县以培训农村妇女从事家政服务为切入

点,大力发展劳务经济,成功打造了"天镇保姆"这块金字招牌。天镇县借助邻近京、冀、蒙、晋四省(区)地缘优势,已向北京、天津、太原、包头、大同等地输出家政服务人员12105人,人均年收入4.2万元以上,每年为全县带回劳务收入1亿元。如今,"天镇保姆"已成为一个特色品牌,一种经济现象,一项脱贫致富的主导产业。天镇县将继续拓展打造保姆、保安、保洁、护工"三保一护"特色劳务输出品牌,让特色劳务经济这条精准扶贫之路拓得更宽、走得更长。

二 做法

(一)"扶志"开路,转变观念出大山

天镇县群众乡土观念浓厚,外出打工,一怕工资没保障、二怕遇到危险、三怕到大城市难以沟通。当地每成功输出一名妇女,需要过"五关",即自身观念关、丈夫面子关、子女理解关、村干部思想关、村民舆论关。为解开思想上的疙瘩,县扶贫办和阳光职校负责人,带领工作组,钻山沟、入农户,坐在炕头上不厌其烦地给贫困群众算增收账,帮助和引导广大贫困妇女破除守旧观念,增强创业就业意识。

逯家湾镇李家寨村48岁妇女杨素芳,丈夫有

病不能干重活，家境贫寒，儿子到了成家年龄也没个提亲的。2012 年 11 月，杨素芳成为天镇县第一批 19 名进京当保姆的农村妇女之一，当初离家时，丈夫眼泪涟涟，夫妻难舍难分。进京后她照顾了一位老人，年收入 4 万多元。如今，她已经为家里挣回 13 万元，帮儿子在县城买了新房，娶了媳妇，全家日子过得滋润幸福。每次回家团圆时，丈夫总会高高兴兴做几道可口的菜，感谢她为一家人脱贫付出的辛劳。

（二）"扶智"破题，提高技能保就业

"扶智"即智力扶贫、技能扶贫。俗话说，"要富口袋先富脑袋"，掌握技能，是这些普通农村妇女走出大山，进入城市的金钥匙。几年来，在天镇县委、县政府的大力支持下，发挥人社部对口支援的职能优势，大力实施技能扶贫。通过认真扎实的培训，使这些文化水平不高，原来只会侍弄庄稼、锅灶的农村妇女从小到坐姿、站姿、沏茶倒水、迎来送往等礼仪细节，大到菜肴烹饪、家居保洁、家电操作使用以及老、病、幼、孕护理专业知识都有了脱胎换骨的变化和提高，既充实了脑袋和技能，又增强了信心和脱贫致富的力量。

（三）"扶德"立信，瞄准市场树品牌

针对家政工作的特殊性，天镇县在保姆培训过

程中注重"扶德"教育，即结合弘扬社会主义核心价值观，把孝德文化引入培训课堂，向家政从业人员讲授德孝、勤勉的理念，深深根植于务工妇女的心里，成为品牌服务的内涵，进一步凸显天镇农村妇女特有的"淳朴、诚实、勤劳"本质特色，把天镇家政真正打造成为人文家政、诚信家政、德孝家政的特色家政品牌。如今，天镇保姆淳朴善良、踏实吃苦、勤劳肯干的品质，得到了客户家庭的认可和赞扬，成为了天镇保姆的一大特质。近年来，天镇县积极引进大企业、大单位战略合作，公司化管理、企业化运营、市场化运作、集团化办学方向，与北京商鲲教育控股集团合作，成立了五星家政的天镇保姆管理学院，在天镇、大同、太原开设了三大培训基地，面向全国招保姆，进一步做大做强了"天镇保姆"品牌。

（四）"服务"打底，当好保姆的保姆

这是"天镇保姆"形成规模、叫响品牌的基石。天镇县实施"动员、培训、输送、签约、服务、回访"全方位服务，切实维护务工妇女的合法权益，真正做到全面宣传当好介绍人，就业服务当好保证人，亲自输送当好保护人，跟踪服务当好"娘家人"。通过走访调研、座谈慰问等"保姆式"服务，详细掌握务工人员的思想状况、就业环境、工资待遇等，帮助她们解决工作中遇到的困难和问题。每年春节给每位在北京从事家政服务的天镇妇女发送慰问短信，到北京与她们一起聚餐过年，真正为保姆当好"保姆"。

三 启示

（一）要激发内因和外因两个动力，既注重外力帮扶，又注重激发内生动力

群众主体是脱贫攻坚的内因，社会帮扶是脱贫攻坚的外因，两者同频共振才能形成更大的合力。要"授人以渔"，彻底打破农村群众根深蒂固的封闭思想和落后观念，引导贫困群众从"要我脱贫"自发转变为"我要脱贫"，通过自身努力"拔穷根"。

（二）要发挥政府和市场两个作用，既强调政府引导，又注重依靠市场力量

"有形的手"不能取代"无形的手"。政府不能简单地搞机械式、完成任务式的扶贫，必须正确处理与市场的关系，只鼓励、不强迫，只引导、不包办，让市场这只看不见的手发挥作用。如今家政服务市场需求多元化，对服务人才服务水平要求已今非昔比，而"天镇保姆"这个劳务品牌之所以能叫响，就在于瞄准市场需求，因势而动、顺势而为、乘势而上。

（三）要立足宏观和微观两个层面，既注重点上攻坚，又注重面上巩固

区域开发主要是解决贫困地区共性的难题，从"面上"整体改变贫困面貌。精准扶贫，强调到村到户到人，通过"点对点"的精准"滴灌"，解决特殊困难群众的具体问题。只有把两者结合起来，互为补充、相互促进，面上抓整体推进，点上抓精准扶贫，才能形成双轮驱动的协同效应。

弘扬优秀传统文化
消除乡村精神贫困

一 情况

山东曲阜市辖8镇、4街道,2017年底共有农村人口25.2万人,建档立卡贫困户7847户15593人。在实施脱贫攻坚过程中,曲阜市发现扶贫领域存在的一些问题亟须破解:一些贫困群众"靠着墙根晒太阳,等着别人送小康"的"等靠要"思想严重;有的贫困群众市场意识淡薄,不愿接受新事物,有的贫困群众对扶贫政策认识不足、进取精神不强;一些贫困家庭缺乏尊老敬老、孝悌和睦的孝道家风,缺少邻里互助、守信践诺的诚信家风,欠缺重视教育、尊崇知识的重教家风。同时,有的贫困村对一些陈规陋习不愿管、不会管,引导教育效果不明显。针对这些问题,曲阜市认为"拔穷根"就要"富精神",提出了用优秀传统文化来教育引导贫困群众、感化激励贫困群众的工作思路。

曲阜是孔子的故乡,"儒家文化"厚重,是东方文化重要发祥地。近年来,曲阜市依托优秀传统文化资源禀赋,发挥道德文化引领作用,创新实施精神扶贫模式,通过弘扬传统美德、树立文明新风,推进了扶贫扶志相结合,引导教育贫困人口立德、立志,树立向上、向善的思想观念,激发贫困群众内生脱贫动力,实现物质精神"双脱贫"。

二 做法

(一)搭建"精神扶贫"平台

为做好优秀传统文化与脱贫攻坚相融合的"大文章",曲阜市在457个村庄每村设立1所孔子学堂,为每村配备一名讲师,在传播儒家文化的基础上进行拓展延伸,向贫困群众宣传习近平治国理政思想、国家扶贫政策、培训致富技能,传播弘扬贫困群众依靠自身力量实现脱贫致富的正能量,形成积极向善的社会氛围。要求各村居以文化扶贫引领精神扶贫,以精神扶贫引领脱贫攻坚。建立巡回宣讲制度,开设"治懒扶志·勤劳致富"讲学内容,培训致富技能,每季度儒学讲师在"孔子学堂"开展1—2次培训授课活动。

（二）创新宣讲模式吸引群众

针对一些村民受教育程度相对偏低的实际情况，曲阜市牢牢把握内容、队伍、形式三个关键，探索形成了三种宣讲模式：

在授课内容上采取"菜单化"。讲师根据群众"点单"情况，精心策划课程和内容，推出群众感兴趣的、参与性强的活动。既宣讲习近平治国理政思想、优秀传统文化、文明生活方式，又宣讲扶贫政策、法律法规、农技知识。

在授课队伍上采取"全员化"。根据授课内容，建立起习近平治国理政思想、形势政策、优秀传统文化、文明风尚、农技知识、法律法规等多个领域专业人才宣讲队伍。人员由业务能手和具备传习特长的社会各界人士组成，将宣讲人员分类、归档，建立了项目培训师资库，涉及28项技术技能共512人。

在授课形式上采取"鲜活化"。因地制宜灵活选择授课的地点，既在课堂集中授课，还在田间地头、居民院落等地灵活传授，实现了"群众在哪里，传授到哪里"。在授课时间上不固定，农忙时少举办，在农闲时多举办；通过家庭剧场等形式，将授课内容精心编排成群众喜闻乐见的文艺节目，变"单纯讲授"为"生动说唱"，让群众喜闻乐见、易于接受，真正起到教化育人的作用。

（三）丰富"精神扶贫"内涵

围绕着"以文化人"这一主题，曲阜市采取多种措施，重塑文明乡风、良好家风、淳朴民风。

搭建一个乡村大舞台。发动基层文化人才积极创作文艺作品，将国家政策、核心价值观、优秀传统文化等题材内容，编排创作成歌舞、小品、戏剧等形式，把国家的惠民政策，传递到千家万户，厚植文化根基，培育孝悌和睦家风，增加群众的获得感和幸福感。

设立一个善行义举公告榜。曲阜市注重传承"孝文化"，积极探索"孝心基金+村级互助"养老扶贫模式。建设村级互助养老院，安排贫困老人集中入住，实现离家不离村，相互有照应；村村建立"孝心基金"，通过社会爱心人士捐赠、本村村民募捐等方式筹集资金，每月给予60岁以上贫困老人100元以上的零花钱。各村设立了公告榜，对老人子女缴纳的赡养费进行公开公示。

提炼一部村规民约。完善民主管理、卫生管理等制度，约束群众行为，并把村规民约绘画上墙，通过这种方式对群众思想进行引导教育，内外共同发力，不断激发群众致富的信心和能力。

评挂一个文明户门牌。在曲阜市、镇、村，每年都要评选脱贫先进个人，用典型激励贫困群众脱贫的信心和决心。在北元疃村,年年推选"好媳妇好婆婆",现在村里又从各项工作里评选先进榜样,2017年评选5户"脱贫致富光荣户",2018年评选了3户"脱贫致富光荣户",用脱贫典型激励贫困群众脱贫的信心和决心。

成立一个扶贫理事会。成立扶贫理事会,充分发挥贫困群众在扶贫项目立项、建设、收益分配等实施过程中的主体作用,增强贫困群众的融入感、存在感,让他们树立起信心和干劲。目前,曲阜市建立各类扶贫理事会475个,会员3877个,其中贫困户代表1392名。

三 启示

改变贫困群众的"等靠要"思想,提升脱贫的内生动力,既是扶贫工作的薄弱环节,也是最大的难点,必须坚持不懈开展有针对性的工作。

一是"志智双扶"。扶志就是扶思想、扶观念、扶信心,帮助贫困群众树立起摆脱困境的斗志和勇气;扶智就是扶知识、扶技术、扶思路,帮助和指导贫困群众着力提升脱贫致富的综合素质。要从根本上摆脱贫困,必须实施"志智双扶",才能激发活力,形成合力,从根本上铲除滋生贫穷的土壤。

二是提升宣讲力。宣讲培训是帮助贫困群众脱贫最直接最有效的途径。宣讲一定要因人而异、按需配菜。在开展宣讲前首先要进行调研,充分了解贫困群众所思所盼、所需所求。要本着"需要什么,宣讲什么;缺什么,补什么"的原则,根据贫困群众的实际需求量身定制、量体裁衣,真正发挥宣讲的功效。

三是讲学做促相结合。宣讲要真正走进贫困群众内心,准确把握他们的思想动态,把脉问诊、对症下药,大力开展文化扶贫,潜移默化地改变贫困群众一些不良习俗和落后观念。如用喜剧等当地群众喜闻乐见、易于接受和参与的艺术形式,调动贫困群众努力上进、主动脱贫、勤劳致富的积极性和主动性。

培养产业工人 助力稳定脱贫

一 情况

湖南省资兴市有农村人口25.5万人,其中贫困人口6489户1.69万人。脱贫攻坚六年以来,全市已培训贫困劳动力5229人次,其中职业技能1555人、实用技术3405人,带动5000多个贫困家庭通过稳定就业和发展产业年均增收3万元以上。

二 做法

资兴市把职业技能培训与智力扶贫、技术扶贫、产业扶贫紧密结合起来,在全国率先开展"一户一产业工人"培养工程,为全市每户家庭特别是贫困家庭免费培养1名掌握1—2项就业技能的产业工人，实现"培养一人、就业一人、致富一家、带动一方"。"一户一产业工人"培养工程实施以来，全市共举办各类实用技术培训 1108 期，培训人数 54197 人，实现新增就业 22321 人。

（一）强化管理机制

成立资兴市职业教育领导小组，定期召开领导小组及成员单位负责人联席会议。出台《资兴市农村贫困劳动力职业培训三年行动计划》，从培训计划编制方面进行改革，变过去的单部门分类数字计划为现在的多部门共同办班计划，实现了同一培训对象的同一培训内容由相关部门共同培训。实现统一组织协调、统一培训基地、统一培训计划、统一劳务信息、统一资金管理、统一考核考评，切实打破贫困户培训工作"瓶颈"。

（二）完善推进机制

整合教育、人社、农业、移民等涉及职业培训的 15 个部门的培训资源、项目、经费。整合原有职教资源成立了市职教中心，明确市职业中专在全市职业教育与"一户一产业工人"培训中的主体地位，形成了贫困户职业培养工作全市一盘棋格局。同时，广揽各类专业人才，特聘 48 位专家学者组成专家讲师团，深入田间地头开展培训工程，解决贫困户培训师资短缺问题。

(三) 规范投入机制

先后投入 3200 万元改善了市职业教育中心的教学条件。制定《培训资金整合原则》和《培训经费使用操作流程》，按照生源共享、经费互相配套的原则，全面整合部门培训资金和亚洲开发银行贷款资金，同时每年财政预算安排专项经费用于职业教育培训，确保了符合条件参加农村实用技术培训人员的所有费用和部分职业技能培训费全免，贫困户参加的所有培训费用全免，部分中高级职业技能培训补贴按标准加倍。对参加培训贫困户实行小额担保贷款和小额担保贷款贴息，扶持公共就业服务、扶持创业带动就业、扶持高技能人才培养等，全方位构建一整套"技能培训—技能鉴定—扶持创业—推荐就业"的政策保障体系。

(四) 抓好机制落地

1. "因人培训"与"因需培训"相结合。坚持"群众需要什么，就培训什么""市场需要什么，就培训什么"。建立培训信息收集与定期上报制度，投入 70 多万元建立了市、乡、企业三级劳动力资源信息库，驻村工作队、乡村干部、帮扶联系干部进村入户，逐村、逐户、逐项予以登记，全面掌握劳动力资源的真实情况，根据需求分门别类编排学历教育、职业技能、实用技术培训计划。在家发展产业的贫困户，开展种养殖技术培训，如清江镇贫困户何茂仁参加了"一户一产业工人"柑橘栽培与管理培训班后，结合所学知识发展规模化柑橘种植，形势喜人。想外出务工的贫困户，开设电工、焊工、电子商务、厨师、特种设备操作等市场需求大、就业形势好的培训工种。

2. "课堂式"与"田间式"培训相结合。实施"定产业、定对象、定专家、定责任、定方式、定督查、定补贴"的全过程培训，根据贫困户生产生活特点，采取"田间式"培训为主、"课堂式"培训为辅的培训方式，努力提升培训实效。采取多种形式，在乡村举办夜校和现场培训班，把培训课堂搬到生产车间，搬到田间地头，把"生产线"当作"教科书"。大力实施农村劳动力"阳光工程"培训、农业科技扶贫培训等项目，开展"技能大比武"活动，提升农民实际操作能力。如省级贫困村清江镇远和村柑橘产业发展较晚，缺乏种植技术，省级专家团队签约进村开展培训，为村民提供技术服务，村民的种植管理技术得到了很大的提高。

3. "免费培训"与"跟踪就业"相结合。贫困劳动力参加培训实行"免学费、免生活费、免住宿费"，对参加电工、中式烹调师培训的学员发放专用工具一套。人社、就业和扶贫部门牵头每年初认真摸底现有贫困劳动力情况和各地企业用工需求情况，不定期举办用工招聘会等，为贫困劳动力免费进行岗位推介和人岗适配服务，强力助推参训拿证贫困学员能快速稳定上岗就业，并为外出就业人员提供交通补助、点对点集中包车等服务。就业服务部门定期对就业技能参培对象就业情况进行跟踪回访，及时了解不稳定就业贫困劳动力是否有新的培训和就业需求，继续努力为其提供免费培训和就业帮扶，直至贫困户稳岗就业为止。

通过上述努力，资兴市探索出了一条"技能培训+创业就业"的致富新路子，既带动了贫困户致富，又解决了企业"技工荒"。通过技能培训，实现了贫困劳动力由"苦力型"向"智力型""技能型"转变，也缓解了园区企业"用工荒"。探索出了一条"技能培训+产业发展"的脱贫新路子，贫困户既富了"脑袋"，更富了"口袋"。通过开展新型职业农民、农村实用技术培训，促进了农村产业结构调整优化，全面增强广大贫困户脱贫致富的内生动力。如黄草镇金水村受柑橘病患影响改种红桃后，因缺乏管理技术，产量不稳定，聘请专家进行技术培训后，为村民找出低产原因，及时提出解决措施，确保了脱贫产业稳定发展。三都镇贫困户谢朝晖参加家禽养殖培训班学习之后，通过所学知识发展养殖产业顺利脱贫，在自己的养鸡场办了一个"露天学校"，免费授课，让更多村民在这里学到养鸡的知识和技术,带动了周边村民一起致富。探索出了一条"技能培训+乡村振兴"的小康新路子,既带动了乡村文明,更推动了全面小康。随着"一户一产业工人"培养工程的深入推进,一大批与产业发展相匹配的产业工人培养起来,为资兴招商引资提升了区域竞争力,大数据、新能源、原材料、电子信息、食品加工等一批知名企业纷纷落户资兴。之前长年漂泊异乡的务工人员,看到家乡的巨大变化,纷纷回乡就业、创业,参与美丽乡村建设,提升了乡村文明,推动了乡村振兴。

三 启示

(一)坚持授人以渔,扶贫先扶智是摆脱贫困的根本路径

精准扶贫工作要坚持"扶贫先扶智","输血"变"造血",让贫困户掌握一技之长,激发贫困户的内生动力。

(二)坚持政策支持,持续投入是劳动力培训的必要条件

资兴市"一户一产业工人"培训之所以长盛不衰,不断升级创新,与市委、市政府的强力支持和持续投入是密不可分的。

(三)坚持提升实效,因需培训是激发参与积极性的关键

要坚持按需定培、提升实效,让贫困户学以致用,通过技能培训马上能找到工作稳定就业,从而激发参加培训的积极性。

电视夜校送服务　脱贫致富有新途

一　情况

2016年海南全省建档立卡贫困户10.6万户，贫困人口47.7万人，脱贫任务艰巨。有些贫困户认识不到位，个别地方少数群众还以争当贫困户为荣，出现不愿脱贫和脱贫户申请返贫的现象，缺乏诚信感恩，"等靠要"思想严重，有些贫困户虽有较强的脱贫愿望，但缺乏对扶贫政策的了解，缺乏技术与资金的支持，脱贫能力不强。

针对上述问题，海南省委、省政府决定，整合广播电视、远程教育站点、互联网、移动终端等各种资源，发挥媒体快捷、直观、群众喜闻乐见、教育面广等传播优势，开办电视夜校。

电视夜校采用"电视＋夜校＋服务热线"的模

式。即：每周一晚上八点至九点由海南电视台播出一个专题，专题学习之后由帮扶干部组织讨论或延续学习半小时以上，一些技术性的问题由夜校组织专家到田间地头解决，开通服务热线，解决群众关切的问题。从 2016 年 11 月 18 日至 2020 年 2 月，共播出专题 172 个，累计 9976 万人次收看，全省 900 多万人口中，有 502 万人参与学习；热线共接到群众来电来信有效工单 65620 个，办结 47634 个，有效办结率达 99.91%；开展线下培训 42 次，培训人员 2100 多人次；开展夜校爱心集市、送课下乡、送义诊等"电视夜校+"活动共 105 次。

电视夜校进一步增强了贫困群众脱贫致富的信心，激励了脱贫致富的勇气，拓宽了贫困群众脱贫致富的渠道和平台，提升了脱贫致富的能力。电视夜校传授实用技术、介绍销售信息、就业需求，还在部分地区开展线下贫困群众务工招聘专场、开展贫困户产品线下义卖活动。通过服务热线数据分析和实地走访了解群众的需求，给贫困群众提供菜单式帮助，精准帮扶到家到人。缺资金拨打热线小额信贷员上门服务；缺技术拨打热线专家立赴现场解决难题。

二 做法

(一) 省领导高位推动,相关部门密切配合

省委省政府成立了电视夜校工作推进小组,由省领导任组长,省委、省政府有关职能部门为成员单位,海南广播电视大学和海南广播电视总台为承办单位。在海南广播电视大学设立电视夜校办公室,负责日常工作,负责选题、选教师、教学设计与田间地头的技术培训等工作;省广播电视总台负责专题节目;省农业厅、教育厅等单位参与授课和接听热线咨询电话和工单办理。

(二) "五级书记"齐抓,分级负责履职尽责

从省到村都由党组织负责人担纲,使电视夜校有了强大的"发动机"。省委组织负责电视夜校的组织领导和监督考核指导工作,各市县(区)将"夜校办"设在组织部,乡镇党委书记或副书记担任夜校分校校长,村党支部书记或驻村第一书记担任夜校教学班负责人。市县乡镇主要领导带头到教学点听课与讨论,基层干部们以多种多样的课后活动帮助贫困户巩固学习成果。

(三) 教师教学有水平,教学内容有实效

电视夜校的教师主要有五类,主讲五类专题,

即：领导干部讲政策，院校专家讲产业，农科人员讲技术，帮扶干部讲办法，致富典型讲经验。电视夜校专家团队大都具有高级职称，有策划能力，熟悉海南农村生活、熟悉成人教育与技术培训。紧紧围绕教学宗旨和受众需求，突出"身边人讲身边事""身边的技术人员解决实际问题"，确保其学有所悟、学有所获，有效解决了"看不懂"问题；专题结束后，教学点的负责人结合脱贫攻坚工作安排和当地实际，有针对性地选择讨论主题，用当地语言解读和引导贫困户积极参与讨论。

（四）管理监督有方法，教学质量有保障

设立脱贫致富服务热线，帮助群众解决实际问题，为农民群众搭起直通政府职能部门的桥梁。"钉钉管理系统"对教学工作进行实时管理。省委督查室负责全省电视夜校的督查工作，各市县成立巡回督查组对农村教学班开展督查。对工作不到位的相关责任人进行严厉通报问责，对考核成绩好的单位、个人进行表彰。

（五）线上教学有创新，线下帮扶出实招

电视夜校采用"线上＋线下"教学方法，除了做好电视教学专题外，还针对需要，开展田间地头的实用技术培训。同时还走进市县、乡村，开展"夜校帮您找工作""夜校帮您卖产品""夜校帮您找媳妇""夜校为您送健康"等活动。

三 启示

(一) 创新基层治理，激发脱贫热情

以行"率"众，率先垂范，引导干部群众提高思想认识，从政治责任、立场感情、人生价值上高度重视激发内生动力，励志教育感化和武装群众思想，有的放矢地治理农村、治理乡村、组织农民，让老百姓真正从思想上脱了贫，敢于追梦，敢于圆梦。

(二) 探索更新机制，提高农民素质

电视夜校的工作机制，是一种从教化到自觉习惯的常态化学习，一系列精准、科学、高效的教育和管理措施，是提升农民素质的好帮手，帮助农民致富，开启了新时代农民教育的新探索。

职业教育助力扶贫 农村女孩走出贫困

一 情况

2009年，海南省经济技术学校对海南贫困家庭子女就读职业教育意愿进行了一次调研，发现60%左右的农村贫困家庭没有能力，也没有意愿送初中毕业后的女孩继续上学。这些女孩只能外出打工补贴家用，但她们没有接受过职业教育，无技术技能，只能从事繁重、技术含量低的工作岗位，收入微薄，工作不稳定，工作不久回到农村，成为新的年轻的贫困人员。

对此，学校联合海南省妇联探索职教励志扶贫模式，创办扶贫巾帼励志中专班。扶贫巾帼励志中专班的创办，使当年贫困失学女孩今日职场绚丽绽放。2009年7月面向全省贫困家庭女孩招生,让贫困家庭女孩免费学技术、立志向,毕业后安排技术性岗位优质优酬就业,帮助家庭脱贫致富,从根本上阻止贫困的代际传递。

至2019年9月,扶贫巾帼励志中专班招收了10503人,已毕业八届7914人,就业7802人,就业率98.6%,实现了办学预期目标。

扶贫巾帼励志中专班办学模式在海南全省33所中职学校得到推广,至2019年11月30日,全省扶贫励志班级278个,在校学生11811人,在全省农村形成了"读职校、学技术、好脱贫"的良好氛围。创办扶贫巾帼励志中专班,也为全国贫困地区提供了一条职业教育扶贫可借鉴的经验。广西、西藏、新疆、贵州和内蒙古等省份,参照此模式创办了扶贫巾帼励志中专班,有力地推动了当地职教扶贫工作的深入、有效开展。

二 做法

海南省经济技术学校制定了扶贫巾帼励志中专班第一个十年(2009年至2018年)计划目标(用10年时间培养1万名扶贫巾帼励志中专班学生,带动1万户家庭脱贫致富)和第二个十年(2019年至2028年)计划。海南省扶贫办将扶贫巾帼励志中专班学生纳入雨露计划给予资助，并与海南省教育厅、海南省妇联为学校做好扶贫巾帼励志中专班的招生和培养工作提供有力指导和政策保障。

（一）让学生学得好

学校围绕海南"十三五"规划和建设自贸港的战略任务开设契合海南经济社会发展需求的旅游类、现代服务类和高新技术类的专业，培养市场需要的初、中级技术技能人才。学校打造高素质的教师队伍，合理设置课程、制订教育教学计划，帮助贫困学生找准定位，掌握一技之长。

（二）让学生留得住

学校实施国家资助、地方政府资助、社会资助、校企合作资助、校方资助和造血式资助，织好六张资助网，构建完备的资助体系，免除学生的后顾之忧。成立学生励志党支部和励志教育辅导团，用党建引领励志教育，聘请近50名励志校内外兼职教育辅导教师，学校还聘请励志教育专家、法治专家、优秀校友每年到校举办励志教育讲座、经验分享会等，让励志教育常态化。设立心理咨询室为学生解决成长过程中遇到的心理问题，培养良好的心理素质。

（三）让学生出得去

学校开设联合国国际劳工组织开发的"创办你

的企业"（SYB）创业培训班，建设中西餐烹饪、康养、平面设计等 6 个创业体验店，帮助学生打实创业理论基础和打造创业实践平台；组建了"一校百企"合作联盟，每年各企业为贫困学生提供 3000 多个工作岗位，实施精准面试、推荐，保证人人有岗位；搭建校企合作平台，为学生提供寒暑假企业兼职机会等方式，将大批来自农村贫困家庭的女生，培养成了家庭中的顶梁柱，单位中的佼佼者，职业生涯发展更具竞争力。

三　启示

（一）关注群体需求，转移农村富余劳动力

贫困女生作为一个特定区域内的性别群体，有着共性的、整体性的利益和需求。学校以"扶贫巾帼励志中专班"为载体，立足于海南自贸港建设，大力培养"有文化、懂技术、会经营"的新型贫困农村妇女，有助于加快贫困女生向非农产业转移。

（二）强化技能培训，提高贫困女生竞争力

面向创业贫困女生，大力开展创业知识培训，提升创业发展能力；面向农村转移就业贫困女生，大力开展非农技能培训，促进贫困女生转移就业；面向农村生产一线贫困女生，大力开展种养加实用技术技能培训，增强贫困女生发展现代农业的本

领。让广大贫困女生完成培训后,在种植、养殖、加工等各个领域大显身手,成为促进农村经济发展的一支生力军。

(三)注重典型培养,激励贫困女生进取心

在扶贫开发的大潮中,培育和树立先进典型,及时发现、培养、宣传在新农村建设中带动贫困女生增收致富、弘扬文明新风、保护生态环境等方面的贫困女生先进典型,激励和带动更多的贫困农村妇女转变传统的生产生活方式和价值观念,改善生活条件,激发她们更大的参与热情。

84

"组团式"教育援藏 提升边疆教育水平

一 情况

自1994年中央第三次西藏工作座谈会上作出"对口援藏"重大战略决策起,20多年来北京市教育援藏工作一直坚持不断线。为了提升教育援藏水平,通过不断摸索教育援藏模式,2014年北京市开始"组团式"教育援藏模式,共对口支援拉萨北京实验中学、拉萨北京中学、拉萨市第一中等职业技术学校、拉萨市第一小学、拉萨市实验小学5所学校,覆盖了小学、中学、职业学校等各学段。

"十三五"期间,北京市计划投入基建类教育援藏资金共计2.71亿元,截至目前已经投入资金近2亿元。2019年北京教育类援藏项目共12个,总投资额1094.9万元。其中基础建设项目3个共投入280.8万元，人才和智力援藏项目5个共投入530万元，交流交往交融项目4个共投入284.1万元。

二 做法

（一）专注组团援藏，教育质量显著提升

2014年秋季，北京市率先以成建制教育援藏模式，向拉萨北京实验中学选派了第一批50名援藏教师，开创了"组团式"教育援藏的先河，得到了中央、自治区和教育部的充分肯定。累计选派援藏教师三批215人次，2019年7月开始的新一轮的受援学校达到5所。受援学校涵盖除高等教育外的所有学段。从北京市西城、海淀、丰台等区精选北京知名中小学业务骨干和管理团队。一区对接一校、精选精英骨干的模式已然形成惯例。在教育援藏工作的帮助下，拉萨教育事业发展有了显著提升，兼职教研员机制逐步完善，学科教研工作渐成体系，拉萨北京实验中学2019年通过自治区"普通高中示范校"验收，成为自治区级重点高中；拉萨北京中学在2017年接受组团援藏后，连续两年高考指标攀升；拉萨市实验小学和拉萨市第一小学援藏团队全体被聘为城关区兼职教研员；拉萨第一中等职

业技术学校积极与北京市职业教育院校签订战略合作协议,依托北京专家资源制定中高职一体化发展战略规划等。

(二) 聚焦精准扶贫,打出以教脱贫组合拳

一是强化特殊地区特殊教育基础设施建设。投入专项资金1162万元支持拉萨市特殊教育学校建设培智楼;投入4000万元,为当雄县内9所学校建设太阳能供暖工程。二是创办精准扶贫的宏志班特色教育。从2017年投入50万元设立了"京藏宏志班",面向拉萨市精准招收建档立卡贫困户学生31人。2018年,继续投入150万元,宏志班从1个变成3个,从初中拓展至高中,更多的建档立卡家庭学生享受到更优质的教育,带动家庭从根本上实现脱贫致富。目前,"京藏宏志班"在校生已经达到200余人。三是推进定向资助准确落地。2017年起,每年投入150万元,资助拉萨籍新入学大学生每人一个价值1万元的入学大礼包,有效弥补了区、市、县三级现有保障政策的不足。四是拓展慈善捐赠四面开花。小米公司联合多家在京企业每年为拉萨市的中小学捐赠大批图书,全面打造小米图书阅览室;北京团市委联合多家企业开展捐资助学活动,特别是联合源乐晟公司设立每年50万元的专项奖助学金项目等。2016年以来,各项社会资助项目资金累计达200余万元。

（三）拓展交流合作，促进民族团结融合

一是深层次交流提升教育教学水平。每年投入援藏经费80万元实施京藏优质教育资源远程互动共享项目，惠及教师1000余人次、学生2000余人次；依托北京师范大学优质资源，每年投入300多万元组织30名管理干部、骨干教师赴京中长期集训、跟岗锻炼，培训时限拓展至一年；2016年以来，共投入援藏交流交往专项经费近1000万元，拉萨市累计赴京培训交流20余批400余人次，北京市来访达20余批150余人次，开展短期援藏项目4批50余人次；北京援藏教师赴全市各县区开展送教30余次，培训教师4000余人次，听评课800多节次，有效带动了拉萨市教师队伍建设和教学科研水平提升。二是长期坚持开展民族团结夏令营活动。从2011年开始，北京市每年从援藏经费中拨出专款，组织50名拉萨市青少年学生赴首都开展"感恩祖国　圆梦北京"游学夏令营活动，截至2019年已经连续进行了9期，惠及学生450人。三是不断强化学生的爱国主义民族团结教育。支持宏志班学生在2017、2018、2019年国庆期间赴北京开展为期十余天的游学活动，该项目极大地拓展了学生的视野，增强了孩子们的自信心和进取心。

（四）创新工作模式，夯实藏区办学基础

按照"帮忙不添乱"的原则，以提高受援学校

的管理水平和教师队伍建设为核心，充分发挥北京援藏团队在教育教学上的引领和辐射作用，对于学校原有的管理模式、招生模式及其他管理不进行变更，顺利实现了与2019年新增受援学校——拉萨实验小学的深度融合。整合校内外资源，为学生综合素质培养搭建北京特色平台，目前共开设六大系列50余门选修课，保证学校高质量可持续发展。拉萨北京中学管理团队为了能实现两批援藏团队的顺利交接、平稳过渡，制定了"四交流两统一"的工作思路，通过四交流实现快速掌握学校情况、顺利开展工作的目的，通过两统一实现援藏教师管理的制度化，同时也实现援藏工作的效益更大化。

三 启示

（一）加大异地交流交往，助力精准教育扶贫

加大两地教师请进来走出去业务交流力度，依托北京高等教育资源开展骨干教师集训和跟岗锻炼工作对于教育扶贫工作至关重要。支持两地学生开展游学交流活动，办好夏令营和秋季游学活动，使两地中小学生加深了解，既有助于夯实民族团结基础，也有利于教育扶贫。

（二）利用优质教育资源，辐射促进当地教育发展

充分利用像北京这样优质教育资源辐射的广度和深度，积极推动帮扶学校项目早日落地。这有助于将教育落后地区纳入优质资源共享圈，推动当地教育事业的发展。

打好人才培育基础 建设优秀教师队伍

一 情况

西藏是中国发展不平衡不充分最突出的地区之一，基础教育整体水平差，发展不平衡，长期制约着西藏经济社会的可持续发展。西藏的建档立卡贫困人口中文盲比例占到一半以上。西藏的教育问题突出表现在学校办学条件差、教师数量少、文化素质低、课程结构设置不合理。

上海市响应党中央关于深化东西部扶贫协作的号召，发挥教育人才资源优势，2016年以来，大规模选派教师队伍到日喀则地区，为解决当地教育发展的人才瓶颈问题做出了贡献。两年来，日喀则市上海实验学校教学质量得到了大幅度提升。学生素质得到全面提升，成绩得到跨越式提升。小考成绩达到历史上最高水平。如六年级的学业水平考试名次从2017年的全市第36名跃居至2018年的全市第5名，名次提升了31位。2017年高考升学率100%，成绩跃居自治区前列。

二 做法

上海市"组团式"教育援藏工作队为全面提升当地学生的综合素质，编写了行为规范读本，构建学校德育课程体系，新建学生社团26个，配备标准化教室，并由社团指导老师专门指引。此外，工作队把上海市的"个性化教育"理念也带入西藏，把对困难学生的帮扶作为教育扶贫的一项重要工作。上海援藏教师开展了福利院周末公益课堂项目，受助学生200多个，志愿服务2500多课时。工作队还筹集爱心物资80多万件，资助家庭经济困难的学生，受益学生多达1500多名，并针对20多名厌学、逃学的学生进行了专门的"特需课程"帮扶。

上海市"组团式"教育援藏工作队共派出12名中层干部、15名教研组长和17名青年教师作为带教师傅，与本地教师同岗协同合作。工作队为日喀则市上海实验学校和兄弟学校配送师资培训活动

300多课时，受益人数达3000多人次。工作队还组织日喀则市教育管理干部和一线教师共80多人次赴上海考察学习，组织上海市专家30人次来日喀则市指导、讲学，传帮带本地教师70多人次。学校新增高级教师13人，自治区骨干教师5人，日喀则市名师2人，培养了市教学一等奖获得者和自治区学科带头人、市名师工作室主持人共15人。援藏工作队还编辑了《教科研白皮书（2017年）》，完成了50多种优质电子教案的编写，并应用于教学第一线，编印30余种校本教材，在相关领域都填补了空白。

（一）建立良性循环

西藏地区教育水平落后，教师队伍整体薄弱，导致教育质量差，教育质量差又导致教师队伍整体薄弱。要打破这种教育贫困恶性循环，建立良性循环，必须借助强大的外部力量，而上海市"组团式"教育援藏向日喀则市上海实验学校一次就派出多达40人的教学和管理团队。这种"全建制""一站式"的教育帮扶，为日喀则市上海实验学校注入一支强大的力量。

（二）优化顶层设计

上海市"组团式"教育援藏工作队进藏后，在四个月深入调查研究的基础上，开展顶层设计，让制度先行。工作队在2016年10月先后为日喀则市上海实验学校制定《"组团式"教育援藏三年行动计划》《素质教育推进工作方案》《援藏工作队七彩之星争创方案》三项制度，这奠定了"组团式"教育援藏的制度基础。

（三）注重素质教育

在三年行动计划和素质教育推进工作方案确定之后，工作队将工作重点放在提升办学理念、硬件设施、管理机制、师资队伍、课程体系、文化环境、保障条件七个方面，把上海市素质教育的先进经验融入日喀则市上海实验学校，并通过网络传播到整个西藏自治区。工作队引入了上海市素质教育的先进理念，从身心健康、习惯养成、情感体验、兴趣发展、认知提升、品德培养、理想规划等多方面综合提升学生的素质。为吸引师生广泛参与，援藏工作队设立管理之星、育德之星、教学之星、科研之星、才艺之星、服务之星、桥梁之星等奖项。

（四）提升师资水平

一是努力创建校本师训基地。针对西藏师资力量薄弱而师训资源缺少的现状，工作队提出了借助上海援藏资源将学校打造成为师训基地，留下一支带不走的优秀师资队伍的思路，完善了师训领导机制，开设了新教师培训课程，形成了"青年教师—

成熟教师—骨干教师—学科带头人—名教师"梯队培养机制,新成立了1个市级名师工作室和2个校级名师工作室,成功举办了日喀则首届名师工作室建设现场推进会。

二是建立校本研修制度规范。工作队借鉴上海教研模式,开展"规范化教科研体系建设",包括教研制度化、教研管理规范化、教师课堂教学规范化等一系列举措,搭建起一个规范、高效的教研体系。

三是丰富校本特色教育资源。工作队与本地教师一起,优化学校信息化工作环境,完成了50多种优质电子教案的编写,并将之应用于教学第一线;完成了30多种校本教材和校本作业的编印,有的已经推广到其他学校;完成了《美好教育》《新唐卡》《给藏区汉语文教师的建议》等专著的编写。

(五) 推动远程共享

由于受地理位置所限,内地丰富优秀的教育资源很难及时辐射到处于雪域高原的日喀则地区。但"互联网+教育"技术的不断提升,为优化教育资源共享、促进教育服务均等化提供了新途径,教育资源的"远程共享"成为必然选择。日喀则市上海实验学校"1+5+X"远程平台,于2016年底设计方案,2017年5月开始建设,2017年9月正式投入使用,项目总投入约为 300 万元。

三 启示

(一)"组团式"教育援藏符合地方实际

单个教师支教,以"散兵作战"方式进入当地学校,只能发挥有限的个人作用,无法在短期内整体提升当地的教育质量。"组团式"教育援藏通过"成建制"、大规模的师资援助,在当地学校迅速创建校本师训基地,既在短期内为当地学校注入学科齐全的优质师资队伍,迅速提升当地教育能力和教育水平,又为当地师资队伍的长期建设奠定了坚实的基础。

(二)"互联网+教育"在藏地发展前景广阔

随着"1+5+X"远程平台建成并投入使用,它已成为学校教育、教学、教研、德育、师训等活动的主要展示平台。目前,与上海市多所学校的远程互动通道已经开通,开展了远程教研、远程班会、远程教师培训、远程教学展示与评价反馈等活动。日喀则市上海实验学校"互联网+教育"的探索已经取得初步成效。"互联网+教育"模式是利用数字技术缩小教育发展差距的有效途径。

(三) 教育扶贫应更多注重人才的全面发展

日喀则市上海实验学校的课程设计超越了以考

试成绩为衡量标准的应试教育,从身心健康、习惯养成、情感体验、兴趣发展、认知提升、品德培养、理想规划七方面入手,对学生的高级认知、社会参与、人格健全的养成起到了十分重要的作用。

86

精准扶贫量身定　致富路上阔步行

一　情况

近年来，江苏省盐城市射阳县围绕实现教育保障、医疗保障、存量危房改造、困难群众节日慰问，先后投入近4亿元，持续用于推进即确保基本需要的"四个托底"（教育托底、医疗托底、慰问托底、住房托底）政策的实施，有效解决了该县3456个"两困"（监护人监护缺失的困境儿童和困境在校大学生）对象生活学习上的困难；让4783个因病致贫的群众看得起病，并且走出贫困的泥淖；让7890个贫困群众受到慰问，共享发展成果；让1万多户困难群众，搬出危旧房，住上了设施齐全的康居房。截至2019年底，该县现有22277户42896个低收入人口家庭人均收入均稳定达6000元以上，农村贫困人口不愁吃、不愁穿，保障其义务教育、基本医疗和住房安全的"两不愁、三保障"政策全部实现。

二 做法

（一）实施教育托底，让"两困"对象"上得起学"

一是提高救助标准。提高"两困"对象、低保家庭的困境儿童和困境在校大学生、受侵害和虐待的儿童、单亲困难家庭儿童、失足未成年人、家庭生活困难的留守儿童等群体的生活补助标准。二是实施年度资助。为更好地保障困境在校大学生健康成长，每年年底对我县在册的困境在校大学生进行年度资助，资助标准为研究生10000元/人、本科生5000元/人、专科生3000元/人。三是强化动态管理。依托未成年人信息平台，建立困境儿童和困境在校大学生数据库，实现一人一档、共建共享。按季度新增、核减、动态调整保障对象类别和标准，确保"两困"对象生活、教育保障资金及时发放到位。

（二）实施医疗托底，让致贫群众"看得起病"

一是完善大病救助政策。贫困对象门诊政策范围内费用经医保报销后的个人自负部分纳入医疗托底救助，救助比例80%；贫困对象住院起付线个人负担部分由托底救助资金资助；对贫困对象、急难对象、特殊病种对象继续做好医疗托底救助工作。二是实行免费检查供药。对贫困对象患儿童白血病、儿童先天性心脏病等23种重大疾病的，在县域内免费提供相关必要的医学检查。对贫困对象患高血压病（高危以上）、类风湿关节炎等17种慢性病的，在县域内免费提供基础性治疗药物。三是提高医疗救治质量。对所有贫困对象的健康状况建立档案，做到一人一档、动态管理，免费提供医疗后续跟踪服务。整合建立"一站式"信息交换平台，全面实现基本医疗保险、大病保险、医疗救助即时结算，切实减轻群众负担。充分发挥县内2个院士工作站和10个名医工作室示范带头作用，提高贫困对象救治质量。

（三）实施慰问托底，让贫困百姓沐浴"爱的暖阳"

一是实行"两节"慰问。建立以县财政资金为保障的节日生活托底救助制度，每年分春节、中秋两次进行。托底对象为特困供养人员（含城市"三无"对象、城乡孤儿）、城乡低保对象、建档立卡贫困户、享受重残生活补助的重度残疾人等以及当年贫困状况较为突出的家庭和遭受重大事故、火灾、车祸，罹患重大疾病等急难家庭。托底标准由县民政部门根据本地本年度经济社会发展状况和群众实际需求提出建议，报县人民政府审定后实施。节日生活托底采用登门入户、实地走访的方式进行。二是明确工作职责。县民政部门牵头负责节日生活托底救助工作，制定方案。镇（区）作为节日生活托底工作的责任主体，按要求排查对象，对托底对象进行民主评议、村居公示，无异议并上报县民政部门批准后，组织党员干部及时把节日生活托底资金、物品送到困难群众手中。三是建立走访机制。全面建立节日生活托底救助困难群众走访机制，进一步完善托底对象台账，精准识别困难对象，确保需生活托底对象应托尽托。

（四）实施住房托底，让困难群众"住得起房"

一是明确救助申报流程。对各镇（区）无力自建房屋的低保户、重残户，由农户申请，经村（居）委会评议核实和张榜公示后，报所在镇（区）政府（管委会）审批和县民政部门、住建部门备案。二是科学建设托底住房。各镇（区）按照托底户数，根据其不同的人口结构，在托底户相近的集中居住点建设安置房，户型根据每户不同的人口数，分别设计36、53、72平方米三种平房。三是统筹危房改造资金。托底房屋建设资金县财政承担90%，所在镇（区）财政承担10%。道路、绿化、亮化、管网等基础设施配套费用，一方面争取国家、省、市扶持政策的资金支持,另一方面安排镇(区)级资金投入和发动社会力量资助。

(五)实施"五个一批",让困难群众脱贫"有保障"

一是动态管理纳入一批。对建档立卡低收入农户,在认定保障人口时,从有利于解决困难群众基本生活的角度,将是否共同生活作为重要依据,确保"应保尽保"。二是核减刚性支出保障一批。对建档立卡低收入农户中单独生活的老年人,其法定赡养义务人家庭人均收入低于相关标准、实际暂无赡养能力,可以纳入低保保障范围。对因残、因病致贫的建档立卡低收入农户,在核算家庭收入时按规定扣减有关费用。三是重点保障改善一批。对建档立卡低收入农户家庭中重病重残对象,按相关规定,参照单人户纳入低保保障范围。四是缓退渐退扶助一批。对纳入建档立卡范围的低保家庭,人均收入高于低保标准但低于低保标准2倍的(含2倍),在脱贫攻坚期内保留低保待遇。五是临时救助兜底一批。充分发挥临时救助的"救急难"作用,对不符合低保条件又无法脱贫的建档立卡低收入人口,以及因其他原因导致返贫人员,可以纳入临时救助范围进行兜底保障。截至2019年底,该县对符合"五个一批"兜底保障未脱贫的767个农户已发放保障资金,其中:低保兜底572人,五保兜底69人,临时救助100人,慈善救助26人,2019年底所有低收入农户全部稳定脱贫。

三 启示

(一) 政府唱好扶贫"主题曲"

扶贫项目的实施离不开政府财政的大力支持。近年来,该县聚焦"老、小、病、弱"等各类困难群体,按照"托底线、救急难、可持续"的原则,在全省率先实施"四个托底"救助政策,通过对救助对象、救助方式与救助程序、责任与监督等方面进行规范,从申请、初审、审核、公示、救助环节进行细化,从家庭收入变化动态管理进行跟踪监督,编实筑牢民生保障体系"网底",努力让改革发展成果公平公正惠及困难群体,实现老有颐养、幼有优教、病有良医、弱有所助。截至2019年,该县已托底救助近12万人次,县财政支付托底救助资金3.2亿元。

(二) 多方扶贫力量"攒成拳"

脱贫攻坚单靠政府"单打独斗"力量有限,唯有充分汇聚社会各界力量,形成合力,才能攻克扶贫路上的难题。该县持续实行低收入人口"一对一""全覆盖"。深入开展市县领导挂钩帮扶经济薄弱村、党员干部"牵手致富"帮扶低收入农户、工作队驻村帮扶、南北镇村对口挂钩帮扶等活动,组织全县党员干部深入实地走访了解低收入农户动态信息,摸清低收入农户致贫原因,提出针对性帮扶措施,充分发挥驻村工作队和结对帮扶人的作用,指导和帮扶经济薄弱村、低收入农户增收致富。

完善社会救助模式
筑牢民生保障底线

一 情况

安徽省舒城县辖 22 个乡镇（开发区）394 个村，总面积 2100 平方公里，人口 100 万。集山区、库区、老区、贫困地区、巢湖生态屏障及合肥饮用水源保护区于一体，是全国政协机关和省政协定点扶贫县。截至 2019 年 12 月底，舒城县现有农村低保户 21377 户 30557 人，其中低保贫困户 19678 户，低保和贫困户重合率 64%，农村低保覆盖率达到 3.6%。自 2019 年 7 月 1 日起，该县城乡低保统筹，农村低保保障标准由 375 元/月/人提高到 585 元/月/人，月人均补差标准提高到 324.2 元/月/人，补助水平达到了保障标准的 55.4%。

二　做法

探索"自主救助+制度救助"模式,创新"救急难"工作。对遭遇突发事件、意外伤害、重大疾病或其他特殊原因导致基本生活陷入困境而无其他救助的家庭和个人给予应急性、过渡性救助。2018年3月以来,全县共建立403个村(社区)"救急难"互助社,充分发挥社会救助"托底线、救急难"作用。探索"权责结合+制度救助"模式,下放低保审批权限。为有效提高社会救助时效性和精准度,实现审批和监督管事职能分离,全面推进低保审批权限下放工作。探索"个性化服务+制度救助"模式,推进居家养老服务。全县100万人口中,60周岁以上老年人占19.5%,居家养老服务缺口大。针对以上情况,2018年11月以来,全县在3个乡镇开展居家养老服务试点工作,并将服务人群扩大至特困供养人员、低收入老人、孤儿、烈属、老年烈士子女、贫困户中的失能人员六类人员。探索"救助合力+制度救助"模式,开展中心组长队伍建设。为保障救助改革落实到最基层,充分发挥村民组长协助做好社会救助工作的重要作用,探索加强村中心组建设。

(一)聚焦先行救助,全面推开"救急难"工作

一是撬动社会资金。将村级互助社建设作为重点,按照县财政配套资金1万元,村集体资金不多于1万元,社会捐款不少于1万元,注册资金不少于3万元的标准多渠道筹集资金。目前,共筹集资金2057万元(其中县级200万元、乡级500万元、村级394万元,社会捐赠963万元),形成了"主动发现、社会参与、综合施策"的救助合力。二是提高救助效率。充分赋予村级自主权,在村民组长主动发现或困难群众反映需要救助情况后,立即启动救急程序,村级即可给予1000元救助,救急资金2天内到位;数额较大时,可通过手机APP进行网上申请,县乡(镇)可分别给予2000元临时救助,救急资金3—5天内到位。对需要跨部门解决的,县救助服务管理中心及时与相关部门进行转介。

(二)聚焦简政放权,全面下放低保审批权限

一是优化审批流程。按照应保尽保、应退尽退、动态调整、公平公开的原则,将低保、特困供养审批权限下放至22个乡镇(开发区),真正落实"谁调查、谁审核、谁审批、谁负责"责任制。对重灾、重病等急需救助的对象,按照先受理后评议简易程序,在15个工作日内办结,真正做到"便民、利民、惠民"。二是完善信息管理。全面应用并不断完善最低生活保障信息管理系统，实现低保网上受理、审核、审批，并及时、准确地更新数据和维护系统运行。三是加大监管力度。按照每年新增人员抽查不低于30%，原低保户、特困户抽查不少于5%的比例抽查检查，并纳入绩效考核。对于有疑问的投诉举报或是其他需要重点调查的城乡低保低收入申请，全部入户调查，确保审批公平公正。

（三）聚焦优化服务，试点推进居家养老服务

一是市场化运作。将原先每人每月60元现金补贴，变为通过政府购买服务方式，为特定人群提供上门保洁、理发、清洗衣物等个性化服务，有效解决"见钱见物不见人、有政策缺感情"的问题。二是信息化管理。指导服务机构成立专业服务团队，搭建互联网+智慧服务平台，通过总枢纽、呼叫总台和智慧外勤系统，对贫困老人数据进行录入、审核、跟踪，实时监管服务人员，接收服务反馈。三是多角度监管。县乡两级定期开展回访，全面掌握服务工作动态，监督购买居家养老服务运行；村级协助对服务质量进行跟踪和监督；服务机构开展内部监督，规范服务行为，改进服务质量。工作开展以来，累计为893名低收入老人开展居家养老服务7631次，社会反响良好。

(四) 聚焦队伍建设,激发中心组长工作活力

一是优化调整中心组范围。根据现有人口、自然村、历史传统、水系等因素,对全县 8000 个村民组进行整合,建立 5800 个中心组。二是选优配强中心组长。按照"奉公守法、身体健康、熟悉民情、办事公道、热心公益、常年在家"要求选配中心组长。三是适当提升报酬待遇等级。探索实行误工补贴 + 绩效奖励,将劳务报酬由原来每人每年 200 元左右提升到不少于 1200 元。

通过织密织牢"中心组长"基层组织网、村级"救急难"互助社制度救助网、"居家养老服务"社会组织网,做到及时、全面、精准发现了解全县困难群众基本情况,在及时给予临时救助的同时,对符合制度保障的,及时启动申请审核审批程序纳入制度救助,对遭遇重大困难的群众,建立舒城县困难群众数据库,除纳入制度救助外,同时做到跟踪救助、跟踪服务。自开展"救急难"工作以来,全县"救急难"系统共救助群众 4516 人次,救助资金 479 万元,有效地发挥了社会救助在打赢脱贫攻坚战和全面建成小康社会中的兜底保障作用,不断增强困难群众的获得感、幸福感、安全感。

三 启示

一是强化救助网络。建立县乡村组四级困难群众救助服务网络，县设立社会救助服务管理中心，乡镇设立社会救助服务站，村建立互助社。为保障救助改革落到最基层，将全县8000个村民小组整合成5800个中心组，选优配强中心组长，实行误工补贴＋绩效奖励，发挥中心组长在协助做好社会保障兜底扶贫和救助工作中的重要作用。目前6个乡镇试点工作已经结束，已将2057个村民小组合并为1243个中心组，10月份将在全县推开。

二是强化机制联动。充分利用政府机制（政策救助）、市场机制（购买服务）和社会机制（村互助社）的积极作用，形成政府、市场、社会共同参与机制，引入社会力量，丰富社会救助的现有能力，扬长避短、互相补充、形成合力，在信息共享、项目衔接、资源共享、服务供给等方面，取得实际成效，形成良好的协同救助格局，为社会救助整体精准性奠定主体基础和治理基础。

三是强化信息精准。重视对信息设施、信息工具的利用，在利用互联网大数据的基础上，积极开发各类识别指标、预警指标，以及各类辅助判断标准，积极利用信息工具提高信息核对、动态管理等方面治理能力。最大限度地利用信息工具削弱道德风险发生的可能性,规范社会救助各方行为。

织牢兜底保障网　脱贫攻坚无盲区

一　情况

湖北省黄冈市英山县面积1449平方公里，辖3乡8镇、313个村（含4个林场村），总人口40.8万人，农业人口34.11万人，属国家大别山片区扶贫攻坚重点县、深度贫困县。2014年，全县建档立卡贫困人口36813户104084人，贫困发生率30.51%，贫困村78个（含7个深度贫困村）。经过几年的脱贫攻坚，到2019年底全县78个贫困村全部脱贫出列，存量贫困人口15户40人，综合贫困发生率降至0.01%，截至2019年12月，全县向符合政策的救助对象12986人发放救助资金8670.5万元。2019年4月被省政府批准退出贫困县。

二　做法

（一）坚持多维识别

根据政策法规，从当地实际出发出台具体工作规则和核算办法，将贫困户中符合低保、特困供养条件的全部纳入兜底保障范围，特别是对"女儿户""残疾人家庭"等特殊情况实行联席评审，准确识别帮扶对象。

（二）坚持动态管理

坚持开展年审复核工作，采取购买服务的方式，引进第三方评估机构，对全县贫困兜底保障对象家庭年人均收入、财产状况、赡养人能力等情况进行逐户核查和综合评估，对符合条件的继续保留，对家庭经济状况好转不再符合低保条件但收入尚不稳定的贫困家庭，实行"渐退期"机制，待其家庭经济状况稳定后，再退出兜底保障范围，确保其稳定实现脱贫，避免"救助断档"。

目前，"按标施保、差额救助、重点保障"的低保兜牢了困难家庭的基本生活。农村低保保障标准达到4433元/年，年增幅不低于10%，相比2012年增长336%；城市低保533元/月，年增幅不低于10%，相比2012年增长178%；农村低保月人均补差达到329元，相比2012年增长530%；城市低保月人均补差达到473元，相比2012年增长252%。同时，"应养尽养"的特困供养人员救助全力保障好了鳏寡孤独对象。全县现有在册特困供养对象6002人，其中农村特困供养对象5778人，保障标准达到8866元/年/人，年增幅10%，相比2012年增长554%；城市特困供养对象224人、孤儿50人，保障标准达到了1066元/月/人，年增幅超过8%。

（三）坚持重点救助

对贫困低保家庭中的老年人、未成年人、重度残疾人和重病患者，在全额补助的基础上，再按不低于20%的比例上浮补助金。同时，对建档立卡贫困家庭中的成年单身二级以上重度残疾人、三级以上智力或精神残疾人，以及因患重疾完全或部分丧失劳动力的对象，单独纳入低保救助，确保"兜底救助、不落一人"。

2016年开始对二级以上重度残疾人按照100元/人/月的标准发放护理补贴、对四级以上低保家庭中的残疾人按照50元/人/月的标准发放生活补贴。惠及重度残疾人对象3800多人、困难残疾人1700多人，年发补助资金500多万元；2018年开始，对经济困难的80岁以上高龄老人和建档立卡贫困户中60岁以上全失能老人，按照100元/人/月的标准发放护理补贴，惠及对象近1000人，年发补助资金 100 多万元。

（四）坚持快速反应

乡镇设立"社会救助服务中心窗口"，制定"一门受理、协同办理"操作规程。同时，建立主动发现和快速响应机制，动员社会力量广泛参与，对遭遇突发性、临时性困难的家庭或个人，及时开展临时性救助，对一些特殊个案制定个性化帮扶措施，让困难群众"求助有门、受助及时"。累计救助急难型困难家庭或个人超过 6000 人次，发放救助资金超过 1000 万元。

同时，构建"资助参合、门诊救助、住院救助、重特大急病救助和临时救助"五位一体的医疗救助制度体系，实施一站式及时结算服务，救助范围由传统民政对象扩大到低收入家庭重病患者，年资助救助病患者超过 3 万人次，发放医疗救助资金 1200 多万元。

三 启示

（一）在救助管理上做"减法"

将临时救助金额低于城市低保月保障标准 2.5 倍的审批权限全部下放乡镇，对特别紧急情况的救助，实行先备案再审批。同时，启动低保对象审批权限下放乡镇试点工作，审核审批质量效益明显提升。

(二) 在福利事业上做"乘法"

县社会福利中心设立关爱服务区,对全县全失能特困供养对象实行集中供养;乡镇农村福利院推行"代养托养"服务,为贫困家庭主要劳动力投身务工创业、增收脱贫发挥了重要作用。2020年启动了全县失能特困供养对象护理中心建设项目,推行医养结合护理服务模式。

(三) 在服务体系上做"加法"

通过"党建+幸福家园"项目,建立老年人活动室、四点半学校、妇女手工坊、远程医疗室等,为留守的老人、妇女、儿童提供个性化服务。设立村级儿童工作主任,建立定期探访制度。通过购买服务方式引进专业社工机构实施农村社会工作和志愿者服务项目,完善基础设施建设,培养社工专业人才,为乡村振兴加油助力。

89

"组团式"医疗卫生援助专啃贫困地区"硬骨头"

一 情况

新疆喀什地区属于全国14个集中连片特困地区之一。2014年,该地区有建档立卡贫困户28.58万户、贫困人口105.59万人,占该地区农村总人口的32.43%,占全疆贫困人口总数的40.6%,占南疆四地州贫困人口的48.3%。喀什地区12个县市中有国家级扶贫开发工作重点县8个,片区扶贫开发重点县市4个。该地区有扶贫开发重点村1222个,占全疆贫困村总数的43%,占全地区行政村总数的52.09%,占南疆四地州贫困村总数的46.91%。其中,还有12.8万贫困人口分布在生存环境恶劣、基础设施落后、居住分散、发展水平更低的深山区、边境线,是扶贫开发最难啃的"硬骨头"。长期以来,地处南疆的喀什地区医疗卫生基础薄弱,传染病发病率、孕产妇死亡率、婴幼儿死亡率居高不下,健康贫困问题突出。

二 做法

针对喀什地区疾病高发、医疗卫生资源与人才缺乏的情况,自2010年开始,上海对口支援喀什四县,以建设喀什二院为重点,建设南疆(喀什)新型医疗联合体,推进"三降一提高"公共卫生项目("三降"指降低传染病发病率、孕产妇死亡率、婴幼儿死亡率;"一提高"指提高当地公共卫生服务能力和居民平均预期寿命),帮助当地提升公共卫生与医疗服务能力,改善当地居民的健康状况。截至2018年上半年,上海累计投入近10亿元,派遣300多名半年期以上的医生到喀什地区和对口四县医疗机构开展对口支援。

(一)创评"三甲"医院

提出了帮助喀什二院创建"三甲"医院(中国对医院划分等级中的最高级别)为抓手的帮扶方案,并制定和绘制了详细的"时间表"和"路线图"。创"三甲"一方面可以直接提升当地医疗服务能力、增加优质医疗卫生资源量,另一方面可以发挥其辐射带动示范效应,助力区域健康脱贫。喀什二院升格为三甲医院后,原先很多要去乌鲁木齐甚至其他省市看的病,现在在家门口都可以解决问题了。甚至还有很多病人,会从自治区其他地区慕名而来。在创评"三甲"的同时,医疗队特别注重发挥援助工作的辐射示范带动作用。一是由上海区的区级卫生机构和区卫生服务中心援建对口支援的乡医疗卫生机构。二是以喀什二院儿科作为诊断和培训中心,形成县、乡、村、社区、家庭多级儿童哮喘管理网络和多方位的随访体系,构建地区特色的儿童哮喘防控模式。三是将"组团式"医疗力量下沉到县市,通过人才培养、学科帮扶、临床诊疗、打造县域医疗服务中心,提高基层医疗卫生机构整体服务水平。

(二) 培养医疗人才队伍

上海援疆医疗队采用导师制、带教制等机制,立足培养"高、精、尖"技术人才,为受援地和受援单位留下了一支"不走"的人才队伍,推动医疗卫生援助从"输血"向"造血"、从外部援助向内生发展转变。通过送出去、请进来、在本地自办班、开展远程教学等形式,上海已帮助喀什当地培训医务人员超过 2.4 万人次。援疆队员践行先进有效的导师带教制,每位队员充分发挥传帮带作用,与承接团队、带教学员结对跟学,从"师傅做、徒弟看",到"师傅指导徒弟做",再到"徒弟做、师傅看",结果是医院许多以前不能开展的手术和疑难杂症的诊治,现在当地医生已经能够独立开展。上海市援疆医疗队帮助喀什二院先后启动了优秀学科带头人、优秀青年医师骨干、优秀护理骨干、管理岗位人才等培养计划,目前已累计培养112人。

丰富多样又持续不断的交流提升了喀什二院医务人员的综合素质,让一批具有发展潜力的学科带头人脱颖而出。在援疆队员的指导下,喀什二院申请喀什地区科技项目十余项,申报自治区技术推广项目5项,申报科研项目共55项,医院科研项目继续保持在全疆地州级医院领先的地位。

(三) 改善公共卫生

按照卫生经济学的测算,公共卫生方面的投入所获得的回报远远大于在其他方面投入相同资源所能获得的回报。在对口医疗卫生援助的过程中,上海凭借自身在公共卫生建设方面所积累的先进经验,持续改善当地公共卫生条件,取得显著的健康与经济效益。

一是加强乡镇卫生院、村卫生室的标准化建设和全民健康体检中心建设及其设备配置项目建设等基础设施。借助白玉兰远程培训会诊系统,构建"上海三甲医院—喀什二院—四县县医院—乡镇卫生院—村卫生室"五层联动网络，2018 年开展远程培训讲座 38 场，沪喀两地的远程会诊 205 例。

二是提升公共卫生服务能力。从各县实际出发，对结核病患者管理、免疫预防接种、妇保、儿保、传染病防控等工作进行督导评估。对工作中存在的问题及时给予纠正、指导。持续推进艾滋病筛查、重大疾病筛查、两癌筛查等重点工作，实地了解产科建设和管理，孕产妇、婴幼儿管理和救治等工作开展情况，深入剖析 2016 年度高危孕产妇死亡的原因，并针对性地提出改进措施：设立高危贫困孕产妇抢救基金，由县政府发文，对符合条件的高危贫困孕产妇抢救过程中的费用进行补贴，有效改变了因贫穷而无钱救治的局面。

三是加强健康宣教力度，通过电台、广播、电视、LED 滚动屏幕宣传、发放宣传资料、组织援疆专家深入基层授课等方式开展形式多样的防治宣传教育活动。在社区大讲坛做面向社区、乡镇居民的健康知识讲座，讲座内容以当地高发疾病的预防和治疗、个人卫生保健等方面为主，反响热烈。

三 启示

上海"组团式"医疗卫生援助模式之所以能够取得上述巨大成效，主要因为该模式能充分发挥规模效应、协同效应。上海在过去的对口援助过程中,投入了大规模的资金和人才,在受援地区的规模效益逐渐显现,产生了明显的援助成效,让受援地区人民群众非常具有获得感。同时,上海派遣的医药卫生人才与卫生管理人员相互协同、上海与受援地区相互协同,最终产生了 1+1>2 的效应,协同效应得到充分发挥,整体效益巨大。

近两年,该模式被上海移植应用于西藏日喀则,同样取得了巨大健康效益和经济效益。这种移植验证了该模式的有效性和可复制性,说明上海"组团式"医疗卫生援助模式确实值得学习和参考。

尤其是上海市采用"组团式"医疗援助模式帮扶西藏日喀则市的过程中,利用现代互联网技术实施了远程影像诊疗中心帮扶,这使得日喀则市人民医院远程影像诊疗中心成为健康扶贫工程的至关重要的中枢节点。它向外与上海市多家"三甲"医院、向内与地区内的多家县人民医院连接。截至2019 年,远程影像诊疗中心成功组织了 62 例会诊,有效加强了对于基层医疗机构的帮扶力度。随着大数据、人工智能等新兴技术在医疗行业的快速发展与应用,远程医学平台为偏远落后地区医疗援助提供了新的机会。一方面,当地医院通过远程医学平台积极寻求与上海医疗技术发达地区的远程医疗合作,引进先进的医疗技术和理念,拓展视野;另一方面，当地医院利用远程医学平台汇聚国内知名医院资源优势，拓展远程医疗业务，提高了当地医疗技术水平。

慈善医疗衔接救助
困难群众就医不愁

一 情况

浙江省温岭市下辖16个镇（街道），农村人口110万人。低收入农户10534户16267人，其中低保户9164户12626人，占77.62%；低保边缘户1101户3061人，占18.82%。在低收入群体中，因病致贫2910户5014人、因残致贫5404户7809人，分别占低收入农户总人数的30.82%和48%。

自2017年5月实施"一次也不用跑"的慈善医疗衔接救助项目以来，惠及15252人次，慈善支出1237万多元。特困供养、低保、低保边缘、因病致贫等对象通过医保、社会和慈善救助，医疗费总报销比例最高分别可达100%、94.6%、90.4%、

88%,节省了困难群众的办事时间和往返费用,提高了救助效率,也提升了群众满意度。该项目荣获全省首届"十大慈善项目"奖。

二 做法

(一) 政策先行,做好顶层设计

一是明确救助对象。把民政部门认定的低保、低保边缘人员等救助对象,统一作为医疗、民政、慈善等相关单位实施"一次也不用跑"的慈善医疗衔接救助项目的对象范围,保证了救助对象的准确性。

二是规范实施流程。人社、财政、卫健、民政、医疗保障等部门联合下发《温岭市社会救助病人医保服务管理暂行办法》,规范低保、低保边缘病人就医流程,加强对医院特别是民营医院的督查力度,保证慈善资金使用安全。

三是拓宽筹措渠道。医疗保险、医疗救助、残疾人福利等分部门实行市财政预算安排保障。慈善救助资金由市慈善帮扶基金解决。市慈善总会通过基金设立、定向募集,网络募捐、"慈善一日捐"和本金增值等方式,每年募集资金都在5000万元以上,并通过规范的政策制度,由市慈善总会每年四月召开理事会议审定慈善救助预算,优先保障

"一次也不用跑"慈善医疗衔接救助资金,确保该项目持续健康不断档进行。

(二)坚持问题导向,简化申请程序

针对原先慈善救助申请程序烦琐、拿到救助款项需要一个多月,困难群众实际情况要求改变固有救助模式的呼声越来越高的情况,2016年5月温岭市慈善总会对原有的救助程序进行了梳理,明确要求各镇(街道)慈善分会统一收取困难群众的申请报告,集中时间上报,避免群众自行报送申请表格。同时要求困难群众在提交申请表格时附上银行卡复印件,待研究后一次性将救助金汇到其银行账户,大大方便了群众。

2017年2月,温岭市着手推进"一次也不用跑"慈善医疗衔接救助改革。市慈善总会与社保、民政部门主动对接,在城乡医保和民政社会救助信息接口下面再增加慈善医疗衔接救助信息,即时扣减患病的困难群众住院费用,让他们一次不跑就能得到慈善救助。同时,市慈善总会与卫健局联合发文,要求各医疗单位全部接上慈善医疗衔接救助信息,并委托杭州一家信息科技公司开发慈善救助子项目。

在有关部门的支持和各相关医院的配合下,2017年5月温岭市第一人民医院的慈善医疗救助信息接口成功连接,"一次也不用跑"慈善医疗衔接救助项目正式启动。低保和低保边缘群众患病住院，只要递交身份证和医保卡，其慈善医疗救助费用直接由医院扣减，由医院每月汇总后与相关部门分别结算。截至2018年12月底，温岭市11家医保定点医院全部连接上慈善医疗救助信息接口。全市1.6万名低保和低保边缘对象只要在本地医院住院，一次也不用跑，就能得到最便捷的慈善医疗衔接救助服务。

（三）丰富内涵，扩大受益人群

为了进一步完善"一次也不用跑"慈善医疗衔接救助项目，温岭市慈善总会把民政部门认定的困难尿毒症患者门诊血透费用也纳入该救助系统。全市220名困难尿毒症患者凭市慈善总会发放的救助卡，一次也不用跑，有的甚至不花一分钱就能在定点医院血液透析一年（低保对象血透全免费，低保边缘对象和因病致贫家庭成员全年负担适当费用），大大减轻了病人的负担。

2016—2018年温岭市又推出"健康扶贫·慈善助困"活动，为患重病或遭受突发性事件致身体严重受损，且自负费用较大的困难群众提供每人3000元的补助，惠及560人。同时加大临时救助力度，只要镇（街道）分会认为辖区内的群众在就学、就医及其他方面存在较大困难，且本人有求助申请的，都会及时报送到市慈善总会进行特事特办，经集体研究后给予每人3000—5000元的救助。

(四) 提升素质,加强项目监管

温岭市通过举办慈善论坛、培训会、学习会等形式,采取"请进来、走出去"的方式,加强业务学习,提升工作人员业务素质,提高慈善意识。为了用好、用准慈善资金,让有限的资金发挥慈善最大效益,慈善、人社、财政、卫健、民政、医疗保障等部门联合下发《温岭市社会救助病人医保服务管理暂行办法》,规范低保、低保边缘病人就医流程,最大限度保障社会救助病人的合法权益,同时加强对医院特别是民营医院的督查力度。每季度组织相关人员抽查医院报销补助资金,组织慈善、人社、财政、卫健、民政、医疗保障等部门开展相关检查,尽可能避免医院过度治疗,过度检查,严格控制不合理增长的医疗费用,杜绝侵占救助资金现象。

三 启示

"一次也不用跑"慈善医疗衔接救助项目是一个富有温岭特色、可复制、可持续的创新项目,在全社会引起了较大反响,其成功之处在于:

(一) 精准扶贫,解放思想是前提

尊重和平等是现代慈善的最高境界,它不需要

功利的动机,不需要轰轰烈烈的仪式,不需要热热闹闹的场面。"一次也不用跑"慈善救助项目做到应补尽补,让更多的弱势群体直接享受到了慈善的阳光,尽最大限度保护病人的隐私,彰显了现代慈善精神,但与此同时人们有可能对慈善机构的认知度下降,毕竟缺乏面对面的救助场景,有的受助人甚至根本不知道有慈善机构在背后的默默帮助,他们只知道是党和政府的好政策让他们得到了实惠。市慈善总会等胸怀"功成不必在我,功成必定有我"的思想,秉持"让困难群众实实在在得到慈善帮助,切实减轻弱势群体的负担,就是最大的成绩"原则,真诚实施"真扶贫,扶真贫"。

(二)合力扶贫,部门配合是关键

"一次也不用跑"慈善救助项目是系统工程,涉及方方面面。各相关部门都是分内人。在项目推进过程中,市人社局主动提供医保信息系统,并协调信息软件开发企业与医院信息部门进行对接。市民政部门全力支持,两次召开会议协调解决经费问题。市卫生部门不仅与市慈善总会联合发文推动此项目开展,而且多次督促相关医院尽快开通慈善医疗衔接救助系统。各医保定点医院专门组织人员进行软件开发,无偿提供资金支持,并且事先垫付救助资金。正是由于各部门、各单位的密切配合,相互支持,信息共享,"一次也不用跑"慈善项目才得以有条不紊地顺利开展。

(三) 完善机制，多措并举是重点

新生事物刚出现时，难免会碰到各种各样的问题，如数据汇总，资金结算问题；救助人员增减如何调整问题；如何即时了解救助动态等。各部门立足工作实际，聚焦工作热点，不断完善机制、创新方式，借助大数据和互联网技术，专门接进专线光纤，配备专职人员，随时掌握救助资金动态，及时解决出现的问题。同时加大信息公开力度，定期在网站公布救助信息（只公布人名和救助资金）。加强廉洁自律教育，进一步完善救助管理办法，以制度办事，以制度管人，把办事程序置于阳光下。只要符合救助条件的，不管是熟人还是陌生人，都是一个口径，一个标准，真正做到透明、公开、公正。

91

健康扶贫有良策 精准救治有成效

一 情况

2017年湖南省株洲市有175914名建档立卡贫困人口，其中28551名属于患病贫困人员。近年来，株洲市围绕让贫困人口"看得起病、看得好病、能看病、少生病"目标，助推健康扶贫向纵深发展。通过家庭医生签约服务尽量让贫困户少得病、不得病，到2019年已没有需要财政兜底保障才能完成治疗的大病患者，患病贫困人员减少至5934人。医疗服务能力得到极大提升，基本实现"小病不出乡，大病不出县"，市外就诊率从2014年的40%左右下降到10%左右。2017—2019年全市医疗保障水平逐年提高，分别补偿贫困户6.31万人次、8.65万人次、4.89万人次，补偿1.91亿元、2.35亿元、2.84亿元,确保实际报销比例不低于85%。贫困人口就医便捷性和可及性进一步加强。个人医疗负担得以减轻,部分患者大型检查、挂号和诊疗费减免优惠约657.14万元,候诊天数平均减少1—2天。

截至2019年底,株洲市慢性病签约服务累计81602人,大病集中救治累计21019人,重病兜底保障累计167人;29种大病专项救治确诊病例7616例,已入院或签约人数7603例,救治进展99.83%。

二 做法

株洲市委、市政府出台《株洲市推进基层医疗卫生体系能力建设实施方案》,对基层机构的标准建设、人员配备和培养、服务内涵和重点提出明确要求及保障措施,从制度层面预防因病致贫返贫的发生。引进、选拔、培养10名卫生领军人才,30名学科带头人和500名中青年学科骨干,确保建制乡镇卫生院都有两名以上的注册全科(助理全科)医师提供服务。统一安排城区三级医院,如市中心医院、省直中医院、市三三一医院、市二医院、市人民医院分别对口支援有贫困人口的5县市,针对性地加强县级医院相关临床专科建设,引导优质资源下沉。市卫生健康委和医保部门建立日常工作协调机制，畅通信息共享和反馈，共同落实好县域内贫困户住院"一站式"结算工作。

（一）做好分类救治

通过信息比对、健康体检、入户调查等方式，对全市建档立卡贫困人口进行精准疾病谱调查，根据患病病种及个人状况，筛查出国家明确的 4 类 9 种疾病患者共计 1079 人，分为三类实施精准救治。Ⅰ类人员（病情不可逆转）在定点医疗机构救治，对于经过各类政策补偿后仍有支付困难的，由各县级财政设立的兜底保障基金支付。针对Ⅱ类人员（经评估可以治愈患者），采取"县（市）具备条件的，直接救治一批；需市派专家的，由市卫计委牵头组织专家救治一批；县（市）医疗机构不具备条件的，由市卫计委安排市级医院救治一批"方式，实行全免救治。对Ⅲ类人员（慢性疾病患者）实行签约服务长期管理。由乡镇卫生院、村卫生室组建家庭医生团队，实行一对一的签约服务管理。每个对象发放一份健康管理手册，记录贫困患者的健康状况和疾病治疗信息，明确签约责任医生，每季度由基层医疗机构定期上门服务。针对贫困患者医疗费用保障难的问题，建立"五道防线"：基本医疗保障、大病保险、医疗救助、商业保险和定点医疗机构减免。

（二）提高能力建设

加大基层医疗机构基础设施建设力度。辖区所有县级人民医院、中医院均完成标准化建设，有贫困人口的5个县市均设有一所二甲服务能力的公立医疗机构。每个建制乡镇设有卫生院，加大配备医疗设施设备的力度。非卫生院所在地的行政村设有村卫生室和至少1名合格村医，166个贫困村卫生室全部完成标准化建设，有效提升村卫生室健康服务水平。

（三）重视源头守护

在村卫生室、学校免费开展健康知识讲座，通过黑板报、宣传画、微信等让村民掌握基本保健知识和简易应急处理方法，增强其健康自我管理意识与能力，减少疾病发生概率。为贫困户提供免费疾病筛查，促进疾病早防早治。对部分重大疾病如农民工尘肺病、结核病、艾滋病、急性血吸虫病、白内障等，实施免费医疗救治服务。在全市范围内强力推行家庭医生签约服务制度，截至2019年底，贫困患者签约率达100%、管理服务率100%。此外还着力改善农村卫生环境。

（四）确保惠民利民

引入社会扶贫机制，一方面利用社会扶贫APP，让社会各界参与扶贫工作，全市共有1.7万余名卫计系统工作者注册了社会扶贫APP；另一方面通过筹集健康扶贫专项基金,解决贫困人员的医疗救治费用。全市共组建692个家庭医生服务团队,建立医疗服务巡诊制度,在居民小区、集市、社区、学校、养老机构等场所开展流动性巡诊活动,重点为辖区内贫困户提供人脸识别面访、健康教育、健康体检等服务,并设立转诊"绿色通道"。除落实国家规定的"先诊疗、后付费"、贫困人口绿色通道、"一站式结算"等惠民便民措施外,各县在扩大贫困人员受益度方面各有创新:株洲县实行"入院零预付、报销零起付、出院零支付"政策;醴陵市组织湘雅附属医院、省中医附一等重点医院专家近百人,定期到醴陵市各医院坐诊服务;茶陵县争取北京健康扶贫基金会和湖南人人健康基金会资助1.3亿元基层卫生服务能力公益项目,为所有卫生院配齐DR、彩超、全自动生化分析仪。炎陵县从涉农整合扶贫资金中统筹安排特殊医疗救助扶贫资金200万元,对大病、重病患者住院和门诊实行二次补偿,其中住院实际报销比例达到100%;攸县贫困户在村卫生室就医治疗严格实行10元钱看病模式。

三 启示

(一)健康扶贫需地方党政的硬措施

通过市委、市政府的坚强支持,株洲市近几年投入几十亿元，用于各医院和基层医疗机构的新改扩建或设备更新、人才队伍建设，为健康扶贫提供了基础保障。

（二）健康扶贫需行业部门的专业指挥

株洲市卫生健康委早在2015年就开展了全市疾病谱调查工作，了解全市人口疾病的构成和分布，研究防控办法，为2017年全面开展健康扶贫精准识别和分类救治打下了基础，提高了成效。

（三）健康扶贫更需要建立长效机制

健康扶贫对象是动态变化的，无法进行有效预测。为了最大限度地减少和避免因病致贫或返贫情况的发生，多部门需协同配合，构建起包含预防、识别、救治、补助、救济等在内的长效工作机制。

92

巡回诊疗下基层 健康服务助脱贫

一 情况

西藏自治区是中国国家层面深度贫困地区中唯一一个省级集中连片特困地区。由于地广人稀，农牧民居住分散，健康意识不强，加之基层医务人员相对匮乏、技能不足，基层群众卫生健康服务保障水平不高。2016年全区"因病致贫、因病返贫"建档立卡贫困人口为63394人。

近年来，通过加快推进贫困地区县乡村三级医疗卫生机构标准化建设，开展三甲医院（中国医院分级管理标准下的最高级）对口帮扶贫困县县级医院，深入实施健康扶贫行动计划，开展基层巡回诊疗活动等，目前西藏"因病致贫、因病返贫"建档立卡贫困人口已全部清零。

二 做法

西藏自治区卫生健康委坚持以人民为中心的发展思想，开展基层巡回诊疗，提升医疗服务保障能力，通过医务人员的精心服务，破解基层群众就医难题，促进基本医疗和基本公共卫生服务均等化，提升基层卫生健康服务能力和效率。同时，坚持问题导向，精准对接群众所需、基层所盼，深化改革创新，补齐发展短板，不断满足人民群众对医疗服务和健康生活的新需求，先后印发了《西藏自治区农牧区贫困人口大病专项救治工作实施方案》《西藏自治区建档立卡贫困人口慢病家庭医生签约服务工作方案》《西藏自治区农牧区贫困人口重病兜底保障实施方案》《西藏自治区结核病、肝炎、风湿病（骨关节疾病）综合防治工作方案》等政策性文件，为系统性开展基层巡回诊疗奠定了基础。具体做法为：

（一）整合资源，创新工作运行机制

一是整合人员，对援藏医疗专家和县乡村三级卫生队伍重新整合，由1—2名县级医院医生、1—2名乡镇卫生院医生、2名乡村医生组成5人左右巡回诊疗责任团队，整合专业技术力量，形成专业技术优势。二是整合工作内容，每个巡回诊疗责任

团队负责 1—2 个乡，每月入村入户进行 1 次上门巡诊，把健康体检、家医签约、基本公卫等卫生健康服务送到群众身边。同时，落实好健康扶贫、包虫病、结核病、乙肝等重大疾病防治等惠民政策，形成卫生健康服务合力。2019 年 5 月，在昌都市、那曲市和阿里地区的 10 县 96 乡镇率先开展试点工作，2020 年在全区 74 个县 699 个乡镇范围内推广。三是整合资金设备，通过整合各级财政和卫生健康部门的资金和项目，以及县乡两级医疗设备，加大对基层倾斜力度，为基层配置巡回诊疗车和医疗设备等，提升服务能力。

（二）部门联动，保障工作有序开展

一是协调财政部门，做好资金保障。协调财政部门调整支出结构，加大投入，做好巡回诊疗的设备配备、药品供应保障等工作。2019 年率先为三个试点地（市）配备了 50 辆符合基层实际工作的巡回诊疗车辆。二是协调教育部门，做好学生巡诊工作。协调教育部门给予基层巡回诊疗工作队大力支持配合，做好在校教师的发动和学生的宣传引导工作，保证巡回诊疗服务在学校的工作有序进行。三是协调宗教事务部门，做好僧尼巡诊工作。协调宗教事务部门给予基层巡回诊疗工作支持，加大工作宣传，有序引导僧尼参加健康体检，配合巡回诊疗团队开展巡诊服务。

(三) 强化帮扶，提高疾病救治能力

充分发挥内地三级医院对口帮扶县（区）医院、"组团式"援藏专家和援藏医院大后方优势，深入开展对乡镇卫生院的技术帮扶，重点对巡回诊疗中发现的危急重症及疑难杂症开展分析、判别、治疗，努力提高基层卫生健康服务能力。对需要到区外定点医院救治的，协调大后方定点救治医院，开通绿色通道，优先安排救治。以医联体方式牵头县（区）医院派驻乡镇卫生院的医生同时承担基层巡回诊疗活动任务，县（区）级医院派驻医生直接参加责任团队，对责任团队提供技术指导。

通过基层巡回诊疗，医疗卫生机构工作模式从"势单力薄"向"协作共赢"转变。基层巡回诊疗责任团队由县乡村三级医务人员组成，形成责任共同体、利益共同体，在人才、技术、管理方面更加注重协同发展，在设备、设施等方面更加注重统筹利用，在帮扶支持方面也更加主动。县级医院服务延伸到最基层组织，疑难杂症按照转诊程序顺利转到县级、市级医院，提高区域内就诊率，减少群众就医奔波和负担。基层医疗卫生机构在规章制度、技术规范、人员培训、内部管理等方面，得到责任团队的指导帮助，其管理水平、常见病、多发病的诊断和治疗水平等方面均得到提升。2019年，昌都市、那曲市、阿里地区三个试点地（市）289个乡

镇卫生院和2408个村卫生室标准化建设全部达到《西藏自治区基本医疗有保障工作标准》。

通过基层巡回诊疗，医务人员服务模式从"被动服务"向"主动上门"转变。基层巡回诊疗进一步加快了我区卫生健康工作重心下移、优质医疗资源下沉，将卫生健康服务关口前移，打通了基层群众看病就医"最后一公里"，较好地满足了新形势下广大农牧区群众对卫生健康服务的新需求，让疾病早发现、早治疗，让群众少生病、少生大病。2019年6—12月，昌都市、那曲市、阿里地区三个试点地（市）共组建71个责任团队，共计开展基层巡回诊疗630余场，签约64273户，完成健康体检26.4万人次，巡诊27.3万人次，宣传活动334场次，发放各类宣传材料3万余份，对巡诊发现的患者已全部建立跟踪随访服务机制。

通过基层巡回诊疗，基层群众就医理念从"首选大医院、找名医"向"小病不出村、大病不出市"转变。通过基层巡回诊疗的开展，现在农牧民群众在家门口就能享受到优质的医疗卫生服务资源，极大节省了就医时间和成本。2019年，全区基层医疗卫生机构诊疗量达960.4万人次，同比增长1.52%。基层巡回诊疗责任团队定期深入基层，开展疾病诊断、健康宣教、健康促进等巡诊服务，提高了群众对疾病的认知程度，加深了群众与医务人员之间的理解和认同。2019年,昌都市、那曲市、阿里地区大病集中救治达到100%,同比增长9.6%、4.1%、49.7%;重病兜底保障达到100%,同比增长5.2%、1.4%、71.4%;慢病签约服务达到99.1%、99.8%、100%,同比增长0.5%、4.4%、70.9%。

三 启示

(一)人员素质是关键

发挥基层巡回诊疗帮扶作用,提升基层医疗卫生人员素质,做好农牧民群众"健康守门人"。基层医疗卫生人员是构成医疗卫生服务网网底的核心,人员整体素质"高不高"决定了网底"牢不牢"。依托基层巡回诊疗"传、帮、带"作用,打造一支素质较高,适应需要的基层卫生人员队伍。

(二)体系建设是根本

以基层巡回诊疗为基础,强化县域医共体建设,提升基层医疗卫生服务能力。打破县域碎片化服务框架,以基层巡回诊疗为基础,建立县乡村三级整合型服务体系,推进县乡村一体化管理体制、服务体系、运行机制和就医秩序创新转型,实现医疗卫生资源共享,让群众看得上病、看得好病。

(三)精准服务是保障

以巡回诊疗为手段,进行疾病初步筛查,做好分类救治工作。基层巡回诊疗每一次巡诊，相当于一次筛查工作，对巡诊过程中发现的疾病做好分类管理、分类救治，通过采取"三个一批"，突出靶向治疗、因户施策，实现"贫进脱出、病进愈出"的目标。同时，要坚持预防在先、治未病、管慢病、防大病，提高群众健康意识，让基层群众"人人有管理，人人被服务，人人懂健康"，实现居民"一户一档，一人一策，一病一方"健康管理，从源头阻断因病致贫返贫的风险。

93

改造农村危房 打造安居家园

一 情况

辽宁省葫芦岛市绥中县自2012年以来，共实施农村危房改造8421户，其中建档立卡贫困户危房改造2156户，其他三类贫困户危房改造6265户。2019年全县农村危房①改造工作上下联动。一是实施建档立卡贫困户危房改造任务353户，其中：C级危房任务104户，D级危房任务249户，已完成竣工验收并拨付补助资金。二是实施其他三类贫困户危房改造任务666户，其中：C级危房任务146户，D级危房任务520户。上述危房改造任务中，已于2019年6月底前完成300户D级危房改造任

---

① 房屋危险性可划分为A、B、C、D四个等级，其中C、D等级被称为危房。C等级的房子被称为局部危房，D等级的房子属于整栋危房。

务并拨付补助资金；剩余366户改造任务，2019年11月30日前已全部开工建设，按照省、市要求，确保2020年6月30日前全部完成。三是实施因台风"利奇马"受损建档立卡贫困户房屋57户，其中C级危房45户，D级危房12户，已全部完工并验收合格。四是实施全县建档立卡贫困户住房安全评定工作，制作了A、B级房屋评定牌13800个，已分发到各建档立卡贫困户并挂牌。

二 做法

（一）精准部署，组织领导到位

2019年1月10日，绥中县组织召开脱贫攻坚推进会议，启动了全县建档立卡贫困户危房改造工作，并于2月28日全面完成了各乡镇建档立卡贫困户C级、D级危房等级评定工作。结合绥中县工作实际，制发了《绥中县2019年建档立卡贫困户危房改造工作实施方案》，成立了危房改造工作领导小组。多次召开调度会，针对个别工作进度缓慢的乡镇，县委书记与该乡镇负责人进行谈话。还成立了由县纪委书记任组长的危房改造督查工作小组，赴乡镇开展实地督查工作，并将督查结果下发通告。每5天汇总一次工作进度，每10天进行一次调度，从工作机制上确保此项工作能够真正落到实处。

（二）精准施策，核查改造到位

2019年创新开展脱贫攻坚"大普查、大清查、大调查、大督查"工作，从全县机关单位抽调普查员，对已脱贫和2019年脱贫的建档立卡贫困户进行核查，坚决做到村村核查、户户核实。对相关数据实行驻村第一书记、驻村工作队长、村书记、乡镇党委书记、帮扶部门层层备案机制，做到了底数清、情况明。在此基础上，采用"6项举措"分类推进危房改造工作：

一是针对王家店村等3个国家级传统村落，按照不破坏传统村落原始风貌的相关要求，采取维修、除险、加固等方式进行改造，在我县2019年建档立卡贫困户危房改造中通过上述措施实施改造共21户，其中C级13户，D级8户。

二是针对个别危房因连体无法拆除翻建等情况，充分利用村内闲置建设用地、闲置住房、闲置学校和厂房等，帮助贫困户解决最基本的安全住房，在绥中县2019年建档立卡贫困户危房改造中通过购置空闲房屋方式解决住房安全共3户，通过新建改造解决了住房安全共7户。

三是针对有子女但本人无能力建房的建档立卡贫困户，通过动员子女赡养并签订赡养承诺的方式解决安全住房，在绥中县2019年建档立卡贫困户危房改造中通过自行解决住房安全共 32 户；对个别有能力建房但因思想观念陈旧不愿翻建的，由乡村干部发动其亲友持续做好思想动员工作，确保顺利开工。

四是针对孤老贫困户，通过乡镇政府建房或养老院集中供养等方式，达到既解决安全住房又解决养老问题的效果，在绥中县 2019 年建档立卡贫困户危房改造中通过乡镇政府建房解决共 2 户，通过养老院集中供养解决共 2 户。

五是针对家庭人口较多或原住房面积较大的贫困户，由乡镇、村对无启动资金的贫困户提供担保，协调施工队、亲友及社会力量帮助其改造；或按照危房改造政策，采取除险加固方式予以解决，在绥中县 2019 年建档立卡贫困户危房改造中通过除险加固解决共 10 户。

六是针对由于继承等原因导致身份与房照不符或存在无照房的贫困户，由公证处和不动产登记中心为其办理公证或更名手续；对于办理有困难的贫困户，由乡、村出具证明材料，确认该房屋产权属于该户贫困户后，将其纳入改造范围，在绥中县 2019 年建档立卡贫困户危房改造中通过乡、村出具证明材料方式证明房屋权属情况解决共 54 户。

(三) 精准管理，监管督办到位

在管理方面，绥中县采取了 3 项主要措施：

一是加强督导检查，县委、县政府主要负责同志多次深入一线，召开现场会，县委书记、县长亲自调度工作，现场查看各乡镇工作推进情况，第一时间发现解决问题，并做到了举一反三，确保危房改造工作取得实效。二是严格资金管理，明确了国家和省、市、县资金使用范围和公告公示办法，专项资金直接打入已验收合格的贫困户专用"一卡通"账户，杜绝中间截留资金问题发生。三是强化工程质量管理，明确要求乡镇政府必须进行现场监管，我局对危房改造质量进行不定期抽检和督查指导，确保新建、改建住房全部质量达标。

三　启示

绥中县在上级各部门的有力指导下，精心组织、统筹推进、狠抓落实，农村危房改造工作取得了良好成效，从根本上改善了贫困人群的居住条件。采取的"三精准三到位"方法，有力保证了抓早、抓实确保农村危房改造任务圆满完成。

撑起特殊"幸福伞"
筑牢社保"兜底网"

一 情况

安徽省宿州市泗县是安徽省23个贫困革命老区县之一。全县总面积1856平方公里,辖15个乡镇、1个省级经济开发区(泗县当涂现代产业园)、187个村(社区),有脱贫攻坚任务的村(社区)183个,总人口96.2万人。2012年泗县被列为国家扶贫开发工作重点县。2014年全县有建档立卡贫困村65个,贫困人口30129户78561人,贫困发生率为9.07%,其中老年人14979人,占比20.43%;重度残疾人6567人,占比8.96%;患有大病的2277人,占比3.11%;有长期慢性病的18848人,占比25.71%。经过近几年持续攻坚,2020年全县剩余贫困人口1053户1902人，贫困发生率由9.07%降至0.22%，65个贫困村已全部出列。

泗县现有老年人口15.02万人，其中五保老人4495人，残疾人2.9万人，建档立卡一级残疾人1580人。青壮年劳动力大量外出务工，留守老人、独居老人、失能和半失能老人养老难、看病难问题比较突出。五保老人虽然由敬老院集中供养，但仍存在看病不方便等问题；困难残疾人分散生活在农村，存在家中无人照顾和看病难、脱贫难的状况。

二　做法

泗县针对农村重病重残和分散供养五保户等较多的情况，积极探索"县为龙头、乡镇主体、村为补充"集中供养护理模式，创造性地推行泗县养老托残县乡"三合一"、村级"五合一"模式及村级日间照料服务站运营模式有效解决农村养老托残、独居老人、无房老人生活困难的现实问题，而且有效盘活了村级存量闲置资产，把众多家庭劳动力从照顾五保、重残、独居老人中解放出来，探索出一条为农村特困人员综合提供养老、托残、医疗、照料等公共服务的新路径。

（一）依托县医院和乡镇卫生院，在县乡两级养老机构现有服务基础上，增设标准化卫生室，增加托养残疾人床位,实行养老、托残、医疗服务"三合一",让老人在养老机构里就能享受到高质量的医疗卫生服务。县社会福利院和15个乡镇敬老院,统一配备必要的医疗设备、药品,派驻医务人员24小时全方位提供医疗卫生服务。

(二)为化解农村部分重残老人、五保人员和独居老人恋乡情节,不愿集中至县、乡养老机构供养难题,泗县结合实际,充分利用村级现有闲置校舍、村部、卫生室和农户空房等基础设施进行改造提升,打造成乡镇敬老院村级分院(村残疾人托养中心),形成养老、托残、医疗、五保、老年房"五合一"服务模式。有的还设置村级幸福食堂,为农村有一定自理能力的五保老人、残疾人、独居老人、无房老人和特困社会老年人提供日间就餐、照护、医疗护理等服务。

(三)依托县乡集中养老托残"三合一"、村级集中养老托残"五合一"、村级服务站日间照料(幸福食堂),构建以县社会福利院和县残疾人托养中心为龙头,乡镇敬老院(乡镇残疾人托养中心)和乡镇卫生院为主体,村级敬老院分院和村级养老托残服务站为补充的三级养老托残服务体系,出台《关于加强全县重度残疾人托养和农村集中养老服务的意见》,明确了周督查月考核机制,加大民生保障投入,将全县公办养老机构管理人员、护理人员和儿童集中供养机构护理人员工资标准提高到 2300 元/人/月;卧床不起的全失能老人(残疾人)护工工资标准按照 3000 元/人/月标准发放;集中供养失能人员生活补贴按照轻、中、重度由每人每月 100 元、200 元、300 元提高到每人每月 300 元、500 元、1000 元,计划 2020 年实现全县重度残疾人和困难老人应托尽托、应养尽养,实现全县特困人员全部托管。

通过上述措施,泗县在县乡一级建设养老、托残、医疗服务"三合一"中心 17 所,在村级建设养老、托残、医疗、五保、老年房"五合一"中心 24 所,着力打造升级 187 个村级养老服务站和 30 个村级幸福食堂,为全县老年人和残疾人提供养老托残"乐园",目前集中供养总人数为 1065 人,解决了农村养老难题。

三 启示

养老问题难点在农村,短板也在农村,从本地养老实际出发,着力解决养老难问题,是各地脱贫攻坚难点的重要抓手,也是巩固脱贫成果的重要举措。"三合一"模式,破解了乡镇兜底脱贫困惑,不仅改变了残疾人在家无人照顾、看病难、难脱贫的现状,解决了五保老人难就医的顾虑,而且使养老机构吸引了更多重度残疾人，社会保障兜底的一批贫困户入住，重病重残的贫困人口难兜底的情况得到有效化解。

"五合一"模式，开辟了村级基本公共服务新途径。村级养老分院，通过公建公营、公建民营、民办公助等灵活多样的经营方式，在保障五保老人基本需求的前提下，把服务范围扩大到贫困老年人、贫困重度残疾人，向全社会有养老需求的老人、残疾人开放，尽可能多吸纳老年人、残疾人入住，从而真正实现社保兜底脱贫的功能。将打造乡镇敬老院村级分院暨残疾人托养中心，与提供村级基本公共服务的部门建设有机融合。"五合一"运营模式不仅解决村级养老托残的问题，解决独居老人、无房老人生活困难问题，而且是综合提供农村村级行政、教育、医疗等公共服务的有效形式，探索出一条有效解决村级基本公共服务难问题的新路径。

集中供养"失能"人员
帮助贫困家庭"松绑"

一 情况

重庆市奉节县幅员辽阔，境内山高坡陡，土壤贫瘠，沟壑纵横，是曾经的产煤大县和移民大县，2002年被确定为国家扶贫开发重点县。2014年建档贫困村135个，建档立卡贫困户34185户、贫困人口124425人，其中因病致贫8192户，因残致贫1855户。2015年11月以来，奉节通过全覆盖、网格化、地毯式入户走访，摸排出失能贫困人员（因病、因残致贫人员）948户1013人。失能人员面临生活长期不能自理、需要专人长期照顾、医疗费用负担过重等问题，严重束缚贫困家庭发展致富，往往致使家庭收入极低，居住条件简陋，脱贫信心不足，陷入绝望边缘,成为脱贫攻坚最难啃的"硬骨头"。

具体来说,一是许多失能贫困家庭成员,为了照顾家中失去劳动力、生活不能自理的成员,被"捆绑"住了正常劳动的手脚,无法创业就业,没时间没精力发展致富。二是很大一部分失能人员需要长期治疗,医疗费用居高不下,使家庭背上沉重的债务负担。另外,失能人员吃饭、穿衣等基本生活不能自理,如没有全程陪护,极易引发失能贫困人员人身意外伤害事故,加重家庭经济负担。一家有贫困失能人员,全家就会陷入深度贫困之中。三是在农村,失能人员特别是年轻失能人员容易遭到"歧视",许多家庭因此失去了奋斗的激情。失能或半失能人员所在的贫困家庭极易面临经济、精力和信心的全线崩溃,难以脱离困境。

针对农村建档立卡贫困户中的失能人员,奉节县积极探索脱贫攻坚新途径,在全国率先采取集中供养方式解决失能贫困家庭扶贫脱贫问题,取得初步成效。目前,已投资2600万元建设永乐、吐祥、草堂三个养护中心,累计供养失能人员605人。

二 做法

(一)率先探索,全国领先

为确保孤残困难家庭如期脱贫,释放失能人员家庭劳动能力，在全国率先对失能贫困人员实行集中供养，并将其作为一项政府兜底的民生工程和公益性事业着力推动。研究出台《奉节县孤残困难家庭失能人员集中生活帮扶试行办法》，采取"试点先行，规范管理，财政托底，购买服务，整体带动"的方式，探索建立贫困家庭和农村失能人员"政府兜底保障、释放劳动能力、助推脱贫攻坚"集中供养模式，减轻家庭的护理负担，有效释放贫困家庭劳动力，供养经验在全国交流和推广。

（二）规范程序，设定门槛

首先，由奉节县民政局、残联从残疾、低保、五保等数据库筛选出准入人员，再由县民政局、残联—镇街—村社三级把关审核，采取申报、核实、审批、公示四步工作程序，对城乡特困人员、城乡低保对象、农村建档立卡贫困户等贫困家庭中，不能自主完成"吃饭、穿衣、上下床、上厕所、室内走动和洗澡"六项日常生活活动能力中一项或多项指标、生活不能自理的失能人员，实行集中供养兜底保障。

（三）统筹到位，精准帮扶

整合各种社会保障、社会救助、慈善捐款等资金，按1名失能人员1500元/月的标准，由财政统一拨付，政府兜底保障。集中供养中心联合卫计、社保、教委等部门，对于失能人员及其家庭在医疗帮扶、再就业培训、教育费用减免等方面提供相应帮扶政策。指派专门医生定时负责失能人员身体检查和常见病处理，重大疾病由政府采取医疗救助方式对其进行帮扶。为入住失能人员建立动态管理档案，负责生活费用和日常管护。

（四）专业照料，体面生活

按1∶7的比例聘请专业护理服务人员，对供养人员实行专业照料，并科学合理地安排供养人员的饮食、住宿、学习和康复训练，让失能贫困人员过上有尊严和体面的生活。入住的失能人员还能根据自己的特长，由供养中心指导，从事力所能及的活动。失能人员生活在集体的大家庭中，互动交流愉快，生活治疗安心，深深感受到社会大家庭的温暖，更懂得感恩、崇德向善，增强了回报社会的信心和决心。

三　启示

通过集中供养失能人员，松绑了其所在家庭的劳力，换取家庭和地方的长足发展。

（一）小投入换取大收益

失能人员集中供养后照料成本大幅下降，平均每人每月为 1500 元，1 年为 1.8 万元。保守估算，松绑其所在家庭劳力后，户均收入可达到政府投入的四倍以上，实现失能人员家庭脱贫致富。

（二）全松绑促进再就业

平均每集中供养 1 名失能人员，就能释放 2 名以上劳动力。而这些挣脱了"束缚"的人员，其就业热情极高，健壮的劳动力得到全面释放，实现外地务工和本地就业等正常就业途径。

（三）释放大潜能助创业

失能贫困人员送入集中供养中心后，失能贫困家庭成员没有了后顾之忧，可以充分发挥自身的技术优势和区位优势，积极利用各项优惠政策，释放"自己脱贫自己干"的巨大潜能，走出一条自主创业脱贫致富之路。

帮扶失能贫困群众
脱贫攻坚不留死角

一 情况

四川省乐山市建档立卡贫困人口中，重特大疾病患者、重度残疾人、失能半失能困难人员近4000人，占贫困人口的2%。这类特殊群体，不仅自身基本丧失自主发展能力，还拖累其他有劳动力的家庭成员，又不符合农村特困人员的政策标准，成为制约家庭脱贫的"瓶颈"和整个脱贫攻坚工作的"短板"。

为此，乐山市"对症下药"，将符合条件的3457名特殊群体纳入了救助帮扶范围，其中：居家帮扶3189名、集中供养268名。这一惠民政策使贫困家庭负担得到有效剥离，近2600余名家庭成员劳动力得以解放，通过务工和发展产业增加收入，惠及贫困群众 10000 余人，减贫带贫比例接近 1∶3，取得了良好成效。

二　做法

乐山市以"不落下一户一人"的庄严承诺，于 2016 年 7 月召开市委常委会对特殊群体救助帮扶工作进行专题研究。在深入调查研究基础上，结合现有社会救助政策制度，于 2016 年 9 月出台《关于对建档立卡贫困人口中特殊群体实施居家和集中救助帮扶的意见》，按照政府主导、民政牵头、部门配合、社会力量参与的原则，对建档立卡贫困人口中特殊群体全面开展居家和集中救助帮扶，明确了"集中供养＋居家救助"的原则、内容和保障措施。

（一）精准识别，定准救助帮扶对象

一是明确救助对象范围。通过"自主吃饭、自主穿衣、自主上下床、自主如厕、室内自主行走、自主洗澡"六项指标综合评估，确定实施居家和集中救助帮扶对象，有 1—3 项指标不能达到的视为半失能，有 4—6 项指标不能达到的视为失能。二是制定"居家和集中救助帮扶审批流程图"。将受助对象认定工作划分为"户申请→村评议→乡审核→县审批"四个步骤，严格把好进村入户"调查

关"、民主评议"公平关"、规范环节"程序关"、公开公示"监管关"、严格审批"认定关"五道"关口",精准识别认定救助帮扶对象。三是严格甄别复核。充分利用民政"低收入居民家庭经济状况核对平台"和扶贫大数据平台对申请对象进行甄别复核,确保"真贫困一户不漏,假贫困一户不进"。

(二) 因人施策,定制救助帮扶方式

一是集中供养。整合社会福利院、养老机构、闲置乡村学校等国有资产,打造各具特色的集中供养点。按照"个人自愿、就地就近"的原则,优先为失能半失能人员提供集中供养服务。目前,全市已建成集中帮扶机构(点)27个,集中供养失能半失能人员320人。如井研县研经镇四方村贫困户周泽锡,年迈体衰、重病缠身,生活起居全靠养女周倩居家照顾,一家人的生活过得风雨飘摇。2016年10月,他作为首批救助对象入住井研县"脱贫幸福村",养女周倩也找到了一份工作,并结婚生子。二是亲属照料。对不愿意接受集中供养的受助对象,优先选择与其有亲情关系但无法定赡养抚养扶养义务的亲属,通过投亲寄养或亲属上门照料方式,实施居家救助。如马边彝族自治县荍坝乡双河村贫困户周林,离异多年,因遭受意外部分丧失生活自理能力,生活重担全落到独女周前梅身上,为照顾父亲,她只能在家附近干些零工,每月收入仅

四五百元。接受居家救助帮扶后,周林入住其兄弟家中,由弟媳贺光菊负责日常护理,女儿周前梅则安心外出务工,每月增收1500元左右。三是邻居帮扶。对有自理能力、不愿意接受集中供养、也无符合帮扶条件亲属的受助对象,按照"就近方便、双向选择"原则,优先安排党员邻居、关系和睦的邻居,实施"一对一""一对多"结对帮扶照料。如市中区悦来乡道华村贫困户李佰洲,肢体残疾二级,常年趴在木板上编制售卖筛子和筲箕,以维持其与女儿的基本生活,女儿成年后为照顾父亲,只能留在家中。接受居家救助帮扶后,邻居李玉贵帮扶照料李佰洲,其女儿和大孙儿每天外出务工,每月增收2000元左右。

(三)健全机制,定牢救助帮扶制度

市、县两级将集中救助帮扶机构基础设施建设经费和运行经费、承接家庭护理费、受助对象生活费和医疗费等经费全额纳入财政预算,对接受集中供养和居家救助的救助对象,按每人每月400元和300元给予生活费补助;对承接家庭或社会组织,根据失能、半失能、生活能自理三类标准,按承接人数分别给予供养方每人每月300元、200元、100元的护理费补贴。村(居)民委员会负责落实救助工作承接主体;受助对象如实报告个人身体状况及家庭情况,自觉服从安排与管理;法定义务人负责

履行探视、交纳少部分生活费等义务；集中供养机构按照不低于3∶1和6∶1的比例，相应配齐失能、半失能受助对象的护理人员，负责受助对象的生活、医疗、护理及日常管理，确保管理服务质量达到约定要求。建立救助帮扶对象管理台账，及时了解掌握救助帮扶对象家庭、法定义务人信息和法定义务人履行义务的情况，动态监测评估，对因劳动能力、生活来源及赡养抚养扶养能力发生变化，不再符合救助帮扶条件的对象及时终止其救助帮扶资格，切实做到应救尽救、应退则退，确保救助帮扶工作公平公正。

三 启示

（一）脱贫攻坚要加强系统思维

对建档立卡贫困人口中特殊群体实施居家和集中救助帮扶，剥离了家庭负担，释放了贫困家庭的劳动力，使有劳动能力的人有时间和精力发展生产、自主创业或外出务工，从而增加家庭收入，为贫困家庭脱贫摘帽、实现小康创造了条件。同时，也让特困家庭真正感受到国家的关怀和温暖，实现了经济效益、社会效益、政治效益多赢的局面。

（二）脱贫攻坚要提升幸福指数

居家和集中救助帮扶对象大多为重特大疾病患

者、重度残疾人、失能和半失能人员等特殊群体，长期拖累家庭，多种原因使他们得不到生活照料和精神慰藉。实施居家和集中救助帮扶后，由于居住环境和生活条件更加优越，供养人员及其家属心态更加积极向上，精神面貌明显改善，生活幸福指数显著提升。

（三）脱贫攻坚要弘扬传统美德

邻里互助、扶贫济困、孝亲敬老是中华民族的传统美德，实行居家救助帮扶正是弘扬这一美德的生动实践。同时，各集中救助帮扶点对救助帮扶对象开展遵纪守法、团结友爱、履行法定义务等社会主义核心价值观宣传教育，对于全社会形成遵规守纪、爱国敬业、孝亲敬老、诚信友善的社会新风尚具有重要的推动作用。

97

精准施策搞帮扶　残疾人稳定脱贫

一　情况

宁夏回族自治区固原市隆德县地处六盘山集中连片特困地区，是国家级贫困县，总人口18.3万人，其中残疾人1.5万人，一、二级重度残疾人6108人。2013年底确定贫困村70个，建档立卡贫困户10167户39612人，贫困发生率28.5%。经历年动态调整，现有建档立卡贫困户10097户39188人，其中残疾人2846人，占7.26%。

近年来，隆德县针对残疾人文化层次低、致富能力弱、收入来源少等现状，采取一系列行之有效的精准扶持措施，实现了残疾人稳定脱贫。截至2019年底，全县70个贫困村全部销号，10048户39025人实现脱贫，其中残疾人2826人。

二 做法

(一) 产业模式

通过"龙头企业（合作社、种养大户、村集体）+残疾人"的产业模式，确保残疾人有稳定增收渠道。一是加大产业补贴力度，鼓励有基本劳动能力、能自主发展产业的轻度残疾人发展种养殖产业，重点发展养鸡、养蜂等轻体力产业。二是以入股、土地流转、代种（代养）的形式将残疾人贫困户与龙头企业、合作社、产业大户等经营主体捆绑在产业链上，在实现经营主体稳定增收的同时，通过分红、土地流转费、产业收益形式，帮助残疾贫困户增收。三是建立村集体"兜底"机制。不断发展壮大村集体经济，获得收入优先保障无人赡养、无收入来源、无自理能力残疾人的基本生活。四是发展"扶贫车间"带动就业。采取"政府投资+社会帮扶+企业自筹"模式，在全县建成人造花、中药材、小杂粮等各类扶贫车间39个，安排有基本劳动能力的残疾人就业。五是购买公益性岗位保障收入。设立生态护林员等公益性岗位，安排无法离乡、轻度残疾人等贫困户劳动力，参与森林资源管护、环境保洁等公共服务，实现生态效益和贫困户增收双赢。

1021名轻度残疾人通过自主发展轻劳动型产业实现稳定增收。龙头企业、合作社等各类经营主体带动64名残疾人稳定增收。通过生态护林员和公益性岗位,安排1092人实现就业增收,其中轻度残疾人547人,并给予每人每年7000—10000元的岗位补贴。

(二)托养模式

通过"安置+就业+残疾人"托养模式,筑牢残疾人脱贫保障。将残疾人托养与扶贫相结合,建成全区第一家集残疾人托养、工疗、康复、就业、创业为一体的县残疾人托养中心和3个乡级残疾人托养机构。积极对接企业,安排适合轻度残疾人的就业岗位。在残疾人托养中心建设人造花扶贫车间,提供组装等轻技术、轻体力工种,安排15名重度残疾人在康复间隙间断性、辅助性就业。在残疾人托养中心建设电商服务中心,搭建电商平台,通过岗前培训,帮助残疾人进入电商服务行业从事工作;建立手工艺制作室,为掌握编制、剪纸、刺绣等一技之长的轻度残疾人提供创作、创业平台,并通过电商平台销售其作品。

通过残疾人托创中心,托养残疾人181人,实现贫困残疾人托养全覆盖。残疾人电商创业协会累计完成销售订单300余万元,带动特困残疾人就业200多名。利用托养中心建成的人造花车间、民间花灯灯饰制作室，吸纳30名被托养的残疾人就业，月收入500—2000元。利用托养中心与县工业园区毗邻优势，组织40名有劳动技能的残疾人及家庭健康劳动力到企业就业，人均月收入800—2000元。安排全县1474名轻度残疾人到扶贫车间务工获得工资性收入，其中贫困户419人，人均月收入1600元以上。

（三）赋能模式

通过"教育（培训）+残疾人"的赋能模式，切实提升残疾人自我发展能力。一是落实教育扶贫政策。加强因残、因贫辍学残疾儿童少年返学工作，全面落实义务教育阶段为残疾学生免费提供教科书、免除杂费，对寄宿生补助一定生活费的"两免一补"政策，积极推进残疾学生高中阶段免除学杂费，优先安排残疾人贫困学生享受各类助学金，对贫困残疾人家庭大学生子女优先安排助学金和助学贷款，避免因残、因贫辍学现象发生。二是加大技能培训力度。将有基本劳动能力的贫困残疾人纳入新型职业农民培育工程，开设特色剪纸、编制刺绣及种养殖技能培训，确保贫困残疾人家庭劳动力至少掌握1—2门致富技能，并在每个行政村选派1个农业技术团队，优先指导残疾人科学发展种养业。三是加大职业教育力度。鼓励贫困残疾人家庭子女接受职业教育，全面落实各项助学资金，切实提升残疾人家庭脱贫能力。

（四）保障模式

通过"政策（措施）+残疾人"保障模式，兜住残疾人脱贫底线。一是提高低保标准，将残疾人贫困户全部纳入低保范围，每人每年给予最少3800元的保障资金，保障其基本生活。最大限度发挥农村临时救助作用，将每月临时救助优先安排给残疾人家庭，做到应保尽保。二是加大残疾人医疗救助力度，深入推进分类精准救治，将特重大疾病全部纳入救助范围。深化家庭医生签约服务，开展定期免费体检和上门跟踪服务。严格落实困难残疾人生活补贴和重度残疾人护理补贴制度，提高贫困家庭重度残疾儿童抢救性康复能力。对符合条件的贫困残疾人基本医疗保险个人缴费部分，全部由县财政承担。三是每年从统筹整合涉农资金中安排200万元开展"阳光助残小康计划"行动，按照每户不低于4000元标准，扶持500户有发展能力和愿望的残疾人贫困户发展产业。四是聚焦重度残疾人、精神病患者等特殊群体，全面落实特殊人群救助政策和供养措施，通过农村老饭桌、农村幸福院、残疾人托养中心，有效保障其基本生活。

建立"一认定双保障多兜底"机制，确定双保障兜底户107户284人，落实政策和产业双保障，并通过产业带动、金融扶持、社会保障等推进扶持。

三 启示

（一）创业就业机会是残疾人实现脱贫的最好途径

按照残疾人身体条件，结合县情实际，通过政府购买公益性岗位，建立残疾人就业、创业基地，让残疾人有稳定的工资性收入，才能更好实现可持续脱贫。

（二）自立自强信念支撑更有助于残疾人稳定脱贫

残疾人群体陷入贫困的原因不只在于生理方面的不便，更在于心理陷入桎梏。实现残疾人稳定脱贫，首先要解决"自我否定"的心理问题。通过残疾人"托创"、残疾人电商协会等，有效缓解贫困残疾人的各种压力，帮助其树立自尊、自信、自立、自强的信念，让贫困残疾人以更好的心态脱贫。

（三）完善的社会保障机制是兜住因残返贫的底线

有针对性地出台扶、帮、带、兜等多种措施，因人而异分类扶持，并不断完善社会保障机制，建立以民政低保、临时救助、残疾津贴为主体，以老饭桌、敬老院、幸福院、托创园为辅助的综合保障体系，全面筑牢因残致贫返贫防线，才能兜住返贫底线。

98

产业振兴贫困村　企业搭建扶贫桥

一　情况

云南省大理州南涧县是彝族自治县，素有"中国民间跳菜艺术之乡"的美誉。全县土地面积1738.82平方公里，山区面积占99.3%，辖8个乡镇、81个村（社区），总人口22.77万人，是国家扶贫开发重点县、云南省滇西边境山区少数民族集中连片特困地区县之一。全县有4个贫困乡镇，68个贫困村（其中深度贫困村51个），建档立卡贫困户14463户56705人，2014年贫困发生率高达28.05%。

2019年，南涧县完成生产总值72.08亿元，同比增长10.1%，城镇常住居民人均可支配收入3.52万元，同比增长7.8%，农村常住居民人均可支配收入1.02万元,同比增长10.1%,综合贫困发生率降为1.32%,提前一年脱贫摘帽。

二　做法

(一)产业振兴

近年来,南涧县以高原特色生态农业产业的"一片烟、一杯茶、一个核桃、一头牛、一只鸡、一棵药"的"六个一"产业为主,投入各级各类资金4亿多元,围绕"六个一"主导产业提升工程,抓好产业扶贫和就业扶贫政策落实,保持行业扶贫政策精准到户到人。

一是坚持"产业+扶贫",实施产业振兴工程。实施10万亩森林蔬菜和特色水果提升工程、乡村文旅产业提升工程,着力构建"企业+专业合作社+建档立卡户"利益双绑机制,促进贫困户持续增收。

二是坚持"产业+金融",实行扶贫小额信贷政策。推进扶贫小额贷款落地,确保符合贷款条件且有贷款意愿的建档立卡贫困户能贷尽贷,贷款余额2.54亿元。

三是以就业为导向,实施精准培训项目。建立"企业订单、培训机构列单、培训对象选单、政府买单"的培训机制,采取政府引导、社会参与、市场运作的培训模式,瞄准市场用工需求大、就业稳定、收入较高的职业(工种),围绕市场需求和劳动者意愿实施精准培训,在全县80个村(社区)大规模开展农业、林业等职能部门引导性培训,确保有培训意愿的贫困劳动力100%参加培训。2019年完成新增转移就业人员8199人。加大乡村公益性岗位开发力度,开发2095个岗位,让贫困群众就近就地就业。

四是结合产业发展,积极创建生产基地。结合茶叶、核桃、乌骨鸡等产业发展需求,积极创建扶贫车间,认定扶贫车间14个,吸纳就业1559人,其中建档立卡贫困劳动力489人。加强与县内高速公路和铁路等重点工程、中小企业用工对接,全力做好招聘信息发布、外出务工组织、外出务工人员车辆保障等服务工作。

五是坚持扶志扶智,激发群众脱贫内生动力。坚持"扶贫先扶志",强化对贫困群众的教育力度,激发贫困群众内生动力。积极探索采取以工代赈方式,组织贫困劳动力参与扶贫项目建设。推行帮扶政策和贫困群众参与情况挂钩,实行乡村保洁员管理制度,每个村民小组配备1—3名乡村保洁员,负责清扫和垃圾收集处理;每个行政村设管理员1名,负责管理、监督村组保洁员;每个村建立"爱心超市",制订超市积分兑换标准,对参加集体劳动、公共环境清扫和子女高考就学等的村民给予积分奖励,可在"爱心超市"兑换生活用品和生产工具等商品。

(二) 结对帮扶

2018年,上海国盛(集团)有限公司积极响应国家脱贫攻坚战略,对南涧县开展为期三年的帮扶,发挥在资金、市场、管理、信息、人才、技术、服务等方面的优势,积极促进南涧县产业发展、农村基础设施建设和生态环境保护,双方签订村企精准帮扶协议,架起了精准扶贫的"村企之桥",确保对口帮扶取得实效。

一是建立机制。国盛集团与南涧县建立了党政主要领导牵头的联席会议制度,牵头抓总体谋划,统筹协调、有序推进结对精准帮扶工作落实。双方建立了定期互访机制,国盛集团主要领导每年带队到南涧县和对口帮扶贫困村现场调研,召开现场座谈会,研究解决当地的困难和问题。南涧县主要领导赴上海学习调研由国盛集团投资建设的乡村振兴示范点,为南涧县巩固发展脱贫攻坚成果开阔视野。

二是落实责任。国盛集团明确下属三家企业与南涧县下辖三个贫困村精准扶贫结对,每年拨付帮扶资金30万元,累计已拨付90万元,为三个贫困村建设农村道路,建立"爱心超市"。每年采购当地农特产品 50 多万元，资助参加全国农特产品洽谈会，通过消费扶贫拓展南涧县农特产品销售渠道，筑起精准帮扶村企共建桥。

三是拓展渠道。为拓展当地农特产品销售渠道，集团与建设银行上海市分行合作，协助云南当地扶贫商户免费入驻"善融平台——国盛集团扶贫馆"，精准链接 2600 万个会员、5 万多商户，建立产品销售长效机制。下一步，将按照"产业+基金+基地+智库"的模式，将乡村振兴示范点的成功经验向南涧延伸，助力当地乡村振兴。

三 启示

一是展现脱贫攻坚精神。在脱贫攻坚实践中，南涧干部职工自觉将节假日、双休日作为"扶贫奉献日"，夜以继日忘我工作，签下责任书，立下军令状，承诺"两顶帽子只能留一顶，不脱贫困帽就脱官帽"，开展"顶在前面、干在难处"专项行动，展现出"团结创新、奉献拼搏、实干担当、敢战能胜"的精神。

二是创建"村企合作模式"。村企共同组建专业合作社，企业为合作社提供工程项目实施平台及爱心帮扶，镇村负责合作社运营监控和资金运转监管。合作社依托企业支持，又能承接企业服务、维护等劳务项目带动劳动力转移,将所有贫困户吸收为社员并给予分红,实现了"村有产业、家有就业、户有分红"的"企地共建"精准扶贫模式。

三是采取措施巩固脱贫成果。强化责任落实保障,防止思想松懈滑坡;强化产业就业保障,防止收入减少;强化就学资助保障,防止因学返贫致贫;强化医疗救助保障,防止因病返贫致贫;强化社会综合保障,防止因灾致贫返贫;强化励志行动保障,防止内生动力不足返贫致贫的"六强六防"措施,确保了脱贫攻坚成效持续巩固。

99

对口扶贫协作 "输血"变"造血"

一 情况

宁夏回族自治区西海固地区山大沟深、干旱少雨、生态脆弱，吃水难、行路难、上学难、看病难、种粮难等问题严重，20世纪70年代，被联合国粮食计划署专家认定为"不适宜人类生存的地方"；据统计，1994年西海固地区162个乡镇中贫困乡镇占比60.49%，230万人口中温饱线以下人口占60.87%。2011年，西海固地区被列入国家确定的14个集中连片特困地区之一。

为改善西海固地区的生态环境和群众生活，20世纪80年代，宁夏开始实施西海固地区的生态移民搬迁，动员当地部分贫困群众另谋生活出路。1990年10月，在国家支持下，宁夏组织西海固地区1000多户贫困群众搬迁到银川市永宁县，在戈壁荒滩上建立两处移民点，开始了有组织的易地搬迁扶贫。1996年，中央决定实施东西部扶贫协作，福建省（简称闽）对口协作帮扶宁夏。1997年7月宁夏在永宁县移民点建立了闽宁村。经过23年闽宁协作，最初8000多人的闽宁村发展成6个村6万多人的闽宁镇，全镇移民群众人均纯收入由搬迁之初的500元人民币跃升到2019年的13970元人民币，增长了27倍，贫困发生率从11.6%降至0.197%，从"赤贫"生活走向全面小康。23年来，在闽宁镇的示范带动下，涌现了110个闽宁协作示范村、20多个闽宁协作移民新村、320个易地搬迁安置区，累计接收易地搬迁移民100多万人，根本上改变了西海固地区贫穷落后的面貌，实现了迁得出、稳得住、致得富。

二 做法

23年来，福建和宁夏按照"联席推进、结对帮扶、产业带动、互学互助、社会参与"闽宁对口扶贫协作机制，把帮扶闽宁镇作为对口扶贫协作重点，突出高层推进、规划先行、政策引导，制定了一系列扶持举措，出台了一系列政策，共同整合优质资源和力量，政府、企业、社会齐发力，打开了闽宁镇移民贫困群众脱贫致富之门。

(一) 强化资金支撑，增进造血功能

两省区坚持把资金投入作为发展产业、稳岗就业、改善民生的重要支撑，不断加大投入力度。2019年福建援助资金达到1.53亿元人民币，支持产业发展、基础设施20个大项目建设，惠及移民搬迁人口15441人；宁夏整合财政、地方债资金9200万元人民币，重点用于贫困户产业项目、资产收益扶贫，不断增强帮扶资金的造血功效。同时，撬动社会力量助力，2019年福建社会各界捐款捐物583万元人民币支持闽宁镇扶贫事业，为闽宁镇发展注入了活力。

(二) 强化产业带动，促进增收脱贫

建立了政府引资、企业主导、社会参与的产业发展新机制，推动闽宁镇产城人融合发展。

着力发展扶贫产业，共建总面积4721亩的闽宁扶贫产业园，重点发展种养殖、食用菌加工、纺织加工等绿色环保、劳动密集型产业，引入福建籍企业11家、累计投资15.3亿元人民币，常年带动就业1095人。

着力做强葡萄酒产业，扶持发展闽宁镇周边13家酒庄、年产葡萄酒2.6万吨，闽籍企业德龙酒庄种植10万亩有机葡萄、吸纳5000个周边群众季节就业；引进世界500强厦门建发集团打造集红酒销售、文化旅游、东西协作培训为一体的产业项目，引办中国酒协会葡萄酒培训中心、宁夏葡萄酒局，运营葡萄酒学院、葡萄酒一条街，打造"贺兰红""柏雅"等葡萄酒品牌；在台商投资区建成闽宁协作扶贫展厅，拓展消费扶贫模式，2019年帮助销售葡萄酒等特色农产品1.31亿元人民币，带动贫困人口增收4856人。

着力繁荣商贸旅游业，建成占地面积2257亩的闽南特色新镇区，引入电商、快递企业13家，开业运营扶贫电商一条街，打造全国扶贫及闽宁协作经验交流示范基地；建成闽宁游客集散服务中心，组织赴台湾开展文化旅游产业暨特色产品推介活动，带动闽宁镇旅游业全方位起步。

（三）强化结对帮扶，促进深度交流

福建先后组织沿海地区25个县（区）与宁夏9个贫困县（区）结成帮扶对子。形成了区、镇、村"3+1"共建模式，2019年开创了两村帮一村、9家企业（社会组织）帮村新模式，开展"百企帮扶"行动，从基础设施建设、民生保障、特色产业发展、人才支撑等方面着手，实现两地产业、教育、卫生、旅游等更宽领域、更大力度、更深层次的交流合作。

（四）强化人才交流，增进智力支援

针对闽宁镇建立了互派干部挂职锻炼和定期交流机制，福建陆续派出4名处科级干部挂职2年，派出70多名医教师、医生、商务、文旅等专业技术人才驻点帮扶半年以上，促进项目落实、招商引资、交流合作；闽宁镇每年派出1名干部到福建挂职，定期选派村干部及致富带头人到福建进行一个月的交流学习，提升了脱贫攻坚能力。建立了企业人才工作队常驻机制，派遣福建龙头企业人才、菌菇产业技术人员到闽宁镇企业帮扶，导入先进理念、技术、信息。

（五）强化民生保障，激发内生动力

福建把改善民生、解决"三保障"问题作为基础工作，持续发力。注重抓义务教育帮扶，筹资3000万元援建闽宁镇角美小学，每年投入教育助学资金20万元人民币帮助闽宁镇贫困学生；先后选派70名教师支教，福州、漳州7所中小学与闽宁镇中小学结对共建，搭建远程同步教学平台，带来发达地区先进教学理念，提高闽宁镇办学水平，有力阻断贫困代际传递。注重抓基本医疗帮扶，投入援助资金500万元人民币建设闽宁镇卫生院门诊大楼，安排漳州市第五医院与闽宁镇卫生院结对，选派3名医生驻点帮扶，引进先进医疗技术、培养学

科人才，提升基础医疗和公共卫生服务水平。注重抓人居环境改善，投入援助资金6200万元人民币实施农村环境综合整治，提升污水治理、饮水安全、住房安全水平，增强贫困村发展后劲；引进福建社区治理经验，设立建档立卡贫困户量化管理工程。

三 启示

（一）坚持政府主导和市场机制有机结合

发挥政府主导作用，制定战略规划、搭建发展平台、推动脱贫攻坚政策落实的同时，重视市场机制作用，牢牢抓住增强闽宁镇自身"造血"能力这一关键，把发展特色产业作为提高自我发展能力的根本举措，走出了一条企业合作、产业扶贫、项目带动的"造血"式扶贫路子。

（二）坚持社会力量广泛参与

在推动闽宁镇发展过程中，两省区坚持把脱贫攻坚作为头等大事和第一民生工程，积极搭建社会扶贫参与平台，培育多元社会扶贫主体，引导各类企业到贫困地区投资兴业，构建起了全社会共同参与的大扶贫格局，形成了"携手奔小康"的强大动力。

(三) 坚持"扶贫必先扶志"

福建在给予资金帮扶的同时，更带来了改革发展的新理念，促进了闽宁镇干部群众思想观念的转变。"爱拼才会赢"的福建精神，激励着闽宁镇干部群众进一步解放思想、艰苦创业。

发挥政协优势　助力脱贫攻坚

一　情况

云南省高山大川纵横、多民族聚居杂居，因历史和地理等因素所致，截至2018年初，全省129个县（市区）尚有73个贫困县、5732个贫困村、332万贫困人口，26个民族中有11个民族处于深度贫困状态，贫困面全国最大、贫困人口全国最多，是全国脱贫攻坚主战场。

云南省政协发挥全省各级组织和委员的优势，致力为助推全省各族贫困群众如期脱贫贡献自身的智慧和力量。仅2019年度，全省政协系统为贫困户劳动力提供就业岗位171085个；帮助贫困户选择12499个合适的产业项目；为贫困户产业发展提供技术服务35238次，共投入资金3622.465万元，受益群众 722780 人；为贫困户农产品提供销售渠道 17947 次；为贫困村开展义医义诊活动 6056 次，受益群众 559141 人；解决健康扶贫方面的实际问题 9977 个，共投入资金 5510.249 万元，受益群众 499831 人；为贫困村开展文化活动 8730 次，共投入资金 1887.49 万元，受益群众 3424022 人；为贫困村开展爱心义捐活动 8451 次，捐赠资金 9687.0372 万元；资助贫困学子 74582 人，共投入资金 6679.918 万元；为贫困地区教育办实事 2432 件，共投入资金 9844.30 万元；为精准扶贫提出好建议 41286 条。

据统计，2019 年全省百万贫困人口"挪穷窝、换穷业"，实现了"拔穷根、摘穷帽"，136.8 万贫困人口净脱贫、3005 个贫困村出列、33 个贫困县申请摘帽，11 个在新中国成立后，直接由原始社会过渡到社会主义社会的民族（以下简称"直过民族"）和人口较少民族聚居区，实现整族脱贫。2019 年的全省贫困发生率从 17.09%，降至 1.32%。2021 年初实现全面脱贫。

二 做法

云南省的省、州市、县（市区）三级政协组织和 3 万余名政协委员，在中共云南省委的领导和支持下，积极投入脱贫攻坚助推行动，以产业扶贫、就业扶贫、教育扶贫、健康扶贫、科技扶贫、文化扶贫"六个助推"为主攻方向，以"为贫困户劳动力提供一个就业岗位、帮助贫困户选择一个合适的产业项目、为贫困户产业发展提供一项技术服务、为贫困户产品销售提供一个渠道、为贫困村开展一次义医义诊活动、为贫困村开展一次文化活动、为贫困村开展一次爱心义捐活动、资助一名贫困学子、为精准扶贫提出一条好的建议"的"九个一活动"为抓手，按照"群众所需，政协可为，委员所能"的原则，有力出力、有钱出钱、有智出智，全力助推云南全省脱贫攻坚。

（一）广泛凝聚助力扶贫

在深入调研、达成共识后，2018年8月省政协召开大会向全省各级政协的3万委员作全面动员，出台了《关于在全省政协系统开展脱贫攻坚助推行动的意见》，要求全省各级政协把助推行动列入议事日程，摆在重要位置，确保抓出成效。全省三级政协通过召开党组会、主席会议、常委会、全体会等形式，认真学习中央和省委脱贫攻坚决策部署、深入分析本级脱贫短板弱项，引导广大委员把思想认识统一到中央和省委的决策部署上来，统一到助推行动的任务要求上来，凝聚起齐心助推脱贫攻坚的强大共识。

(二) 建立助推行动工作机制

为确保助推行动扎实有效、持续发力，三级政协及时成立脱贫攻坚助推行动领导小组，由各级政协主席担任组长，加强领导；坚持每季度召开一次推进会制度，听取进展情况，总结经验、解决问题，2019年已召开全省政协系统推进会7次。建立省政协主席班子成员分片联系脱贫攻坚任务重的州市、县（市区）调研指导机制，督促落实；组建助推队伍，各级政协抽调精干人员成立助推行动领导小组办公室，负责本级助推行动的联系协调和服务保障工作，当好参谋助手。政协各专门委员会负责各界别政协委员的宣传和组织发动，层层压实工作责任。以各专门委员会和界别小组为基本单元搭建助推平台，实现"委员所能"与"群众所需"有效对接。为调动委员参与积极性，通过召开全体委员会议、常委会、界别小组会议、发微信或短信、打电话、发倡议书和公开信等方式，做好宣传发动。全省30182名政协委员有30154名参与，参与率达99.9%。

(三) 聚焦重点实施精准助推

助推行动启动时把目标聚焦在2019年、2020年计划脱贫摘帽的40个贫困县和7个还没有整族脱贫的"直过民族"、人口较少民族开展精准助推。

2020年根据剩余脱贫任务，进一步把力量聚焦到尚未摘帽的7个贫困县和剩余贫困人口超过5000人的8个重点县，以及怒族、傈僳族两个民族的整族脱贫开展精准助推；持续做好已脱贫摘帽县的脱贫成果巩固。

（四）树立典型激发示范效应

坚持典型示范引路，不断推广经验的做法。如：省政协民族和宗教委员会在劳动力密集型用工企业与贫困程度较深的州市政协、县政协间牵线搭桥，为贫困群众解决务工难的问题，已培训转移3000余名贫困家庭劳动力到沿海发达地区就业；普洱市政协建立横向到边、纵向到底、上下贯通的助推行动体系，助推了本市6个贫困县如期摘帽；曲靖市政协发动全市政协委员，在所属9个县（市区）各打造2个助推示范点等。同时还总结推广了一批委员助推典型：如，省政协委员赵中柱踊跃参加多项助推的同时，还一次性捐款10万元助学；港澳委员张有沧心系内地教育扶贫事业，捐款20万元资助贫困学子；楚雄州政协委员苏光平，以酒店餐饮消费为渠道，采取酒店"点菜"，贫困户"种菜"的方式，带动全县餐饮业消费扶贫；文山市政协委员杨华从事果蔬种植及出口生产，发挥龙头企业优势，扶持贫困群众发展果蔬产业，帮助贫困群众从"土里刨食"变为"地里生金"；大理州政协委员王汝荣开展电商扶贫推销农产品,让贫困群众的"丑苹果"卖出好价钱;香格里拉市政协委员邱志豪捐资100万元帮助藏区贫困群众发展高原特色产业,带领群众摆脱贫困;等等。一年多来,共有107个政协组织和57名政协委员,在全省政协系统脱贫攻坚助推行动推进大会上介绍了助推经验做法。

三 启示

云南政协系统组织开展的脱贫攻坚助推行动是一次围绕中心工作大局,结合云南贫困实际,聚焦基层民生关切,三级政协组织、全体政协委员积极参与的共同行动,为政协履职提供了有益启示。

(一)要勇于担当

各级党委对政协脱贫攻坚没有硬性指标任务,全省政协系统在认真完成好党委安排的定点扶贫任务的同时,主动担当作为,积极开展脱贫攻坚助推行动,把困难群众的"幸福指数"建立在自己的"辛苦指数"之上,彰显了新时代人民政协应有的使命担当。

(二)要凝聚共识

各级政协注重思想政治引领,充分做好宣传发动，形成"攻坚共识"这条线，把分散在各地各方面的委员这一颗颗珍珠"串成链"、一粒粒星火"聚成团"，为全省脱贫攻坚汇聚起磅礴力量。

（三）要有为民情怀

委员们通过面对面体察群众衣食冷暖，深化了爱民为民情怀，一批批贫困劳动力走进委员企业务工增收，一次次义医义诊为大山深处的贫困群众送去健康，一笔笔爱心资助让贫困学子重返校园，一期期科技培训提高贫困群众生产技能……实现了人民政协为人民的宗旨。

（四）要发挥优势

联系广泛、人才荟萃、智力密集是政协的优势所在。全省政协开展助推行动，充分释放了政协组织的独特优势，真正做到了部署时"说得好"、工作上"行得通"、行动中"有成效"，切实为扶贫脱贫事业贡献了政协力量。

后　　记

为回应广大非洲朋友的关切，讲好中国脱贫减贫故事，在全国政协中非友好小组的大力支持下，中国非洲研究院编辑出版了《中国精准脱贫100例》。全国政协中非友好小组通过各省、自治区、直辖市政协征集当地精准脱贫的典型案例，并分类精选了其中100个用以编辑成册。各地政协克服新型冠状病毒肺炎疫情的不利影响，及时按要求提供了丰富鲜活的素材。

为做好文稿审编工作，由全国政协副秘书长、中非友好小组副组长郭军担任主任，全国政协经济委员会驻会副主任张效廉和中国非洲研究院常务副院长李新烽担任副主任，全国政协委员陈萌山、徐海斌、葛全胜、韩鲁佳和中国非洲研究院部分专家组成了编审委员会。大家本着高度负责的态度，对征集的案例认真审读、严格筛选和精心修改，确保所选案例实用、简明。中国非洲研究院高效完成翻译和出版工作。在此,对为本书编辑出版作出贡献的所有参与者表示衷心的感谢!

因篇幅和时间所限,所选案例仅为各地各类精彩的精准扶贫故事的选编,数据信息也难免存在疏漏之处,敬请读者谅解和指正。

本书编写组

2021 年 11 月

中国非洲研究院文库
学术专著系列

中国精准脱贫100例

第二册

中国非洲研究院 编

中国社会科学出版社

目　录

（第二册）

生态环保和易地搬迁类

42. 生态保护带产业发展　林果资源变金山银山……………………………（239）
43. 打好生态经济牌　走好产业扶贫路……（245）
44. 生态经济助力　持续发展有望…………（251）
45. 乡村振兴新思路　"山海协作"找特色……………………………………（256）
46. 生态补偿机制化　脱贫攻坚见实效……（261）
47. 树科学发展理念　做精准扶贫实事……（266）
48. 保护生态绿色发展　贫困群众共享红利……………………………………（273）
49. 精准定位务实开发　红色旅游助力扶贫……………………………………（280）
50. 生态保护促增收　护林员现身说法……（286）
51. 民宿旅游新创意　激发扶贫新动能……（291）

52. 落实生态补偿　助力脱贫攻坚…………（296）
53. 创生态旅游品牌　绿水青山助脱贫……（301）
54. 坚持生态立县　推动绿色崛起…………（308）
55. 贫困山区变景区　脱贫攻坚好前景……（315）
56. 打造中国犀鸟谷　贫困山村换新颜……（324）
57. 创新生态扶贫模式　助力群众脱贫
致富…………………………………………（332）
58. 协作扶贫结硕果　科学规划创佳绩……（340）
59. 激活生态"红利"　绘就"金山
银山"………………………………………（347）
60. 推精准造林工程　送贫困户
"摇钱树"……………………………………（353）
61. 护好天山绿色资源　做好精准脱贫
文章…………………………………………（358）
62. 易地搬迁扶贫　关键在于精准…………（364）
63. 确定"搬得出"　确保"能致富"………（368）
64. 精准搬迁谱新篇　致力发展奔小康……（374）
65. 告别"水上漂"　建设新渔村 …………（380）
66. 搬迁迎来新生活　贫困群众笑开颜……（385）
67. 搬离贫困深山　开启幸福生活…………（390）
68. 生态移民搬迁　确保持续发展…………（394）
69. 搬出大山天地宽　创新发展保民安……（400）

生态环保和易地搬迁类

生态保护带产业发展
林果资源变金山银山

一 情况

内蒙古呼和浩特市清水河县是自治区级贫困县，2014年共识别贫困人口4716户10406人，贫困发生率为8.5%。多年来，清水河县委、县政府坚持以"生态立县、生态兴县、生态强县"的发展思路，奋力推进生态文明建设，全县干部群众充分发挥生态建设和资源优势，大力发展林果产业。截至2018年底，全县经济林保有量达到63.6万亩，初步构建起"产业生态化、生态产业化"的生态经济体系，助推精准脱贫。2019年3月正式退出贫困县，实现"脱贫摘帽"目标。

二 做法

为通过生态扶贫使清水河县广大农户、贫困户增收致富,县林草部门根据行业特点制定并落实生态扶贫举措,取得良好效果。

(一)通过生态保护扩大贫困人员就业增收

一是鼓励参与劳务。加快推进国土绿化实施和生态保护力度,优先聘用有意愿的贫困群众参与生态建设保护工作,让更多贫困人口从中获得劳务性收入。例如,鼓励符合条件的贫困群众担任生态护林员,实现保护森林资源、让贫困人口增收的目的。依托建成的林果基地和全县生态林,设置防火管护宣传员、护林员等生态管护岗位,并优先选聘生态建设项目区的贫困户。目前全县聘用贫困户313人,人均年可增收3600元以上,实现了持续稳定增收。

二是创新联结机制。清水河县政府专门出台《关于扶持发展扶贫造林专业合作社的实施意见》,鼓励和扶持每个乡镇最少组建1个生态扶贫专业合作社,每个合作社根据承担工程任务量和贫困人员自愿的前提下,带领更多贫困人员参与林业工程建设,创新与贫困群众利益联结机制。

三是兑现生态效益补偿。根据国家公益林生态效益补偿相关规定，为广大农户、贫困户兑现公益林生态效益补偿资金；积极争取和落实退耕还林还草工程，将退耕还林还草项目重点向贫困群众倾斜。我县扶贫林果基地建设项目部分建设任务依托退耕还林工程实施，将退耕还林工程重点向贫困地区、贫困群众倾斜。项目实施以来退耕还林工程共惠及533个贫困户1238人，还林面积7789.48亩，每亩补贴1200元，共934.74万元。

（二）发展林果产业确保脱贫致富持续发展

按照全县经济林建设总体规划，主要采取政府引导、政策支持，鼓励老百姓自行栽植、引进企业投资建设、依托国家重点生态工程建设等方式促进林果产业发展，在建设过程中优先安排贫困群众发展林果产业或参与林果基地及项目建设，并积极探索"公司（合作社）+基地+农户"的经营模式。2016年至今参与造林工程的贫困人员有362人，获取劳动报酬84.09万余元。

一是通过政府招投标投资建设林果示范基地，充分带动广大林农、贫困群众、种植大户等发展林果产业积极性。林果示范基地建设期满后交由集体或个人经营管理。

二是实施林业龙头企业培育计划，鼓励企业以承包型、公益型、合作型、投资型等模式投资和经营林果基地，吸纳贫困人口或参与企业生产经营，或入股获得分红收益。同时鼓励种植大户、专业合作社进行集中连片建设示范果园。海红果、杏等乡土树种盛果期都在20年以上,盛果期每亩年均收入分别达11000元、8800元。沙棘投资低、管护易、见效快、收入高,适合我县栽植,近年来全县野生沙棘销售额年均达到500多万元,在短短的1—2个月采摘期内,参与采摘农户人均收入在1万元左右,有效带动广大群众培植、采摘沙棘的积极性。

三是按照"发动群众、全民参与"的思路,落实补助政策,引导农民种植经济林。例如,鼓励农民自行栽植以沙棘、欧李为主的经济林树种,政府给予适当的苗木和栽植补贴,并向贫困户无偿提供苗木。政府出台发展经济林补贴政策,动员群众在房前屋后、村庄周围、沟道坝地等零散地块,自主栽植、管护,政府在验收合格后给予补助,充分调动群众种植积极性,实现生态效益与经济效益双丰收。目前群众自行栽植12.9万亩,覆盖贫困户508户,共计免费发放各类果树10.18万株,户均4.5亩。

四是支持和指导农户及贫困户发展林下种养产业,减少抚育资金投入。同时鼓励林业合作社代管贫困户林果基地或与贫困户合作经营,提升贫困人口参与林业合作社水平,带动贫困人口增收脱贫。

加强培训，推动建管并重。由县林草局派出技术骨干，对农户（含贫困户）原有和已建成经济林提供病虫害防治、修枝等管护技术服务和技术培训，每年在 15 个村庄开展不少于 2 次的打药、防虫等帮扶活动，帮助农户提高林果产品质量，增加收入。并与施工企业合同约定，优先选聘掌握一定管护技术的贫困人员担任技术员，增加技术性收入。

五是挖掘生态文化，推动"生态+旅游"融合发展。充分发挥老牛湾 4A 级旅游区、老牛坡红色教育基地、摇林沟生态旅游区等旅游景区的带动作用，有序推进生态旅游和林果采摘的开发，推动贫困人口扩大就业和增收渠道。

三 启示

（一）注重发挥生态扶贫专业合作社的作用，带动更多贫困人员参与生态工程建设、经营管理工作。同时，合作社取得的部分收益还可继续用于扶贫工作。

（二）充分发挥村党支部的作用，通过村党支部牵头，实现土地的化零为整、产业项目的规模化发展，按照"公司（合作社）+基地+农户"的发展模式，产生更多经济效益，促进农民致富增收。同时，发展壮大集体经济，实现林果产业持续发展。

（三）帮助农户、贫困户分担果品销售风险。通过林果产业龙头企业带动引领，以签订"果品回收订单"的方式，按照市场价格收购贫困村、贫困户的果品；另外，公司将经济林无偿承包给农户、贫困户，农户、贫困户只需参与生产劳动，待果品成熟后，由公司统一按市场价向农户收购，同时，为了消除农户对自然灾害形成风险的担忧，公司给予承包户每户5000元的保底劳务补偿，消除承包户的后顾之忧。

43

打好生态经济牌 走好产业扶贫路

一 情况

江苏省宿迁市泗洪县地处江苏北部、淮河下游，面积2731平方公里，人口110万。全县共有3.8万户、11.9万低收入人口，占总人口10.82%，其中：沿湖可享受生态补偿政策的6个乡镇低收入人口6900户、2.13万人。

截至2019年底，全县所有低收入农户家庭人均年收入全部超过省定脱贫标准6000元、平均达10322.85元，其中享受生态补偿政策乡镇低收入人口平均达10601.34元，平均收入和增速均高于其他低收入农户。

二 做法

泗洪县位于长三角经济区和江苏沿海经济带交叉辐射区域,是著名的螃蟹之乡、名酒之乡、生态旅游之乡,也是全国首批"绿水青山就是金山银山"实践创新基地。近年来,全县坚持以生态保护为基础、产业转型为抓手、机制创新为依托,把生态文明建设与开发式扶贫有机结合起来,取得了积极成效。具体做法如下:

一是大力推进生态农业,向土地增值要效益。持续实施特色农业产业结构调整。围绕"优质稻米、绿色蔬果、高效水产、生态畜禽"四大主导产业,确立了"十三五"时期稻(藕)虾共作、碧根果、蚕桑等特色农业发展工程,截至2019年底,全县农业结构调整总面积达到70.9万亩,农业亩均产出效益从1500元提升到2800元,带动3200余户低收入农户增收。该县整合扶贫资金、涉农资金与有关公司合作,建设生态智慧循环养殖产业扶贫项目,采取"国有平台公司出资+企业承租+保底收益"的运行模式,前3年每年拿出固定资产投资额的2%用于经济薄弱村和已脱贫边缘户量化分红,实现种养循环生态效益、企业发展经济效益、产业富民社会效益等多方共赢目标。大力扶持发展村级土地股份合作社。县财政专门安排 1.5 亿元专项扶持资金,支持村集体领办村级土地股份合作社,整合村集体和农户现有土地资源、各类资金资产,与农业龙头企业联合,探索各方利益联结机制。如,该县扶持合作社与公司合作发展林间套种红薯产业扶贫项目,2019 年带动发展红薯 3.2 万亩,参与合作村居达 54 个,合作社实现二次分红 510 万元,种植户亩均净增收达 1000 元。积极开展耕地轮作休耕试点。2018—2019 年,每年完成轮作休耕试点面积 5 万亩,对参与轮作休耕的种植户给予每亩 400 元的财政补助和田间技术指导,并广泛联系相关企业实行订单生产,解决农户的后顾之忧。

二是大力推进生态旅游,向消费市场要效益。注重资源共享促旅游惠民。充分利用境内 4A 级湿地公园、4A 级文化旅游区等旅游资源,在景点用工、民俗表演、旅游纪念品开发、民宿、餐饮等方面带动当地低收入农户增收致富,鼓励引导发展"农家乐""渔家乐"项目 200 多个,直接带动 3000 余户贫困户受益。强化以节为媒促消费扶贫。坚持每年举办稻米文化节、桃花节等节日,开展"小龙虾扶贫众筹活动""网上鲜桃节直播活动""黄桃直采直销活动"等系列扶贫活动,带动销售经济薄弱村和低收入农户产品销售近 960 余万元。

三是大力推进生态牧场,向保护湿地要效益。

泗洪县拥有洪泽湖40%的水面,其中国家级湿地保护区493.65平方公里,"十二五"时期养殖围网占保护区总面积的36.5%。为更好地保护湿地资源和生物多样性,该县从2013年起实施"退渔还湖、退渔还湿工程""以船为家渔民上岸安居工程",截至2019年,累计投入约5.18亿元财政资金,对外湖养殖户进行适当生态补偿,共完成退渔还湿23万亩;结合农房改善工作实施,妥善安置渔民上岸7349户,全部实现转产就业。同时,自2017年起,探索在临淮、半城等沿湖乡镇建设水上生态牧场,栽种菱角、莲藕等水生植物,增殖水生动物,并成立以养殖户和贫困户为主体的生态专业合作社和生态巡查队。目前,累计建成"水上牧场"14.23万亩,每年亩均效益可达1500元以上,带动3300农户增收致富,其中低收入户204户、户均增收6500元,达到一水多用、鱼菜共生、生态高效的目的,"水上生态牧场建设"项目被中国渔业协会评为2019年度"最佳创新奖"。

四是大力推进生态能源,向自然资源要效益。泗洪县西南岗片区属低矮丘陵地带、地势起伏,有较多的低效湖泊和滩涂,光照时间长、强度大,风力资源丰富,具备发展光伏发电、风力发电的优越条件。该县从2013年开始布局发展光伏产业,引进新能源企业,建设300兆瓦光伏发电、100兆瓦风力发电规模，带动贫困群众通过产业脱贫致富。2019年以来，连续两年获批光伏发电应用领跑基地和光伏发电领跑奖励激励基地共1000兆瓦，总投资80亿元，其中一期500兆瓦在全国率先并网发电。项目采用"水上发电、水下养鱼、渔光互补"立体经营模式，打造集光伏先进技术示范、特色渔业养殖相结合的示范基地，积极放大"光伏+"倍增效应，基地吸纳230余名低收入农户就业，人均月收入达4000元；带动渔业养殖户46户，户均年收入5万余元。此外，基地每年支付水面租金1500万元，其中300万元用于扶持所在乡镇村集体经济发展，剩余1200万元由全县统筹用于扶贫开发，实现了经济发展、资源节约和环境保护的良性互动。

三 启示

首先，系统思维是抓好生态补偿脱贫工作的关键所在。泗洪县贫困面广、贫困程度深、脱贫难度大，抓好生态环境保护与脱贫攻坚工作是一项系统工程，也面临着一些难题。实践中，该县坚持目标导向、问题导向、群众导向、效果导向，对涉及的生态补偿低收入农户不是简单的"一搬了之""一退了之""一保了之"，提出"搬得出、退得了、能致富、生活好"的总体思路,实现了生态保护、经济发展、群众利益多方共赢的目标。

其次,发展产业是确保生态补偿脱贫成效的治本之策。综合考虑自然资源禀赋、承载能力、地方特色、区域经济社会发展水平等因素,统筹推进脱贫攻坚与绿色发展,通过生态产业发展增加经营性收入和财产性收入。实践中,泗洪县紧密结合实际在生态上做文章,探索出生态农业、生态旅游业、生态牧场、生态能源等脱贫模式,健全利益联结机制,既促进了低收入农户长效增收,也叫响了泗洪生态绿色名片。

最后,要素投入是放大生态补偿脱贫成果的重要保障。有投入才会有产出,有高投入才会有高产出。实践中,泗洪县注重统筹整合各渠道涉农资金,加大人财物等投入,设立若干奖补扶持政策,发挥"种子资金"的撬动作用,吸纳更多社会资源、外来资本投向生态扶贫领域,一大批行业领军型企业集聚落户泗洪,汇聚了脱贫攻坚工作的强大合力。

生态经济助力　持续发展有望

一　情况

浙江省衢州市开化县总面积为2236平方公里,山地面积占85%,达1900.6平方公里,而耕地面积占10%,仅224.8平方公里。山区地域因素严重限制了交通、信息以及工贸经济的发展,导致了自我造血功能的相对弱化和贫困现象的相对持久。2013年,全县低收入农户共有31319户95292人,低收入农户人均可支配收入为7027元。2019年底,全县低收入农户减至9458户14464人,低收入农户人均可支配收入达10832元。

二　做法

一是加强环境生态保护,确保优质环境。建立全国首个生态环境管控信息系统、全省首个生态环境检察展示馆,在全省率先通过全国水土保持生态文明工程创建,国家级生态乡镇实现全覆盖。创新实施农村生活垃圾减量化、资源化、无害化分类处理模式,农村环境卫生大为改观。提出以国家公园为统领的生态文明建设新路径,实施国家公园锦绣行动,出台公园规划、森林防火责任追究等制度,国家公园品牌知名度、美誉度、影响力不断提升。连续多年,出境水Ⅰ、Ⅱ类水占比保持在95%以上,PM2.5年均值23微克/立方米,空气质量指数(AQI)优良率稳定在95%以上。

二是打好转型升级组合拳,调整产业结构。三次产业融合发展,以文化旅游业为主导的服务业异军突起。成功创建省全域旅游示范县,度假区、景区村和风情小镇建设成效明显,根雕产业发展获省、市领导高度关注,根艺文化产业园成为市首家省重点文化产业园区。油茶、山泉流水养鱼、中蜂养殖等产业发展良好,开化美食被命名为全省首个中国生态美食之乡。

三是深化重点领域改革,彰显发展活力。先后获得创新发展建设国家主体功能区、国家公园、旅游示范区、美丽乡村等,荣获多项国家、省级、县级示范试点。开展根雕主题营销,举办"一带一路"国际根艺文化交流周、首届美食文化节等重大节庆活动，开化形象多次上央视《新闻联播》及国家主流媒体。成功注册"钱江源"集体商标，实现全市区域公用品牌"零"的突破。如，龙门村生动演绎了从贫困村到省级旅游示范村的巨变。龙门村地处钱塘江源头，全域面积 14.14 平方公里，是 2012 年省定低收入农户（5500 元以下）集中村，全村共有 317 户 1006 人，其中低收入农户 202 户 675 人。为摆脱贫困落后的处境，龙门村组织实施美丽乡村建设规划，成立专门的旅游公司，实行"四统一管理"（统一管理模式、统一宣传营销、统一服务标准、统一分配客源），创建属于自己的"九溪龙门"品牌。建立了"1+X"户结户、共致富运营模式。规定每个支部成员必须联系三户贫困农户，干部为农户出谋划策，传授经营经验；一家商户，带动 X 个原材料供应户，全村 85% 以上农户已经以各种形式参与到文旅产业链中，共同分享村域发展的成果。2016 年实现全村集体收入达到 60.4 万元，人均纯收入 1.6 万元，成功摘掉了"低收入农户集中村"的帽子，走出了一条民富村强的可持续发展道路。

四是保障和改善民生，增强群众获得感。制定出台《低收入农户高水平全面小康计划》，开展"千企结千村、消灭薄弱村"专项行动，省定 119 个集体经济薄弱村全面摘帽，全面消除人均年收入

4600元以下贫困现象，建成全省首个慈善精准扶贫示范基地，城乡困难群众最低生活保障实现应保尽保。实施教育质量提升三年行动计划，成功创建浙江省示范学习型城市，建成覆盖学前教育、义务教育、高中段教育等各学段的学生资助体系，确保"不让一个孩子因贫困而失学"。落实健康扶贫，全县低收入农户个人缴纳基本医疗部分费用由县财政负责，实施城乡困难群众医疗救助，为全县低收入农户投保商业补助医疗保险，多种途径防止低收入农户因病致贫返贫。

三　启示

一是提高认识，推进统一管理。提高对生态补偿制度与机制建设重要性与紧迫性的认识，探索开展集体林地地役权改革，实现了国家公园范围内重要自然资源的统一管理。

二是共同保护，丰富补偿方式。建设保护和管理多元化的生态系统，构建"村—镇—县"三级合作平台，形成"自下而上"的运行机制，实现省际毗邻镇村合作保护模式全覆盖。加强补偿资金筹集，根据地方实际，开发提供丰富多彩的生态产品，形成"产业支撑"。

三是推动环境教育，广泛宣传生态脱贫理念。

采取多种形式进行宣传,例如,通过报纸、广播、电视、微信、网络等渠道进行持续报道和宣传,不断提升钱江源国家公园的公众认知和社会影响力,形成良好氛围。

45

乡村振兴新思路
"山海协作"找特色

一 情况

浙江省衢州市柯城区石梁镇张西村，距离市区23公里，距离石梁镇政府13公里。村庄依山而建，房屋错落有致，溪水穿村而过。原有农户109户，房屋98幢，但集体经济和村民收入都普遍较低。

柯城区提出利用浙江"山海协作"机制，将沿海发达地区的先进理念、新兴业态引入西南山区，以发展乡村旅居产业为主导，引入丰富的商业业态，配置合理的吃、住、行、游、乐、购完整产业链，并进行美丽乡村、乡村社区、共享经济、智慧乡村、人才振兴、城乡融合、生态治理等多项重大课题的综合探究，尝试走出一条独具张西特色的乡村振兴之路。"山海协作"项目启动以来，张西村已累计接待游客达1.9万人次，累计营业额达40余万元，农民收入和村集体经济得到显著提升。

二 做法

一是公司化运作。成立以村集体为主体的管理服务运营公司实施整村经营。由村集体和村民个人合资组建，为整村产业提供基础服务和公共服务，管理公共设施及承担环卫保洁职责，为村民、商户及游客提供咨询及中介服务。展示全村乡旅特色产品、风貌、文化等，用服务营收壮大村集体经济。利用专业公司帮带村集体运营公司，逐步培育建立乡村人才体系。同时引入外部专业培训体系，运用张西小微服务业态建立乡村振兴服务业态实际操作培训基地，使本地及周边更多农民得到专业化的实操培训，真正实现农民不离乡不离土实现创业、就业，成为各自乡村的产业发展生力军。

二是精细化建设。杜绝大拆大建和硬件过度建设，采用充分释放闲置资源的精准建设，保持原村庄肌理与生态，对公共服务场所与经营性小微服务业态集中提升，追求实用性与性价比。招募化整为散的民间投资作为后续产业补充，销售闲置农房20年的使用权，允许租赁者在不破坏原有建筑风貌的情况下，对其进行修缮和内部装修，通过共建共享发展完善旅居服务业态。同时，以运营公司为主体联合金融机构，运用政府引导政策及资金，设立小型封闭乡创基金，解决乡建乡创金融服务需求。

三是差异化发展。充分发掘张西当地的历史文化特性，以张良故事为原型进行卡通化再创作，并融合当地的农特产开发成具有当地特色的文创旅游产品。同时充分响应全域旅游倡导，配合周边景区、乡村、旅游项目，定制开发旅游线路、套餐等综合旅游产品，为全域景区和流量做好配套。通过本地化商业和服务，发掘市场价值，创造口碑效应，实现长效的乡村旅游经济成长。探索农超对接的物产物联合作模式，引进标准连锁品牌社区超市，打通农产品上行和旅游商品下行渠道，向游客和村民提供高品质休闲旅游生活商品，同时收购本地农特优产品销往城市社区，集约物流成本。植入电商模式服务城乡两端市场。

四是共享化开发。积极开展共享型乡村旅居业态的研发。在乡村智慧系统的支撑下，动员村民、外来投资客共同打造共享民宿、共享厨房、乡村饿了么、乡村教室、共享茶楼、共享微交通等服务业态，提供全面的高性价比的旅居服务。探索城乡融合的商业模式，在建立乡村标准服务体系、商业生态逐渐成型的环境下，吸引文教、保险、租车、广告、新能源、卫生、商超等领域的成熟商业与运营公司参与合作连锁，覆盖广大乡村旅游目的地。发动村民创业，降低投资经营门槛，规避同质化商业恶性竞争，建立良好商业生态，用自主创业与参与从业实现村民个人增收。

五是专业化服务。利用闲置资源设置服务中心，建设高效集约的社区及游客服务中心体系，作为整村经营的服务窗口，集接待、咨询、结算、发布、房务、商务等一系列总台功能，打造具有国际标准的访客中心服务。推进智慧乡村互联网体系"村游锦囊"的建设，形成"互联网＋乡村"的效应。由运营公司管理端与游客手机客户端立体构成的智慧乡村运营营销服务系统，提升游客旅居体验的同时，对外进行网络营销，形成线上线下融合。

三 启示

"山海协作"作为浙江省推动以浙西南山区为主的欠发达地区加快发展，实现全省区域协调发展而采取的一项重大战略举措，是一种形象化的提法。"山"主要指以浙西南山区为主的欠发达地区，"海"主要指沿海发达地区。以产业思维经营农村，用市场配置去整合农村资源，才能实现村民致富、村集体增收。通过"山海协作"给贫困地区带来"以产业思维经营农村"的先进理念,进而成功探索出一条特色乡村振兴之路。

46

生态补偿机制化 脱贫攻坚见实效

一 情况

安徽省安庆市岳西县是安徽省唯一的纯山区县，全县总面积2372平方公里，辖24个乡镇、182个行政村、6个社区居委会，人口41.2万。1985年岳西县被列为首批国家重点贫困县。2014年，全县建档立卡贫困户36367户110473人，贫困村65个，贫困发生率29.70%。

近年来，岳西县持续推进生态文明建设，生态脱贫成效显著。2018年8月，安徽省人民政府正式宣布岳西县退出贫困县序列，属全省首个脱贫摘帽的国家级贫困县。截至2019年末，未脱贫贫困户229户666人，贫困发生率下降至0.18%；全县林业用地278万亩，占总面积的78%以上，其中有林地 257.75 万亩,森林覆盖率达到 76.4%;生态环境质量考核始终保持全省前列,县城区环境空气质量居全省前列,出境水质保持Ⅱ类及以上标准。

二 做法

(一)推动生态补偿,保护环境

岳西县积极争取国家对生态功能区的补偿政策,先后出台了一系列生态补偿相关政策文件,多方筹措生态补偿资金,加大生态补偿力度,利用生态环境效益产生经济效益,助力推进脱贫攻坚。如,根据群众生活水平建立动态调整和逐步增长机制,从 2012 年人均 60 万元提高到 2019 年人均 80 万元,实现自然资源保护与群众利益双保护的目标。建立了大别山区、姚家河横向水环境生态补偿机制,加强源头管控,实时监测饮用水源水质,及时对外公布水质状况,既有效保护了县域生态环境,又为经济社会可持续发展提供了有力支撑。国家级自然保护区内实施差异化的生态补偿政策,采取直接补偿农民的办法进行差异化补偿。落实全县 24 个乡镇间建立地表水断面生态补偿机制,实行"双向补偿",即断面水质超标时,责任乡镇支付污染赔付金,断面水质优于目标水质时,责任乡镇获得生态补偿金,2019 年全年实施赔付资金 85 万元。

有关部门加强生态保护检查考核，根据考核结果决定补偿金额，落实生态保护长效机制。建立河长制、林长制和县、乡、村三级责任体系，推动"山上的问题山下治、水中的问题岸上治"，开展责任到人的生态巡查、治理。

（二）推动产业发展，扩大就业

一是将生态补偿资金的一部分用于产业奖补，鼓励支持群众发展生态农业、生态旅游业，推动产业扶贫。至2019年，创成国家地理标志保护产品4个、中国驰名商标5个，茶、茭白等实现产业化发展，11402户安装光伏电站，建设就业扶贫驿站40家，累计发放扶贫小额贷款6.04亿元。每个村都建成了1个以上特色产业基地，有劳动能力的农户都发展了2项以上特色产业，群众收入逐年快速上升。二是将生态补偿资金的一部分用于支持群众进行农田水利、交通、通讯等基础设施建设，改善群众的生产生活水平，推动项目扶贫。至2019年，实施农村道路畅通工程2053公里；实现农村饮水安全工程、自然村实现宽带和广播电视全覆盖、乡镇政府驻地污水处理设施、行政村党群服务中心、标准卫生室、文化活动室等多个全覆盖。三是积极开发生态护林员、公益林护林员等生态保护相关岗位，提供给贫困户上岗就业，推动就业扶贫。

(三) 通过补偿机制,带动脱贫

一是发放公益林奖补资金助力脱贫。截至2019年,全县公益林面积已有138.43万亩,发放补偿资金1905.78万元,其中发放给贫困户12349户,补偿金415.97万元。二是开发护林员岗位带动脱贫。全年开发的生态护林员岗位822名,发放劳务补助341.5万元;开发公益林护林员274名,发放劳务补助197.28万元。三是生态产业带动脱贫。基础设施、生态环境改善以后,经济社会发展同生态相结合,催生许多生态相关产业。贫困户在产业发展大潮中获取正向收益。

三 启示

一是立足生态资源保护是生态脱贫的前提。岳西境内山峦起伏,地形复杂,变化大,森林、湿地等多种生态系统层递呈现、集中分布,森林覆盖率达76.4%,高等植物2000多种,脊椎动物300余种,生物群落多样,自然资源丰富,是大别山区的生物种源基因库。岳西还是我国重要的水源涵养功能区,是合肥、六安、安庆等城市工农业生产和生活用水的"水塔"。在我国生态功能中具有不可替代的作用,在岳西县试点多种类型自然资源补偿带动脱贫模式具有重要的示范意义。

二是坚持绿色发展理念是生态脱贫的关键。近年来，岳西县持续推进生态文明建设，先后获得国家级生态县、国家级生态文明示范县、全国"绿水青山就是金山银山"理论实践创新基地等多项国字号生态品牌，不仅有效保护了岳西生态环境，带动贫困群众增收脱贫，而且为当地和下游城市经济社会可持续发展提供了有力支撑，做出了重要贡献。

三是加强技术资金支持是生态脱贫的保障。生态保护补偿机制建设有力推动了岳西等大别山革命老区生态经济的可持续发展和贫困群体增收脱贫，岳西农村居民可支配收入由2014年的8001元增长到2019年的12861元，年均增长9.96%，为全面完成脱贫攻坚目标任务、全面建成小康社会做出了"绿色"贡献。

47

树科学发展理念　做精准扶贫实事

一　情况

福建省龙岩市长汀县由于自然、地理、社会、历史等原因，水土流失非常严重，生态环境急剧恶化，导致县域资源匮乏、发展后劲不足、经济总量不大，"山光、水浊、田瘦、人穷"是当时生态恶化、生活贫困的真实写照。2013 年，被列为福建省 23 个扶贫开发工作重点县之一。2015 年底，全县共有 6306 户 20914 名建档立卡贫困人口。

近年来，长汀县坚持扶贫开发与生态保护相统一，其水土流失治理的经验在全国推广，成为全国生态建设的典范，南方红壤区水土流失治理的一面旗帜。全县建成一批国家级自然保护区、国家湿地公园、城乡森林公园、美丽乡村等，实现生态建设与经济社会发展双赢。2012年至2019年，全县地区生产总值年均增长9.5%，连续三年蝉联"福建省县域经济发展十佳县"。城镇居民可支配收入从2012年的14117元提高到2019年的27846元，农民人均可支配收入从8185元提高到16883元。贫困发生率由2012年的8.9%降至2019年的0%，脱贫攻坚成效显著。

二 做法

（一）强化水土流失治理，筑牢致富生态屏障

长汀县按照绿色为基、"山头"先行的思路，以小流域为单元，以水土流失严重的七个乡镇为重点，扎实推进水土流失综合治理，形成了"党政主导、群众主体、社会参与、多策并举、以人为本、持之以恒"的"长汀经验"。2000年以来，长汀水保部门累计实施水土流失综合治理项目投资7.22亿元，全县治理水土流失综合面积251万亩，其中新植水保林31.34万亩、低效林改造34.15万亩，封禁管护177万亩，水土流失治理度达到88%，增加林草覆盖率近22%。水土流失综合治理项目的实施，有效减轻水土流失的危害，改善了生态环境和农业农村生活生产水平，促进了流域内粮食增产、农民增收。新增水土流失治理面积74.7万亩，水

土流失率降到7.4%,低于福建省平均水平;造林面积27.21万亩,森林覆盖率由59.8%提高到79.8%;空气质量常年保持在国家Ⅱ级标准以上;饮用水源地水质达标率均为100%。

(二)发展水保生态经济,助推山区生态扶贫

一是实施坡地增值。主要是按照"山、水、田、路、村"规划思路,整合资源,综合实施坡改梯项目,把跑水、跑土、跑肥的"三跑田",变成了保水、保土、保肥的"三保田",引导水土流失区群众发展大田经济、林下经济、花卉经济等生态产业,促进了农民增收致富。2000年以来,种植经果林近10万亩,实施坡耕地改造达5万亩,建设蓄水池1800口、拦沙坝110座,修建引水渠190公里、道路376公里,建设安全生态水系119公里。截至2019年底,全县林下经济经营面积达171.2万亩,参与林农户数2.14万户,年产值28.2亿元。二是发展崩岗经济。通过采取削坡、降坡、治坡、稳坡等措施,对崩岗进行综合治理开发利用,引导贫困户在崩岗台面上种植杨梅、油茶等经济作物。2000年以来,累计治理崩岗1214座,产生效益近100万元,达到了生态、经济双赢目的。

(三)完善燃料补助机制,推进生态补偿脱贫

燃料补贴政策是"长汀经验"的重要组成部

分,能有效改变群众上山砍柴的习惯,减轻水土流失的危害,促进生态环境的良性循环,在生态治理的不同时期发挥了重要作用。2017年,长汀县决定将水土保持燃料补助与精准扶贫相结合,对水土流失率10%以上的5个乡镇建档立卡的贫困人口实施生活用电补助,每个贫困人口每年补贴200元,补贴时间为2016—2020年。每年市、县均相应制定了贫困户燃料补助政策和实施方案,累计发放水土流失重点乡镇建档立卡贫困人口生活用电补贴8163户次27269人次545.38万元,新的燃料补助政策将水土流失治理与脱贫攻坚有机统一,提高了燃补政策的精准度,提升了燃补成果和治理成果管护水平。省水利厅已将该县燃料补助政策作为全省水利系统加强贫困地区生态扶贫的重要内容,在全省水土流失重点县全面推广。

(四) 着力缓解生态压力,实施生态扶贫搬迁

积极探索生态扶贫搬迁,2016年以来,全县累计完成15个省级、市级集中安置区,实施造福工程易地扶贫搬迁安置4901户17615人。一是把生态扶贫搬迁作为政治工程。坚持"统筹规划、群众自愿、因地制宜、稳步推进、讲求实效"的原则,确保实现"搬得出、稳得住、能致富"的目标。长汀县在新规划的南部新城选出最好地块,采取"政府引导、协会运作、多元投入、合作建房"的运作模

式,高标准、高质量实行统一规划、统一代建,建成了高品质的福建省最大的纯贫困户集中安置区——长汀南站幸福小区,不仅有效改善搬迁群众生产生活条件,而且加强配套设施建设,让贫困户住得有尊严。二是突出群众生态搬迁的主体地位。把居住在水土流失区、生产生活条件恶劣的群众作为扶持搬迁的重点,努力实现整村搬迁。在搬迁选址上广泛征求群众意见,把搬迁安置纳入中心村、城镇发展的重要组成部分,重大问题由村民大会讨论决定,充分发挥群众的主人翁作用。三是给予生态扶贫搬迁有力支撑。建立财政资金投入稳定增长机制。按省财政每人3000元,市、县每人各配套1500元标准予以补助,贫困户按政策给予叠加补助,加大对生态扶贫搬迁对象的小额信贷,每户有生产项目的可贷5万元,并向搬迁任务重的乡镇倾斜,对能够带动搬迁户增收就业的种养业家庭农场、专业合作社、劳动密集型企业、农产品加工企业、市场流通企业,在贷款指标上予以优先安排。

(五) 实施激励性扶贫,建立脱贫长效机制

坚持扶贫与扶志、扶智相结合,认真组织开展激励性产业扶贫,鼓励贫困对象,尤其是水土流失比较严重的乡镇贫困户,自主选择、多劳多得,推动扶贫方式从"输血"向"造血"转变,通过采

取政府购买成果的方式，激励贫困户选择自己想做的、能做的、会做的产业发展生产，让贫困户在生产过程中掌握技术、融入市场、增加收入，实现"授人以鱼"向"授人以渔"转变，建立稳定脱贫成效机制。截至目前全县共打造320个激励性扶贫项目，受益贫困户4042户14402人，水土流失重点区策武、河田、三洲、涂坊和濯田五个乡镇激励性扶贫项目全覆盖，有效缓解生态压力，实现绿富共赢。

三 启示

（一）落实新发展理念是重要前提，必须坚持贯彻好

长汀县水土流失治理实践表明，传统生产模式和资源消耗模式无法支撑经济社会高质量可持续发展，必须树立尊重自然、顺应自然、保护自然的生态文明理念，正确处理好经济发展与生态环境保护的关系，通过引导贫困户发展大田经济、林下经济、花卉经济等生态产业，促进了增收致富。

（二）建设生态文明是千年大计，必须坚持久久为功

长汀县积极探索生态扶贫搬迁，把居住在水土

流失区、生产生活条件恶劣的群众作为扶持搬迁的重点,努力实现整村搬迁。将水土保持燃料补助与精准扶贫相结合,对水土流失率10%以上乡镇建档立卡的贫困人口实施生活用电补助,有效改变群众上山砍柴的习惯,减轻水土流失的危害,促进生态环境的良性循环。

(三)体制机制创新是重要动力,必须坚持改革创新

改革创新是推动生态文明建设的动力源泉。长汀县坚持系统治理、精准施策的理念创新,多策并举、科学治理的手段创新,多元参与、共治共享的主体创新,把治理水土流失与改善民生相结合、与发展绿色产业相结合,使广大农民群众从治理水土流失中得到实惠、实现脱贫,走出了一条水土流失治理样板县的生态之路。

(四)人民群众是力量源泉,必须发挥群众主体作用

长汀县坚持以政策为导向,通过不断创新政策、完善政策和落实政策,引导人民群众发挥主体作用,充分调动广大人民群众治理水土流失的主动性、积极性和创造性,变"要我治理"为"我要治理",实现"浊水荒山—绿水青山—金山银山"的转变,推动实现"百姓富"和"生态美"的有机统一。

48

保护生态绿色发展
贫困群众共享红利

一 情况

江西省赣州市上犹县总面积1543平方公里，"八山一水半分田，半分道路和庄园"是上犹地形地貌的生动写照，人均耕地不足半亩，是典型的山区县，同时也是江西省第三大移民库区县，国家和地方先后在上犹江梯级建设了7座大中型水电站，有3.8万库区移民。由于"山区+库区"的特殊县情，上犹县被列入国家扶贫开发重点县和罗霄山脉集中连片特困地区扶贫攻坚县，全县建档立卡贫困人口12954户44606人，"十三五"省级贫困村50个（其中6个深度贫困村）。

截至2019年底，全县50个贫困村已全部退出，综合贫困发生率由 2014 年底的 14.59% 下降至 2019 年底的 0.039%，农村人均可支配收入由 2014 年的 6835 元上升到 2019 年的 11551 元。

二 做法

上犹县生态优势明显，森林覆盖率达 81.4%，是全国平均水平的近 4 倍，空气质量始终保持在优等，水质均达到二类以上，上犹江是整个长江流域保持最好的水系之一。作为江西省 4 个生态补偿扶贫试验区建设试点之一，上犹县围绕生态功能区和休闲度假后花园定位，创新生态补偿扶贫机制，将生态优势转化为经济发展内生动力，守住了生态保护红线与经济发展主线，使生态文明建设和绿色低碳循环发展成为脱贫致富的有效途径，实现了 GDP 与 GEP（生态系统生产总值）的双增长、双提升，让贫困群众共享生态红利。

（一）筑牢制度屏障

一是坚持以制度建设推动长效治理，建立了以生态为导向的差异化考核机制，明确县、乡、村三级生态建设主体责任，坚持县生态督查监管"一竿子插到村"，构建起生态责任网格化管理机制。建立生态综合执法机制，整合公安、林业、水利、畜牧水产、环保等执法力量，形成合力，提高执法成效。建立区域与流域相结合的县、乡、村三级河（湖）长制，境内所有河流、湖泊全面实现"一河（湖）一长"，制度体系由碎片式、区域性向系统性、全域性覆盖转变。二是开展水上秩序整治工作，出台了渔业设施奖补政策和渔民转产上岸发展产业奖扶政策，有序引导400多户渔民转产上岸，拆除网箱25万平方米，24家水上餐馆全部拆除，沿河流域885户农户生活污水得到有效治理。制定出台了畜禽养殖5年规划，关停拆除了养殖场（户）120多家，将阳明湖、南河湖周边5公里范围内全部划入畜禽禁养区。开展城区全面实施污水排放、白色污染专项治理，工业园、城市生活垃圾无害化处理率达100%。

（二）发展三大生态产业

上犹县坚持工业发展向"绿"转变，严格控制高污染、高能耗、资源型项目入园，大力发展生态产业。一是打造特色农业品牌。持之以恒发展富硒茶叶、深山油茶、珍贵苗木的"两茶一苗"农业主导产业，带动贫困群众增产增收。组建了县级蔬菜产业合作社，投资建立高标准设施蔬菜产业基地，钢架大棚资产归所在村集体所有，优先安排贫困户务工，租金由贫困户共享。二是工业车间进乡村。光电科技产业园引进18家企业，园区解决了140名贫困户就业，在贫困村孵化出64个扶贫车间，链接贫困劳动力1015人,帮助精准扶贫对象实现"家门口就业"。三是构建旅游扶贫体系。打造"一条鱼、一幅画、一杯茶、一块石、一列小火车、一泓温泉"六张生态旅游名片,构建了以核心名片引领、示范乡(镇)支撑、示范点(村)带动的旅游扶贫体系。2019年全年接待游客546万人次,实现旅游总收入39亿元,分别增长41.39%和53.12%。如生态休闲度假"百里长廊"建设,直接带动贫困户726人投身旅游扶贫开发,辐射带动贫困户1788人参与乡村旅游发展,实现户均增收768元。

(三)推进四大生态项目

一是推进森林质量提升项目。近5年累计新造林9.26万亩,退耕还林1.5万亩,封山育林7.5万亩,生态公益林保护55.19万亩,天然林保护23.1万亩。通过实施低质低效林改造等重点林业工程项目,375户1117人贫困群众获得项目扶贫补助资金1222.2万元,3058户建档立卡贫困户获得生态公益林补偿资金97.52万元。二是推进流域综合治理项目。成功争取到全国仅两个、江西省唯一获批的投资3.03亿元英稍片区综合治理和生态修复工程项目,改善入江水质和河湖流域水环境,综合治理水土流失,开展河道保护专项整治,依法查处各类涉河(湖)违法行为500余起,立案查处52起。

三是推进农村环境综合治理项目。推进农村环境综合整治项目,完成黄埠县级填埋场改造,新建13个乡镇压缩式垃圾中转站。设立农业用地土壤详查点位90个,禁养限养区内畜禽养殖场关停拆除工作全面完成。农村地区开展了清洁田园、清洁家园、清洁水源专项行动,建立了户分类、村收集、乡转运、县处理的农村生活垃圾治理体系,在全省率先通过省级考核验收。四是推进山水林田湖草综合治理项目。整合资金3.5亿元,建设湿地公园3个,修复生态岸线13公里,护坡改造15公里,沿南河湖流域885户农户生活污水得到有效治理,项目直接链接54名贫困人口参与,人均增收3200元。

(四) 实施五大生态补偿扶贫工程

上犹创新生态补偿链接模式,2016年至今累计投入2.5亿元用于产业到户奖补、农业产业基地建设等,健全引导贫困户全过程参与项目建设的利益联结机制,推动贫困户收入稳定持续增长。一是实施农业扶贫工程。在14个乡镇建设食用菌产业基地,实行"企业+村集体+贫困户"的经营模式发展食用菌产业,建成后年产量达260万斤,总收入1100万元,链接贫困户家庭人口就业务工户均增收2000元左右。二是实施电商扶贫工程。先后培训贫困群众1370人次,筛选出石斛鱼酱、银鱼干等19种产品40个SKU(库存量单位)上架苏宁专营店以及京东特色馆等线上平台，为当地贫困户实现增收提供有力保障。三是实施光伏扶贫工程。建成了4个地面集中式电站和107个村级集体经济光伏电站，村集体经济收入均增收5万元以上，链接贫困户2352户。四是实施旅游扶贫工程。推进旅游精准扶贫，带动贫困户726人投身旅游扶贫开发，辐射带动贫困户1788人参与乡村旅游发展，实现户均增收768元，乡村旅游已成为老百姓脱贫致富奔小康的"幸福引擎"。五是实施就业扶贫工程。创新提出了生态补偿扶贫专岗，全县安排资金2500万元，由村一级聘请5108名贫困群众担任生态环境监督员、山林防火护林员等生态补偿扶贫专岗，人均年增收4800元。

三 启示

（一）牢固树立新发展理念

生态补偿扶贫是妥善处理消除贫困与保护环境之间关系的新主张，上犹县牢固树立"绿水青山就是金山银山"的理念，让绿水青山不仅是贫困地区群众安居的地方，更是实现经济明显发展和生活水平提高所能依赖的优势资源。

（二）因地制宜发挥生态优势

上犹县依托本地丰富的生态资源，坚持把生态产业作为链接和带动贫困户的基础,培育和发展符合上犹实际的绿色产业,努力将生态优势化为脱贫优势,实现"山更绿""水更清""民更富"。

(三) 生态补偿扶贫实现"绿富"双赢

上犹县针对本地区生态环境和资源特点开展生态补偿扶贫,依托生态资源,发展特色产业,实现了生态环境的价值变现,做到了变"绿水青山"为"金山银山",实现生态改善与经济发展的"双赢"。

49

精准定位务实开发
红色旅游助力扶贫

一 情况

山东省临沂市沂南县全县总面积1706平方公里，辖15个乡镇、街道和1个省级经济开发区，296个村居，95万人口。2016年，全县仍有省定贫困村50个，贫困户3万户、5.1万人，西部山丘区6个乡镇被列为临沂市脱贫攻坚的主战场。

沂南县是传统农业县，特别是西部山丘区，以粮食生产和林果种植为主，农业产业结构较为单一，交通闭塞，信息不畅。长期积贫积弱、靠天吃饭的生存状态致使有劳动能力的年轻人大都选择外出打工，农村空心化、老龄化严重，村集体大多无收入来源，发展内生动力严重不足。长期以传统农业为主的产业结构形成当地农村贫困落后的原始状态,但同时也较好地保留了良好的自然生态和民俗文化。作为革命战争年代的沂蒙革命根据地中心,沂南县拥有丰富红色文化,抓住了发展红色旅游和乡村旅游的机遇,目前,全县旅游业带动4600余人实现脱贫增收,8个国家级和省级旅游扶贫村已全部实现整体脱贫。

二 做法

沂南县采取政策资金引导、基础设施配套、市场化开发路子,实施全域资源融合互动、相关产业全域联动,按照差异化定位思路,将旅游扶贫作为产业扶贫的四大主攻方向之一,确立了"政府引导、产业带动、金融助推、共建共享"的旅游扶贫总体思路,创新富民生产贷、富民农户贷、富民发展贷、富民惠农贷等金融服务产品强劲助力,形成全域化、系统化旅游扶贫工作格局。按照全域旅游总体布局,积极培育乡村度假、休闲农业、温泉养生、红色旅游、汽车露营等多种旅游业态,先后建成红嫂家乡旅游区暨沂蒙红色影视基地、竹泉村"景区带村"、马泉休闲园等红色旅游、乡村旅游区,探索出旅游带动型发展路子。

一是连片开发,整体带动。在旅游资源丰富、贫困人口密集的区域,连片规划开发5处乡村旅游、红色旅游资源集中区,作为脱贫攻坚的主阵地,涵盖了全县60%以上贫困人口。其中规划面积30平方公里的红嫂家乡旅游区,以投资7.8亿元的沂蒙红色影视基地为核心区,重点发展红色影视、红色研学、红色教育等关联产业,带动周边5个村庄、涉及2个贫困村;在岸堤镇规划了面积28.7平方公里的创意小镇,引入文创产业、休闲农业,发展精品民宿、手工作坊、精致农业等创新业态,辐射带动周边10个村、涉及2个贫困村;马泉休闲园、红石寨旅游区、智圣汤泉旅游度假村及沂蒙七彩乡村等旅游区,发展康养、休闲、采摘等业态的同时,注重挖掘周边乡村资源,与旅游景区整合发展为一体,成为弘扬沂蒙精神、美丽乡村建设、荒地荒山高效利用的实践案例,带动周边21个村、涉及7个贫困村。

二是景区带村,借力发展。乡村旅游景区的发展衍生出众多就业岗位和相关经营性项目,景区周边村民将土地折股量化、搬进新居出租老屋,进入景区务工,搞自主经营,实现了"老村变景区、村民变老板、土地变资本、新村变乐园",村民不仅有了财产性收入,也有了劳务及经营收入。竹泉村、沂蒙红色影视基地等核心景区周边村庄的贫困户出现了角色转化、就业转型、收入转多的"三转"现象。马泉休闲园周边村民流转土地获租金、园区务工挣薪金、入社合作分股金、入园经营得现金，使昔日贫瘠的山地"一地生四金"。通过这些措施，带动286户贫困户712人实现稳定脱贫。

三是村企合作，共建共享。吸引有实力的社会资本下乡，与贫困村结对帮扶，盘活资源要素，发展乡村旅游，对村级帮扶由"输血"变"造血"。先后有多家企业参与贫困村旅游开发，实施整体搬迁、改善村庄面貌，投建基础设施，发展富民产业。为增强贫困村和贫困户的自我发展能力，在村里组建起劳务培训服务中心、工艺品加工、特色种植等旅游相关产业的合作社，构建"村集体、公司、合作社、基地、农户"共同参与旅游产业的多元化利益联结机制，培育专业大户、家庭农场，带动贫困群众参与旅游产业化经营。全县有9个重点旅游扶贫村通过旅游扶贫每年增加集体收益10万元以上。

四是培育业态，培训创业。开通"就业创业一点通"，建立了贫困人口"技能工"大数据库，免费对贫困户开展技能培训，累计培训2890人。规划"农家乐"、特色种植、采摘园、传统工艺作坊、旅游商品制作等项目，开发"忆苦思甜饭"等特色餐饮，在常山庄、新立村等红色旅游村组织支前劳动、摊拥军煎饼、拓展训练、穿八路衣、做八路宝宝等实景体验，村民变成了职员、演员、店员、社员。对景区内从事经营的建档立卡贫困户优先提供小额信贷支持，免费提供商铺摊位，有1400人实现就业、创业，脱贫增收。

三 启示

让更多贫困户参与到旅游产业链条中，共享发展成果，实现精准脱贫，是沂南县旅游扶贫工作的一大着力点。在这一过程中，沂南县深度发挥旅游业幸福产业属性，秉持因户施策、互利互惠的原则，充分调动贫困村和贫困户的积极性。

一是共谋，将旅游开发与贫困村脱贫同谋划，对旅游资源丰富、贫困人口密集的区域进行旅游开发，作为脱贫攻坚的主阵地。

二是共建，贫困村、贫困户利用上级扶贫产业资金和富民农户贷款参股旅游项目建设，按旅游发展需求参与项目管理和服务，与旅游景区一起建设、一起创业。

三是共生，贫困村、贫困户围绕乡村旅游结成利益共同体，以"主人翁"姿态自觉维护乡村形象。

四是共育，以市场为利益纽带，景区与贫困村、贫困户共同培育市场、开拓市场、维护市场。

五是共享，贫困村、贫困户把政策资金、土地、房屋折股量化，参股分红，共同享受发展成果。通过"五共"实现了政府、景区、贫困村、合作社、贫困户的多方共赢和整体发展，真正让贫困群众在参与旅游业发展中获得成就感、尊严感。

50

生态保护促增收
护林员现身说法

一 情况

河南省信阳市新县泗店乡地处大别山腹地，环境优美，空气清新，素有"天然氧吧"之美称。全乡总面积75.02平方公里，森林面积98000亩，其中国家公益林62784亩，天然商品林2760亩，经济林32456亩，森林覆盖率87%，植被覆盖率93%，辖区有8个行政村和1个居委会、117个村民组、3200户、人口约1.2万，建档立卡贫困人口612户2259人，截至2019年底，现已脱贫606户2243人。

二 做法

脱贫攻坚以来，泗店乡党委政府高度重视生态扶贫工作，充分认识到实施生态护林员扶贫既是精准扶贫、精准脱贫的一条新路子，也是绿色发展、保护生态的一条好路子。通过加强与林业部门协调联系，将生态保护和脱贫攻坚工作紧密结合，将护林员岗位向贫困人口逐步转移，把有劳动能力、认真负责且愿意从事林业工作的建档立卡贫困户聘用为生态护林员，同时明确管护范围、管护内容、管护责任、管护资金、管护依据和考核标准，全面规范护林员管理，生态护林员通过"生态补偿脱贫一批"政策年均增收1万元，真正做到"一人护林全家脱贫"。在全乡51名护林员中，有36名是从建档立卡贫困户中优先选聘的，占总岗位数的70.6%。

邹河村蚕头咀组建档立卡贫困户孙绍兵就是其中一位。孙绍兵，家庭5口人，妻子方明荣长期患慢性病，无劳动能力，女儿孙娟在家照顾孩子，女婿朱词军在江苏务工。在被纳入贫困户前，因为文化素质较低，缺少就业的基本技能，且妻子需要人照顾，孙绍兵只能在县城周边打零工，收入甚微，家庭无法通过就业产生稳定收入，孙绍兵家庭收入一度处于贫困线以下。2015年孙绍兵被村两委评议为贫困户,考虑到该户的实际情况,2017年,村两委按照选聘流程,将孙绍兵聘用为生态护林员。

对待这份工作,孙绍兵格外珍惜。在他心中,永远记得第一天接过迷彩装和红袖章时的心情:"当了一辈子农民,现在老了还肩负起特殊的责任了,以前只管自家的一亩三分地,现在我要负责全村的森林安全,觉得满满的使命感。"一块小小的红布意味着异于常人的责任感,他所负责的邹河村总面积8.65平方公里,其中山场面积7020亩,属丘陵地势,管护面积大、山林分散且道路崎岖,因此他深知自己肩上的担子,每天清晨,他总是第一个从家里出发,拿着干粮,骑上摩托车,边走边巡视,边走边宣传,只要有时间,他就会到每家每户去宣传,耐心地给村民讲防火形势、防火知识,宣传森林保护和森林防火的重要性。在制止乱砍滥伐方面,由于农村居民建房一般都是秋冬季备料,孙绍兵除按时巡山外还要走访重点建房户,定期走访建房户,做好宣传和查案处理工作。夏季,他常态化巡视山林,深夜在公路河边巡查,如发现有破坏森林资源的违法行为,及时进行制止并第一时间报告给乡林站及派出所处理。冬季,他每日进山巡逻,遇到进山村民和外地人,告诉他们切勿野外用火,注意森林防火。每年春耕秋收时期,孙绍兵显得更加忙碌,秸秆禁烧和护林防火工作都不容懈息,他既要去巡查是否有乱砍滥伐的情况,又要去田间地头监督是否有群众在野外焚烧秸秆,在巡查过程中他严格要求从事生产活动的群众合理处置秸秆,做到秸秆绿色处理,既保证了空气质量又降低了森林火灾的风险。几年来,他的足迹几乎踏遍了邹河村的每一个山头。哪里的树被风刮倒、哪里的桥涵被水冲坏、哪里的树有了病虫害……他都在巡护日记中记得清清楚楚,无论风霜雪雨,无论严寒酷暑,他始终坚持巡护到位,不留死角。辖区内的每条山路上、小溪旁、密林深处都留下了他艰难行进的足迹。越是刮风下雨、越是严寒或下大雪的日子,孙绍兵越是坚持巡护。他说:"越是天气恶劣,越是犯罪分子盗伐林木、偷拉私运和乱捕滥猎的时候,我们就越是要加强巡护,决不能给犯罪分子留下可乘之机"。

靠山吃山,靠水吃水。这三年间,孙绍兵切身体会到良好的生态资源所带来的福利,也切身感受到自己工作的职责和使命。对于这个在家门口就业的"铁饭碗",老孙心里十分地感激:"政府找上门,聘我当生态护林员,本身就是对我的一种信任,每年还给1万元管护费,既让我发挥了价值,又不耽误家里的其他农活,这个政策真的是太好了!"不知不觉,三年过去了,每天重复着这简单而且枯燥的工作,当别人问起他有没有觉得辛苦时,他说:"说不辛苦那是骗人的话,在没有当护林协管员之前,每天都为家庭生活开支发愁。现在自己不仅脱了贫,有了稳定的经济收入,还实现了在家门口就业,既能赚钱,还能照顾家庭。虽然我自己的能力有限,但我相信和我一样坚守在自己岗位的护林员还有很多,大家都在为国家的森林资源保护和生态文明建设贡献着自己的绵薄之力。我当然也要好好干。"

走进泗店乡,无论是主干线还是村组小道,每家每户房前屋后、水沟都干干净净,看不到一个显眼的垃圾。据了解,这都是各村公益性岗位和护林员的功劳,为了使公益岗作用发挥最大化,生态护林员除负责森林防火、森林资源保护、病虫害疫情、乱砍滥伐等,同时还兼顾对自己负责区域内村民的安全宣传、文明意识普及等。

三 启示

贫困户变成了护林员,一方面使得困难群众实现了稳定增收,另一方面也对村里的绿水青山带来了很大的保护作用,乡村环境面貌得到了很大改善。还能有效解决部分建档立卡贫困户"无法外出、无业可扶、无力脱贫"的难题,实现了生态保护和脱贫攻坚工作的双赢。

51

民宿旅游新创意 激发扶贫新动能

一 情况

湖北省恩施土家族苗族自治州利川市是国家级贫困县，地处湖北省西南边陲，总面积4607平方公里，辖7镇5乡2个街道2个开发区、583个村（社区）中贫困村141个，贫困发生率27.4%，全市95万人中，2014年建档立卡贫困人口21.58万人。

利川市以新发展理念为引领，大力实施民宿旅游工程，使"农区变景区、田园变公园、农产品变商品、民房变客房"，将过去的"卖山林"变为现在的"卖生态"，实现了"绿水青山"到"金山银山"的价值转化，众多村庄成为了绿色富民的生态家园。民宿由零星散落的几家，发展到80多个村，近1500户，12000间客房，22000多张床位的扶贫产业，接待游客量达731万人次。产业的发展吸引大量外出务工人员回乡就业创业，直接创造就业岗位6000多个，带动建档立卡贫困户就业4700余人。民宿旅游还带动多产业融合发展，拉长了农民的增收"链条"，茶叶、莼菜等富硒农特产品不断得到宣传推介，农民的"菜篮子"变成了"钱袋子"、果树变成了"摇钱树"，传统农业变富民产业。贫困户变身经营业主、服务员、导游等全新角色，在民宿旅游发展中通过土地流转、务工就业、订单农业、民宿经营等方式实现增收。4年来，利川民宿旅游实现综合收入35.9亿元，年均经营性收入达9亿多元，贫困户增收近亿元。到2019年底，全市141个贫困村全部脱贫，存量贫困对象700户1933人，综合贫困发生率下降至0.25%，2020年实现整县脱贫摘帽。

二 做法

（一）坚持规划引领，创新扶持政策

通过出台《利川市民宿基本标准》等一系列文件，把全市作为一个大景区来规划打造，特别是将危房改造、易地扶贫搬迁集中安置点纳入重点规划范围，注重挖掘地域特色实行分类指导，有序实

施。建立健全村集体和农民、社会力量共同参与的多元投入机制,坚持"谁投资、谁受益"原则,出台《利川市"十村百企万户"乡村民宿旅游暂行扶持办法》《利川市加快旅游产业发展奖励办法》,采取以奖代补、先建后补方式,对普通农户给予40%的房屋改造补助资金,对建档立卡贫困户各项补助标准上浮20%,并按每户1万元标准,给予基础设施配套补助,引导贫困户以房屋、土地、山林等资产入股形式,踊跃参与乡村民宿建设。

(二)合力推进攻坚,强化监督管理

按照"党政主导、市场主体、社会参与"运作机制,各级成立民宿旅游工作领导小组,实行党政一把手负责制,协调推进民宿发展。国企利川市龙船调旅游发展有限公司负责民宿旅游建设、经营和管理,与民宿企业签订协议,采取房屋租赁优先考虑贫困户、建设用工优先录用贫困户、服务运营优先雇用贫困户、商品开发优先照顾贫困户的"四个优先"措施,构建旅游要素全聚集的全链条民宿旅游扶贫模式。成立市民宿管理办公室,出台《利川市民宿管理暂行办法》《利川民宿星级评定细则》等,严格设定绿色标准、文化标准、农事体验标准和卫生标准,不达标不许上线运营。对民宿进行星级评定,倒逼民宿经营业主在硬件设施和服务上争先创优。

(三)打造品牌特色，精准宣传推介

坚持开发与保护相统一原则，打造白虎寨、老屋基等"人文"居住点，让贫困户走上"农民大舞台"，向游客传唱《织西兰卡普的阿妹》《龙船调》等山民歌，展示利川灯歌、摆手舞等古老歌圩。举办地方特色的"贡茶节""山药节""风车节"等乡村节会等旅游文化活动。贫困户做农事文化体验员，带领游客近距离感受铁匠、篾匠、木匠、石匠等传统手工艺人的精湛手艺，邀请游客亲身体验参与推石磨、打糍粑、扬风车、编草鞋等农事活动。开展利川美食评比活动，贫困户当上了服务员和厨师，精心打造"利川招牌菜"，根粑凉粉、斑鸠叶豆腐等名特小吃广受欢迎。

从 2016 年起，利川连续承办四届中国山地马拉松赛事，起点和终点都在重点民宿旅游村，利川民宿旅游随着媒体直播和运动员的朋友圈"跑"向了全国。在重庆、武汉等地开展《肉连响》等利川生态歌舞快闪活动。与阿里巴巴、今日头条、百度地图等平台合作，利用互联网在线沟通，搭建 OTA 民宿预订、旅游线路定制平台。民宿业主在抖音、快手、火山等小视频社交平台上施展才艺，吸引关注流量。与新浪微博举办"全国高校达人"凉城利川之旅等活动，单次微博话题阅读量突破 2500 万。与荆楚网合作，打造"绿野仙境"凉城利川地铁专

列,亮相武汉地铁6号线;旅游广告霸屏铁路12306网站首页;旅游宣传广告亮相武汉豪华地段大型LED屏;民宿推介登陆省城,武汉公交车为利川民宿"拉客"。

三 启示

(一)精准施策,利川民宿旅游成功的关键是因地制宜,找准山地气候凉爽宜人的优势,发展特色民俗文化,因此产品有亮点,在市场分到了一杯羹。

(二)突出重点,借力脱贫攻坚的制度优势和当地的人力资源,围绕旅游业延链补链,推动民宿旅游产业规模提升和多产业融合发展,促进了产业精准覆盖,提升了产业带贫能力。

(三)不忘初衷,在发展民宿旅游过程中,始终将贫困户增收致富作为重要任务,以民宿旅游为重要抓手,将民宿旅游发展与精准脱贫紧密结合在一起,把精准脱贫嵌入民宿旅游的规划、建设和运营全过程,实现民宿旅游与脱贫攻坚同部署、同推进、同受益。

52

落实生态补偿　助力脱贫攻坚

一　情况

湖南省襄阳市保康县是国家秦巴山片区扶贫攻坚重点县、深度贫困县。全县面积3225平方公里,辖11个乡镇、257个村、19个社区,总人口26.9万。2014年,全县建档立卡贫困人口29489户83075人,贫困发生率53.6%,贫困村65个(含7个深度贫困村)。

保康县坚持把"生态保护"与"农民增收"相结合,通过落实森林生态效益补偿、天然林停伐管护、聘用生态护林员等方式,使贫困人口在生态保护与修复中稳步增加收入,实现脱贫攻坚与生态文明建设"双赢"。经过几年的脱贫攻坚,到2019年底,65个贫困村全部脱贫出列,存量贫困人口

39户97人，综合贫困发生率降至0.06%，并于2019年4月被省政府批准退出贫困县。

二 做法

（一）政府有效主导，合理科学推动

一是强化组织领导，成立工作专班。县政府及各乡镇分别成立领导小组和工作专班，并将生态补偿政策落实作为"林业四项"工作纳入全县年度综合考核内容，为生态补偿政策有效落实奠定了坚实基础。二是强化舆论引导，全面宣传发动。充分利用手机短信、微信、悬挂横幅、发放宣传资料等多种方式，及时全面宣传生态保护政策，营造全民参与的良好氛围，提高林农政策知晓率和参与率。三是强化沟通联系，积极争取政策。时刻关注国家政策，加强与上级林业主管部门对接沟通，积极争取优惠政策，逐步实现森林补偿全覆盖。目前全县已纳入补偿面积177.73万亩，占集体和个人所有山林面积的48%。四是强化制度管理，落实政策公开。严格落实生态公益林指标任务分解和生态护林员选聘管理制度，坚持政策落实公示，接受群众监督，公示无异议后，由财政局委托县农商行直接将补偿资金拨到林农"一本通"账户及集体专户，杜绝违规使用资金。

（二）落实生态补偿，转变发展理念

保康县是全山区县，林地面积达400万亩，占全县面积的83.3%，其中天然林面积351万亩，占全县面积的73.1%。为了保护好现有森林资源，保康县积极争取生态补偿项目，逐步实现林农以采伐为主向保护为主的经营理念转变，通过生态保护实现林农增收脱贫目标。在补偿资金兑付前，与生态公益林经营主体签订禁限伐协议，明确公益林范围、面积、双方的权利及义务等内容。自2011年实施森林生态效益补偿以来，集体和个人所有的97.06万亩山林、80.67万亩天然林纳入补偿项目，共兑付补偿资金近1亿元。项目涉及全县11个乡镇243个村，5413户建档立卡贫困户受益。如城关镇凤凰山村二组罗仕贵，全家4口人，其中2人身患慢性病，因缺乏专业技术，全家仅靠2人种地和就近打零工维持生计。2011年罗仕贵家659亩山林纳入了省级公益林补偿范围，仅此一项2019年度就有8402.25元收入（2012年至2018年每年补偿资金5107.25元）。通过实施生态补偿政策，罗仕贵一家2015年底脱贫，2019年人均纯收入达到9818.53元。

（三）建设护林队伍，助力精准脱贫

保康县出台《建档立卡贫困人口生态护林员选

聘实施方案》,将有劳动能力、有责任心、口碑好的建档立卡贫困户纳入生态护林员公益岗位,参与巡山护林、资源管护、森林防火等工作。全县累计聘用建档立卡贫困户生态护林员2870人次,按每年每人4000元标准,共发放护林员补助1148万元。其中2017年、2018年选聘建档立卡贫困户生态护林员830名,发放护林员补助332万元;2019年选聘建档立卡贫困户生态护林员1210名,发放护林员补助484万元;2020年已落实建档立卡贫困户生态护林员2500名,年可兑付护林员补助1000万元。如城关镇凤凰山村建档立卡贫困户孟耀林,全家5口人,因缺技术导致贫困,全靠种地和打零工创收。2016年11月至今被聘为生态护林员。除发展产业、公益林补偿外,还能通过护林每年领取4000元护林员补助。通过护林补助2017年底脱贫,2019年人均收入达到12002.32元。

三 启示

(一) 用好生态资源

山区农民最主要的资源就是山场、森林资源,山区农民实现增收致富的主要途径必须依靠森林资源。要在积极争取政策,保护好森林资源的同时,通过落实生态补偿帮助山区农民增收致富,全面巩固脱贫成果。

(二) 加大技术培训

结合地方产业发展实际,加强实用技术培训力度,让更多的建档立卡贫困户能够就近参加培训,学得一技之长,拓宽增收渠道。

(三) 引导产业调整

引导农户进行产业结构调整,鼓励依托森林资源发展林下经济、农家乐、林家乐,向社会提供优质的林特产品;鼓励发展以"企业+基地+农户"的模式发展林业产业,鼓励涉林企业优先吸收贫困人口就业。通过多种形式的产业形式,帮助贫困户就近就业,实现收入稳步增加。

53

创生态旅游品牌　绿水青山助脱贫

一　情况

广西壮族自治区桂林市龙胜各族自治县全县辖4乡6镇共119个行政村，主要有苗、瑶、侗、壮、汉五个主体民族，全县总人口17.2万人，其中少数民族人口占总人口的80%。全县总面积2538平方公里，山地面积占全县土地面积的87%，是一个典型的"九山半水半分田"山区县。2015年底全县有贫困村59个，建档立卡贫困户7680户29415人，贫困发生率为18.7%。其中70%以上的贫困户散居在半高山地区。但得益于自然条件，龙胜旅游资源丰富，空气负离子浓度高，水土质量好，保存有最完好的各民族原生态文化，具有"苗瑶侗壮汉，团结一家亲"的民族大融合文化。其中，龙胜梯田闻名中外,被评为"全球重要农业文化遗产"。

脱贫攻坚以来,全县实现52个贫困村脱贫摘帽,减少贫困人口37043人,贫困发生率从2015年底的18.7%下降至2019年底的0.26%,并实现整县脱贫摘帽。

二 做法

龙胜县坚持把旅游业作为龙胜的支柱产业、核心产业、品牌产业和生命产业来打造,制定了一系列旅游扶持政策,县财政每年都安排不低于1000万元乡村旅游发展专项资金,对发展乡村旅游、开展旅游精准脱贫的群众给予扶持。依托"全球重要农业文化遗产"的梯田品牌优势,全县35.8%的贫困群众通过景区分红、土地入股、民俗展示、建设务工、餐饮住宿、特产销售等方式实现增收。2019年,全县游客接待量突破1000万人次,其中入境游客突破40万人次,旅游总消费突破100亿元。

(一)"三个保护"厚植旅游扶贫优势

一是保护自然生态。龙胜县按照"生态、旅游、扶贫"三位一体的发展理念,着力把全县建设成开放式的生态公园,实现从开发资源到保护资源的根本性转变,把生态优势转化为旅游资源优势。全县一律禁伐水源林、禁采河砂、停止批建小水电站、全县范围内禁渔、不再引进有污染的工业企业等系列措施。全县共圈定了村里水源林7000多亩,划入生态公益林,禁止伐木、烧炭、开矿,免费发放树苗,指导村民种植。2016年以来共投入林业资金近2.6亿元,其中每年投入2000多万元对公益林禁伐和天然商品林停伐进行补偿,补偿资金成为部分村组集体经济和贫困户的稳定收入。全县同时在建档立卡贫困人口中选聘2352名担任生态护林员,惠及贫困人口8232人。经过及时治理,山溪水量明显增多,不再担心种田缺水。

二是保护民族文化。专门成立了民族文化保护与发展项目指挥部,下设民族节庆文化、非物质文化遗产保护、民族传统工艺、民族服饰文化、民族医药、民族建筑文化、民族传统艺术、民族饮食文化八个工作组,切实加强少数民族文化的发掘、保护、传承和发扬。政府与旅游公司合作,积极开发少数民族文化展演节目、少数民族特色手工艺品、少数民族特色美食,发挥少数民族"人无我有、人有我特"的独特魅力,变民族的为世界的,鼓励引导贫困户参与少数民族歌舞表演、手工艺品加工销售、少数民族特色饮食服务,实现在传承中发展、在发展中保护。

三是保护农耕传统。县委、县政府成立龙脊风景名胜管理局,并发动群众与龙脊公司签订协议,村民以"种田入股"的方式运作,鼓励大家以自家梯田入股,或把闲置土地租给有能力的人耕种。龙脊公司负责景区的管理和运营,村民负责梯田景观的维护与管护。村民成为旅游公司的股东,积极性被充分调动起来,全村村民统一认识,统一灌溉,统一耕种,统一收割,认真把梯田管护好,形成四季梯田壮丽景观。

(二)"三个依托"结出旅游扶贫硕果

一是依托梯田入股脱贫一批。鼓励贫困户用自家梯田入股参与景区开发,旅游公司每年按门票收入的7%、景区索道公司按索道门票收入的4%分红给村集体,村集体再按照田亩的数量按比例分红给贫困户。尝到甜头的大寨村民纷纷用梯田入股,成为龙脊景区的股东。2018年大寨村全村村民的年终旅游分红达670万元,人均达5460元。"旅游扶贫好处多,千年梯田今盘活;种田种出新天地,瑶胞喜唱小康歌。"分得5.7万元分红奖的贫困户潘应芳开心地唱起了山歌。

二是依托参与表演脱贫一批。鼓励贫困户参与歌舞表演获得丰厚收入。黄洛红瑶寨群众从最早帮助客人带路上龙脊梯田观景,到打破千百年传统解开包裹严实的长发,然后在木楼堂屋进行简单的民俗表演,再经过旅游相关部门多次提升打磨的瑶族长发歌舞表演,成就了今天名扬天下的"天下第一长发村"旅游品牌。2019年,黄洛瑶寨83户人家共接待游客15万人次,全屯实现旅游歌舞表演收入500余万元,每户歌舞表演分红约2万元,许多贫困群众成了"扛着犁耙种田地,唱着山歌搞旅游"的"两栖农民"。

三是依托发展民宿脱贫一批。通过鼓励贫困户把民房开发成为民宿,直接从事旅游业获得可观的收入。在外面"见了世面"的大寨村潘保玉看到了大寨发展旅游的潜力,毅然回乡创业。他向亲朋好友借了几万元,又请乡亲们帮忙建成了一栋三层的农家民宿旅馆。三年之后,他不但还完贷款,还成为村里的致富能人。现在潘保玉的民俗一年有30多万收入,一年仅卖竹筒饭一项的收入就超过10万元。目前,大寨村280户就有166家民宿旅馆,每家年收入都在20万元以上,带动周边300多户贫困户脱贫。

(三)"三个模式"增强旅游扶贫带动成效

一是"旅游产品"模式。主要是围绕乡村旅游大力开发旅游产品,调出低产田150多亩种植枇杷、杨梅等12种名特优水果,结合浓郁的壮族风情,大搞观光体验型农业综合开发项目。目前有水果300多亩,人均达1.5亩,房前屋后花果飘香,果实累累,成为名副其实的"花果屯",全屯仅出售枇杷就达到20多万元,年接待游客8万多人次。

二是"民企合作"模式。利用各村屯的旅游资源优势与企业达成协议,共同开发旅游,实现脱贫致富。如,泗水乡布尼梯田景区,企业把三个村民小组的1000多亩梯田全部租用,统一打造花海梯田,开展索道观光旅游等项目。群众不仅有出租梯田的收益,还通过为公司种植花卉、卫生保洁、开农家旅馆或成为公司员工等途径获取收益。

三是"景区辐射"模式。是指景区让群众通过参与旅游,实现租赁、劳务、分红等多重收入,加快贫困群众脱贫致富步伐。比如,龙脊镇大寨旅游景区主动吸纳当地和周边贫困农户参与梯田维护、抬轿背包服务、提供土特食材、景区环境卫生打扫、秩序管理和导游服务以及旅游产品的生产销售等工作,从而获得持续稳定的工资收入。同时还辐射带动周边贫困群众经营农家乐、小旅社、土特产销售等,扩大了贫困群众受益面。

三 启示

(一)保护生态是招牌

龙胜充分利用良好的生态环境,加大生态保护补偿力度,创新资金使用方式,利用生态保护补偿引导贫困人口有序转产转业,使有劳动能力的贫困人口转化为生态保护人员,引导贫困群众依托当地优势资源发展"绿色产业"。

（二）因地制宜是基础

龙胜县结合县情实际，因地制宜、靶向施策，以"生态旅游扶贫"三位一体的发展思路，推进精准扶贫工作。比如，在实施产业扶贫工程中，结合不同村屯的自然条件、民族特色因地制宜发展旅游产业，逐步形成"一乡一品、一村一景、一家一韵"的旅游格局。

（三）加大投入是保障

为实现保护和发展，全县筹措各级扶贫资金14.40亿元，财政涉农资金1.26亿元，用于基础设施建设、农业生产发展、村级集体经济培育等，为全县旅游发展奠定了良好基础。

（四）激发内生动力是关键

龙胜县坚持扶志与扶智并行、物质脱贫与思想脱贫同步，充分调动贫困群众参与生态保护、旅游发展的积极性、主动性和创造性，用人民群众的内生动力支撑旅游发展，从根本上帮助贫困户脱贫致富。

54

坚持生态立县 推动绿色崛起

一 情况

海南省保亭黎族苗族自治县总人口16.77万人，其中黎、苗族人口占66.7%，是典型的山区农业民族贫困县。2002年，保亭县被确定为国家级扶贫开发工作重点县。2014年，全县有贫困村44个（含2017年认定的2个深度贫困村），贫困人口5456户21834人，贫困发生率达23.25%。

经过近年来的坚持和不懈努力，保亭生态环境保护工作取得了引人瞩目的可喜成绩，全县生态环境质量总体继续保持优良状态，空气质量优良率达99%；集中式饮用水水源地符合国家标准，达到或优于地表水Ⅲ类标准；森林覆盖率达84%。保亭先后荣获"国家卫生县城""国家园林县城"等十多项荣誉称号。优质生态提升了保亭软实力，带火了旅游招商引资，推动了农业产业发展，带动了贫困人口脱贫，打赢了脱贫攻坚战。2019年4月26日，经省级贫困县退出评估验收，综合贫困发生率0.27%，群众满意度为99.52%，顺利摘掉了国定贫困县的帽子。2019年12月，贫困发生率已降至0.025%。

二　做法

近年来，保亭县积极推动生态环境专项整治及美丽乡村建设，让群众尤其是贫困群众享受生态红利，让优质的生态环境反哺保亭，助力保亭打赢污染防治攻坚战和脱贫攻坚战。

（一）坚持做好政策规划引领，完善生态保护顶层设计

一是保亭历届党委政府坚持做好顶层设计，先后制定出台了一系列生态环境保护政策文件，为生态保护惠民工程提供政策保障。二是保亭历届党委政府多次成立行动领导小组，明确责任分工、分解任务指标，确保各项生态保护工作落到实处；同时，逐级建立湿地保护修复制度和"河长制"等工作制度，强力推动生态扶贫工作。三是强化信息管理，结合全县扶贫对象精准识别工作和"海南省扶贫大数据"平台，通过

"县—乡（镇）—村"三级联动的方式，切实摸清和掌握县内各年度适宜于林业生态补偿脱贫的贫困农户有关情况，确保贫困群众"应补尽补"。

（二）实施生态补偿扶贫政策，贫困农民享受生态红利

从2010年起，保亭落实生态直补政策，积极推进森林生态效益农民直补工作，并不断提高补偿标准，让贫困农民享受生态红利。持续开展生态直补农户家庭信息收集及资金公示、兑现工作，每年兑现农户2万余户，享受直补农民达9万多人。2018年补偿标准比2017年每人增加50元，即每人全年350元，毛拉洞库区移民每人全年500元。补偿标准的不断提高，提高了广大农民群众森林生态保护意识，调动了农民参与保护森林资源的积极性，破坏森林资源行为得到有效控制。2019年，投入3329.52万元，为全县9.46万名农村户籍人口发放森林生态效益直补，惠及全县农业户籍贫困人口。水源保护方面，县委、县政府每年从国家拨给保亭的中部地区生态转移支付资金中提取3000万元给水源保护区的村民直补。

（三）开发生态保护公益岗位，扩大贫困人口稳定就业

保亭从建档立卡贫困人口中选聘生态协管员和

护林员，按月发放生活补贴，带动建档立卡贫困户743人脱贫。同时，保亭积极完善水资源管理公众参与机制。在全面推行"河长制"的同时，以巡河工作为切入点，通过广泛深入宣传，在具有劳动能力、主动意识强的建档立卡贫困户中优先聘用471名水务协管员，强化群众的环境保护意识。目前，所有河道协管员均已到岗上任。上述举措不但使森林资源、水资源管护状况得到了提升，还让贫困户有了稳定的经济收入。

（四）积极发展特色林下经济，有效帮助贫困群众增收

在"生态立县"的前提下，保亭按"产业富县"和"科技强县"的发展思路，指导广大群众致富奔小康。从2000年开始，保亭利用森林资源，大力发展棕榈藤（热带和南亚热带的多用途植物资源，经济价值较高）种植产业。以红藤为例，一般经营期不少于35年，年亩产值1400元（按4000元/吨计），经济效益极为可观。同时，保亭培育发展特色种养产业。发挥龙头企业、农民专业合作社、农村致富能人等社会力量辐射带动作用，引导贫困农户实施"公司+基地+贫困户""专业合作社+贫困户"等扶贫模式，因地制宜发展特色种养产业，帮带贫困户9万人实现增收。2019年投入农业产业扶贫资金7626.2万元，实施红毛丹、百香果、黑山羊等种养产业项目 61 个，受益贫困群众 6790 户次 2.67 万余人次。

（五）推动生态旅游产业发展，带动贫困户吃上旅游饭

保亭依托热带雨林、温泉、黎苗风情等资源禀赋，确立了"旅游强县"的科学发展理念，大力实施全域旅游示范县创建，带动群众增收致富，逐步探索出一条以旅带农、兴旅富民的创新、协调、绿色、开放、共享之路，一大批贫困村、贫困户同时成为全域旅游的参与者和受益者。截至 2019 年 12 月底，全县旅游产业有效带动建档立卡贫困户 1790 户 7530 人吃上旅游饭。

同时，保亭采取"政府规划、企业运作、党建引领、公民参与"的帮扶模式，将贫困村的资源有效整合，与企业构建分工合作的扶贫开发机制和相应的利益联结机制，带动农户参与建设经营美好家园，获得地租、劳务等多种收入。三道镇甘什村与槟榔谷景区合作，打造槟榔谷 5A 级景区，使甘什村"自我造血"功能不断增强。甘什村村民除获得土地租金收入外，还无偿获得企业投资 700 万元建成的"惠农街" 130 间商铺经营权，村民通过自主经营或对外租赁获得稳定收入。槟榔谷景区还积极吸纳周边贫困村民进入景区就业，让贫困群众"就业不离家、失地不失业、收入有保障"。

三 启示

(一) 践行绿色发展理念,是科学推进生态补偿脱贫工作的重要条件

保亭县把生态扶贫作为实现保护生态和加快发展双赢的关键之举,最大限度地让原生态的山水风光、黎苗少数民族文化转化为具有吸引力、影响力和创造力的旅游产品、农业产品,实现旅游开发、产业发展和脱贫攻坚"无缝对接",惠及更多贫困群众。

(二) 坚持因地制宜原则,是科学推进生态补偿脱贫工作的主要目标

对全县贫困群众,严格按照标准,落实退耕还林、生态补偿等各项生态补偿惠民政策,把深入实施重点生态工程建设作为脱贫攻坚的有效途径抓紧抓好,让群众真正受益和增收;对拥有丰富旅游资源的村庄,努力打造成独具特色的美丽乡村旅游点,开发具有本地特色旅游项目,以旅游业发展带动贫困户增收。对适合发展特色经济林果产业及林下经济等村庄,加大政策、资金等支持,助推产业发展,确保建档立卡户收入有保障可持续。

(三)坚持多方联动,是科学推进生态补偿脱贫工作的关键

保亭县坚持政府推动,广泛动员旅游、农业产业等企业带动,积极动员农户主动参与,形成了脱贫攻坚的强大合力,大力推进生态扶贫工作,多措并举实现生态保护与脱贫攻坚"双赢"的生态理念在贫困群众中生根、开花、结果。

55

贫困山区变景区 脱贫攻坚好前景

一 情况

重庆市武隆区于2002年被确定为国家扶贫开发工作重点县，2011年被确定为武陵山连片特困地区重点县。2014年，精准识别出建卡贫困人口55449人、贫困发生率14.8%，城乡居民人均可支配收入仅14488元，贫困人口人均可支配收入仅2215元。

武隆区境内生态优良、风景绝佳，是全国首批七个生态文明示范区县之一，拥有除大海和沙漠以外的所有自然景观类型。在旅游业带动下，武隆于2017年11月正式退出国家扶贫开发工作重点县行列。2019年，全区接待游客3200万人次、综合收入150亿元，全区3.5万农户、近10万农民靠旅游

"吃饭",消除贫困村48个、贫困人口3万余人,全区贫困发生率下降至0.03%,农村常住居民人均可支配收入14030元,脱贫人口人均可支配收入增长到10027元。

二 做法

近年来,武隆区坚持产业生态化、生态产业化理念,按照"深耕仙女山、错位拓展白马山、以点带面发展乡村旅游"思路大力发展全域旅游,把山区变为景区、田园变为公园、农房变为客房、产品变为礼品,实现"旅游做到哪里,哪里的老百姓就脱贫致富"。被生态环境部评为重庆市唯一的"绿水青山就是金山银山实践创新基地",成为全国少有的同时拥有"世界自然遗产地""国家5A级旅游景区""国家级旅游度假区"和首批"国家全域旅游示范区"的地区之一。

(一)聚焦"山水"发展全域旅游,让"山区"变为"景区"

按照全域旅游发展的要求,把全境作为一个大景区、大公园进行打造,不断提升"颜值",努力做大"价值"。

——突出全景式打造。围绕加快建设文化和旅游融合示范区总体目标,健全完善了全域发展规划布局,把仙女山、白马山等主要贫困区域纳入,明确时间表、路线图,确保在旅游人次和综合收入稳定增长的同时,充分发挥对百姓的增收带动作用。

——引导"全社会参与"。设立每年2000万元旅游发展资金,出台系列扶持政策,引导发展小加工、小手工、小养殖、小修理等涉旅"十小企业",鼓励各类市场主体组建旅行社、酒店等,切实让一切创造社会财富的源泉充分涌流。目前,全区共发展涉旅工商户5621家、涉旅企业530余户。

——推进"全方位服务"。加快旅游服务国际化标准建设,为游客提供全方位、人性化服务,游客满意度连年位居重庆首位。总投资87亿元实施"交通三年行动计划",构建了覆盖全区的旅游交通枢纽。度假区、主要景区景点等免费WIFI全覆盖,与腾讯公司联合打造了全国首个区域级智慧旅游平台"一部手机游武隆"。深入推进旅游综合执法体制改革,维护良好旅游秩序,打造"诚信旅游"。

——实施"全球化营销"。坚持全方位、高强度、宽领域、多媒体营销,与瑞士国家旅游局建立了长期合作关系,仙女山景区与瑞士少女峰景区结为了"姊妹景区",积极拓展"一带一路"沿线国家地区及日本、欧美等国际市场,让"自然的遗产·世界的武隆"旅游品牌唱响全球。2019年接待境外游客130万人次、占比1.6%。

（二）聚焦"旅游+"推进融合发展，让"产品"变为"产业"

深化旅游业供给侧结构性改革，大力发展"旅游+"融合产业，丰富产业业态、延伸产业链条，加快从"门票经济"向产业经济转型升级，提高旅游业对群众脱贫增收的辐射效应。

——实施旅游+文化。坚持"以文为魂"，深入挖掘和保护传承优秀传统文化、地域文化、民俗文化、民族文化等，在为旅游业注入文化内涵的同时，又有效促进了助推脱贫攻坚的作用发挥。如，浩口乡田家寨通过深入挖掘该村苗族文化和蜡染文化，成功申报为国家级传统村落，田家寨也成为远近闻名的民族文化旅游示范点，带动了周边60多户、230余名群众通过销售农特产品、提供餐饮等实现了增收。又如，通过深入挖掘乌江"纤夫文化"，与国际知名导演联合打造大型山水实景演艺项目累计演出3000余场，收入近3.5亿元，获得"中国首届视界大赏年度最佳旅游演出奖"等20余项品牌荣誉，成为文旅融合的典范。当地200余名村民白天干农活、晚上当演员，每年人均增收36000多元。

——实施旅游+体育。依托自然山水风光和奇异多样的喀斯特地貌这些独有的户外运动资源，加快发展低空飞行、徒步露营等项目，建成仙女山体育场和一批自驾露营基地、青少年户外活动基地等,被评为首批"国家体育旅游示范基地"。发起并成功举办了17届"中国重庆武隆国际山地越野挑战赛",共有来自欧洲、亚洲、北美洲等国家和地区的200多支运动队伍先后参赛,已成为国际性户外运动A级赛事,成为中国户外运动的一面旗帜。

——实施旅游+工业。以重庆市政府名义出台了两项世界遗产保护办法,严格实施环保准入,坚决杜绝和严格治理工业生产对生态环境带来的破坏。大力发展水电、风电等清洁能源和鸭江老咸菜、羊角豆干等农副产品深加工产业,既为游客提供丰富的工业旅游参观体验项目,又让游客能带走更多的"武隆好礼"。如,武隆区和顺镇的市级贫困村打蕨村寺院坪建成了西南地区第一个山地风力发电站,依托高大壮观的55台风力发电机组大力发展研学旅游,每年吸引近3万名游客观光旅游,带动所在的市级贫困村打蕨村120余户农户参与旅游接待,直接和间接带动该镇500余名贫困群众人均增收1300余元。

——实施旅游+农业。积极培育打造高地蔬菜、高地茶叶和生态畜牧、特色水果、中药材等山地特色高效农业,实现每个村有2—3个骨干产业、每户1—2个增收产业,带动全区80%以上农户实现人均增收近 900 元。如,武隆区鸭江镇青峰村建成的 800 余亩汉平金冠梨基地和 800 余亩香伶核桃基地,覆盖全村 725 户农户和 97 户建卡贫困户,仅汉平金冠梨一项就实现年收入 640 万元,户均增收 8000 余元。

(三)聚焦"共享"创新增收模式,让"风景"变为"钱景"

坚持"旅游扶贫的一切努力都是为了老百姓收入增长"的宗旨,探索创新增收带动模式,让老百姓实实在在享受到旅游发展带来的"红利"。

——探索廊道带动型增收模式。按照"建一处景点、引一批企业、活一带经济、富一方群众"的思路,确立仙女山旅游扶贫带、白马山旅游扶贫带等四个旅游黄金廊道,建成集交通组织、空间整合、产业集聚、形象展示等为一体的扶贫开发示范区。仙女山、白马山片区成为全市旅游扶贫的典型,仙女山片区 7 个乡镇、50 个行政村、近 5 万农民人均纯收入 12000 元以上。如,白马镇豹岩村通过整合易地扶贫搬迁、有机茶叶种植加工、特色效益农业、乡村旅游等各类扶贫项目资金近亿元,85% 的农户实现了产业带动稳定脱贫。

——探索集镇带动型增收模式。整合资金 5.9 亿元,大力推进易地扶贫搬迁,依托旅游集镇建成移民新村 169 个,搬迁安置 10951 户 38331 人。引导易地移民和集镇居民大力发展家庭公寓、快捷酒店等旅游商贸服务。如，双河镇木根村地处仙女山贫困片区，平均海拔1350米，是全市首批乡村旅游扶贫示范村，近年来该村大力发展休闲农业和乡村旅游扶贫，成为全区首批脱贫和首个基本小康的行政村。目前，该村95%以上的农户均直接或间接参与乡村旅游发展，年游客接待近60万人次，旅游收入达到1.2亿元。

——探索景区带动型增收模式。高度重视景区原住民的生产生活，在景区进出通道等区域建设专门的创业区和农特产品销售一条街，引导景区周边农民发展特色小吃、特色农家等商业，景区及周边2万农民通过旅游实现了直接或间接就业。如，仙女山镇石梁子社区401户中有391户从事旅游相关产业，资产500万元以上的17户、100万—500万元的285户；土坎镇关滩村在仙女山环线建成后，全村发展农家乐21户，以家庭作坊生产"土坎苕粉"48户，全村年收入达4000万元以上，90%的农户年均收入5万元以上。据统计，仅芙蓉洞景区从事涉旅行业的农民就达1500余人，年收入均在5万元以上。

——探索专业合作社带动型增收模式。成功创建多家乡村旅游合作社，其中赵家乡乡村旅游专业合作社被评为全国"合作社+农户"旅游扶贫示范项目。目前,赵家乡乡村旅游专业合作社共计有农户会员119家,2019年专业合作社接待游客40万人次、旅游收入7600余万元,解决本乡富余劳动力500余人就业;全乡共有30户148人通过办农家乐脱贫,在乡特色农业旅游企业中务工脱贫的62户253人,为游客提供产品脱贫的125户438人。

三 启示

旅游扶贫是扶贫开发模式的一种创新,既是"输血式扶贫",又是"造血式扶贫"。在实践中,全区上下牢牢把握五个坚持:

一是坚持战略全局的视野。始终坚持"世界眼光,国际标准",始终做到高起点规划、高品质建设、高水平管理、高定位营销,引领武隆旅游由"重庆的武隆""中国的武隆"向"世界的武隆"嬗变。

二是坚持富民增收的宗旨。坚持把"富民增收"作为发展旅游的出发点和落脚点,增强旅游产业的辐射联动效应,鼓励城乡居民特别是贫困农民积极参与旅游服务,尽力为群众搭建创业就业平台,让老百姓获得更多实惠。

三是坚持融合发展的路径。突破一产、二产和三产的界限,推进旅游与相关行业的融合,将部门联合和产业融合作为旅游发展新的增长点,形成多点支撑、融合发展的"大旅游、大市场、大产业"格局。

四是坚持锲而不舍的态度。武隆旅游发展24年来,历届党委政府都下定决心发展旅游,锲而不舍地把旅游产业作为主导产业和富民产业,一任接着一任干到底。

五是坚持生态优先的理念。始终秉承"生态是武隆最大的财富,最大的资源"的理念,心怀敬畏爱护一山一石、一草一木、一鸟一兽和江河溪流,落实好"共抓大保护、不搞大开发",坚持在保护中发展,在发展中保护,既要绿水青山、也要金山银山。

打造中国犀鸟谷 贫困山村换新颜

一 情况

云南省德宏傣族景颇族自治州盈江县石梯村,因在陡峭悬崖上开凿阶梯出行而得名,与缅甸山水相连,是一个景颇族、傈僳族聚居的边境贫困村。由于地处偏远地区,山高路远,无水无电无信号,货物运输只能靠人背马驮,经济基础薄弱,贫困程度深。村民曾以刀耕火种的粗放方式开荒生产,使得当地生态环境遭到严重破坏,形成"生态破坏—贫困落后"的怪圈。全村81户363人,有建档立卡户43户150人,贫困发生率高达50.5%,是全国平均水平的10倍以上。

2019年,农村经济总增长至486万元,年均增速29.94%;农民人均纯收入由原来不足2000元增长至 2019 年的 10152 元，年均增长 22%。目前，该村贫困发生率已从 50.5% 降到了 1% 以下，顺利实现脱贫。

二 做法

石梯村土地面积 13.87 平方公里，边境线长 24.7 公里，林地 28115 亩，森林覆盖率达 90% 以上，有鸟类 400 多种，是全国生物多样性最丰富、鸟类最集中的地区之一。盈江县立足石梯村资源优势，坚持生态文明建设与脱贫攻坚相结合，围绕打造"中国犀鸟谷"品牌，拓宽发展思路，鼓励引导当地村民亦农亦旅，建鸟类监测点、当志愿者，从事餐饮、住宿及配套服务，让农民吃上"旅游饭"，赚上"观鸟钱"，开辟一条靠生态发家致富的路子，形成特色旅游村寨、观鸟胜地、边境山寨多元化旅游发展格局。

（一）依山就势建新房

用好农村危房改造惠民政策，采取"集中力量办大事"方式，按"一户一单位一名党员"的帮扶模式，聚焦宜居、宜业、宜游，以加固改造、拆除重建、兜底保障三种方式，实现农村危房旧貌换新颜。统一规划、分户实施，充分融入生态优势、民族元素，依村就势、就地取材，提倡"老材新用"

"旧料翻用",保留房屋原始韵味;在外墙体、封檐板、屋檐、村头寨尾装饰民族元素、标识标牌,形成"一村一品、一村一景、一村一韵"村落风貌。同时,以群众自行改造为主,按照每户800元、1吨水泥给予补助,统筹推进农村厨房、户厕、庭院硬化等基础设施建设;聚焦村庄"脏乱差"顽疾,开展清"六堆"(草堆、粪堆、柴堆、石堆、土堆、垃圾堆)建"三园"(果园、菜园、花园)行动,实现危房改造与农村环境同步提升,建成美丽边寨。

通过大力实施道路、房屋、人居环境提升等工程,石梯"水、电、路、讯、房"建设日趋完善,宽敞整洁的水泥路、光纤网络进村入户,农村建设由"单项突破"迈入综合发展,乡村颜值不断"刷新",精准扶贫的"种子"在石梯村的各个角落焕发蓬勃生机,正朝着农业强、农村美、农民富的目标,一步步美丽嬗变。

(二)生态扶贫有实招

着力做好"生态+"文章,通过"生态+项目"有效带动150余贫困人口稳定脱贫,实施国家级公益林森林生态效益补偿6595亩,天然商品林停伐保护6160.5亩,年均补助资金12.7万元。聘请建档立卡户担任护林员31人,年人均补助资金1万元。大力发展"林木+林旅+林下"绿色立体循环经济,发展以坚果、荔枝、咖啡为主的林下经济2800余亩,产值30余万元。围绕丰富的鸟资源,重点打造"中国犀鸟谷观鸟旅游精品线",年均接待游客达2万人次,实现综合收入近50万元。紧扣"确保每户贫困户掌握1至2门农村实用技术"目标,开展林下种植、养殖的实用技术培训,培养"土专家""田秀才",切实增强贫困群众的"造血功能"。

一是保护生态护"鸟家"。组织党员、妇女、"草根名嘴"等,采取"汉语+民族语言"、小品歌舞等形式宣传生态环境保护政策。成立护林队,定期开展巡护,充分发挥"前哨员、信息员、巡边员、护林员"作用,筑牢生态保护防线。将保护生态环境内容纳入党员积分、"最美+"等评选活动,"捕鸟、砍树,发现一起扭送一起;随意开荒,罚金用于生态修复,并上报相关部门;对主动上报破坏生态环境行为情况的给予200元至2000元奖励"等生态保护内容写进村规民约,保护生态成为村民的自觉行动。用群众听得进的语言、做得来的举措,让群众主动放下了"油锯、斧头、砍刀、兽夹"等赖以生存的"家当",自觉投身生态保护行动,"村寨生态守护行动"成功入选"美丽中国,我是行动者"十佳公众参与典型案例。

二是建好"鸟点"引"鸟人"。立足丰富的鸟类资源优势,引导当地村民按照"一个'鸟点'一种明星鸟"的思路,差异化发展,因地制宜建成双角犀鸟、红腿小隼、灰孔雀雉等各具特色的"鸟点"40多个,寻找鸟类保护与脱贫增收的致富路,让农民赚上"观鸟钱",开辟了一条靠生态发家致富的路子。仅2018年,接待观鸟人2万多人次,每个监测点实现1万元至3万元的收益。

三是农民变身当"鸟导"。着力在农民变"鸟导"上做文章,以感兴趣、爱鸟护鸟的村民作为重点,强化鸟类知识培训,引导培训一批持证上岗的"鸟导"。实行"红黑榜单"制度管理,对不规范、瞎操作、乱收费等行为进行治理、公示,规范"鸟导"行为、诚信服务。目前,石梯全民"鸟导",均能熟练辨别150余种鸟类。"以前进山背刀,现在进山当'导'。家穷要喂鸟,人穷要读书"等顺口溜在各村寨口口相传。美国、英国、法国、澳大利亚等40多个国家的观鸟爱好者不断涌入,8名农民"鸟导"9次走进央视,为鸟代言,"鸟导"这一新名词已成为盈江贫困群众脱贫致富的新兴职业。

四是做好服务赚"鸟钱"。聚焦为游客提供优质观鸟体验,鼓励群众搞服务、赚"鸟钱"。整合资金,依山就势,支持农户建特色民居,开农家客栈,为观鸟爱好者提供住宿服务。目前,石梯建成农家客栈24家,观鸟旺季,每家客栈每天可带来500元至1000元收益。鼓励村民为观鸟爱好者提供导游、交通、背包、送餐等服务,实现家门口就业,单次获取服务费200

元至1500元不等。发挥"互联网+"优势,组建"中国犀鸟谷"旅游网站,建立"鸟导"信息库,及时发布近期鸟类情况、食宿信息等,推行线上预约,有序推动观鸟旅游良性发展。石梯自从赚上"观鸟钱"后,一步跨多年,汽车、家电从0到普及率过50%,农民人均纯收入从1000多元跃到8000多元,从"直过民族"村中率先脱贫出列。

(三)社会帮扶见实效

认真落实"万企帮万村"精准扶贫行动,政府积极动员引导,企业响应号召、履行社会责任,全县10家企业以产业帮扶、安置就业、技术培训、捐款捐物、助学、助医等多种形式结对帮扶石梯村。共帮扶石梯村实施村庄道路25公里,人畜饮水管网10公里,培养民宿人才10人、餐饮业人才8人,解决就业岗位12人、月均工资1500元,帮扶发展产业45户、户均增收800元。同时,积极参与村内卫生室、活动广场、卫生公厕、路灯、网络、垃圾处理池、排污管道等设施建设,村庄功能进一步完善,群众脱贫致富基础更加牢固。通过实施产业扶贫、金融扶贫、就业扶贫等一系列行之有效的扶贫政策和扶贫举措,贫困群众在教育、医疗、住房等方面的开支大幅减少,长短结合培育坚果、小水果和林下养殖产业,在崇山峻岭间建成集中连片的"绿色银行",群众户户有产业、能致富、可持续,不愁吃、不愁穿,钱袋子鼓了起来,小日子火了起来,大幅提升了群众幸福指数。

(四) 强边固防聚合力

发挥党政军警民"五位一体"体制机制优势,在脱贫致富的道路上凝聚合力。牢固树立总体国家安全观,把守土有责、民族团结、宗教活动向党组织报备等内容纳入村规民约,常态化开展走边关唱红歌、升国旗等活动,国土意识、中华民族共同体意识扎根群众心中。加强边防基础设施建设,石梯村11.4公里边境道路得到改造提升,方便了群众生产生活,边防巡逻路成为了群众致富的民生路。设立界务员3名、护边员10名,月均分别发放补助500元和1000元;落实边民补助政策,人均补助500元。广大群众切身感受到党和国家的温暖,像珍视生命一样守护国土安全,像石榴籽一样紧紧抱在一起,石梯村成为边境线上的坚固屏障。

三 启示

(一) 制度机制是战胜脱贫攻坚的有力抓手

建立完善制度机制是高质量交出脱贫答卷的纪律保障。盈江县对照中央、省、州政策,结合脱贫攻坚推进情况和县情、乡情、村情特点,建立健全了一系列脱贫攻坚制度机制,并引导村民修订完善村规民约,实行"一月一例会、一月一督查、一月一通报",制度与村规同向发力,用制度规范行为、按制度办事、靠制度管人,有力保障了脱贫攻坚的最终胜利。

(二) 内生动力是战胜脱贫攻坚的关键武器

只有群众从内心树牢"不甘落后、不甘贫穷"的思想,才能为脱贫攻坚提供不竭动力。盈江县把"自强诚信感恩"主题教育实践活动贯彻于脱贫攻坚始终,注重由内而外"扶"、从里到外"富","志穷""人穷"统筹帮,以"微讲堂""新时代文明实践中心"为载体,走田间、进农户,正面宣讲、反向激励、示范带动多管齐下,教育引导贫困群众树立自强不息、诚实守信、脱贫光荣的思想观念和感恩意识,纠正"不以贫为耻,反以贫为荣"的错误思想,有效激发了群众内生动力。

(三) 生态保护是关乎永续发展的根本大计

生态也是一种生产力,良好的生态,是保证永续发展的基础。盈江县认真落实习近平总书记考察云南时提出的"把云南省建成生态文明建设排头兵"的定位,把生态保护与脱贫攻坚深度融合,在保护中促进发展,在发展中更加注重保护。生态美景变经济效益,在盈江以观鸟旅游为代表的生态脱贫路子越走越宽。

57

创新生态扶贫模式
助力群众脱贫致富

一 情况

陕西省安康市宁陕县位于秦岭南坡腹地,总面积3678平方公里,总人口7.4万,其中农业人口6万。地域面积大、人口数量小,林地面积大、耕地面积小,资源禀赋大、经济总量小。全县山大沟深坡陡,地貌多样化、林地连片化,贫困程度深、脱贫难度大,是国家扶贫开发重点县、秦巴山区集中连片特困地区县、中央办公厅定点扶贫县、陕西省生态扶贫示范县,全县建档立卡贫困户7156户20227人。

宁陕立足森林覆盖率90.2%的资源优势,把生态优势作为后发赶超的战略性资源,积极探索出

"生态+"扶贫新模式,打造秦岭地区生态扶贫的实践样板。脱贫攻坚战打响以来,宁陕县累计有15227户贫困户直接享受生态脱贫政策,全县有4088户贫困户依靠生态脱贫措施直接摆脱贫困,60%建档立卡贫困人口主要通过生态扶贫措施实现脱贫,2019年顺利实现整县脱贫摘帽。2019年全县林下经济产值突破14亿元,农民通过林下经济人均增收达6000元以上,林下经济(含森林旅游)收入占人均可支配收入的比重达75%。

二 做法

宁陕县通过发展林业生态特色产业、探索林业生态改革新路子、聘用生态护林员增加贫困人口就业岗位、加强生态工程建设、打造特色生态旅游模式等措施,使全县贫困农户人口增收。

(一)做优"生态+产业"

宁陕大力推动生态林业、特色农业和休闲农业发展,带动全县农民增收和农户脱贫。积极打造干果、森林旅游、林下药材(食用菌)、特种养殖、花卉苗木五大林业产业基地。同时按照一、二、三产业融合发展的思路,引进建成了核桃油加工生产线、板栗初加工生产线,进一步延长产业链条,夯实群众产业增收基础。

全县累计建设高标准核桃园 12.21 万亩，板栗园 21 万亩，林麝、梅花鹿养殖存栏量 1800 头，发展天麻、猪苓等林下药材 14.66 万亩。培育山林经济扶贫示范点 44 处，完成经济林特园丰产管理 7.2 万亩，发展林下魔芋 1.48 万亩、利用抚育废弃物发展袋料食用菌 520 万袋，发展林下畜禽养殖 54.2 万头（只、羽）、林下养蜂 1.5 万箱，林麝、梅花鹿特种养殖新发展 200 头。建成猕猴桃、花椒等采摘基地、茶园累计达 5500 亩。

按照"企业+园区+合作社+农户"等方式，精心培育了 6 个市级龙头企业、28 个现代农业园区、219 个合作社等各类新型经营主体，三家龙头企业不断发展壮大，1 个企业被认定为国家林下经济示范基地；让贫困户广泛加入各产业链，使他们通过入社生产、入股分红、土地流转、订单生产、聘用打工等实现稳定增收。全县核桃、中药材、食用菌均有龙头加工企业引领提升，镇村建有 37 个主导产业初加工点，宁陕天麻、猪苓获得国家地标产品和"十大秦药"，"天华山"香菇获得省级名牌。2019 年生态产业覆盖全县 11 个镇 90% 的农户，林业产业实现贫困村 40 个全覆盖，带动贫困户 2423 户，涉及贫困人口 4717 人，贫困人口发展林业产业总收入 247 万元。

(二)做活"生态+改革"

宁陕是国家首批集体林业综合改革试验示范区,围绕社会化服务体系建设、加强财政扶持制度建设、推进公益林管理经营机制建设、推进林权流转机制和制度建设四个方面大胆探索,开创了一条林业生态改革新路子。依托生态资源变资产增收。率先将306.2万亩集体林地落实到户,颁发了1.73万本林权证,林权发证率达到99%。截至2019年6月,全县累计林权抵押面积达5.02万亩,累计发放林权抵押贷款7872余万元;累计流转林地1734宗73.11万亩,总交易额达7亿余元。全县林地流转率达35%,比全国林权改革实验区林地平均流转率高出15个百分点。发放了全省首批公益林预收益抵押贷款180万元,让贫困户以林业资产入股分红、融资收益等方式增加年人均资产性收入。

探索建立林业职业经理人创业扶持制度,扶持培育新型林业经营主体,鼓励林业职业经理人带资入股。探索建立"林权抵押贷款直通车"机制,对全县所有农户的林权、公益林预收益权、林地经营权流转证权益统一评估、一次授信,群众办理贷款时只需到金融部门一个窗口办理。

拓展了"智慧林业"大数据平台服务功能和应用渠道,建成4个林业专家工作站,组建4个林业协会,把所有生态护林员、天保护林员就地转化成林产品供需信息员,实现了林农群众与电商信息的无缝对接,助推林农通过消费扶贫增加收入。

完善公益林补偿机制增收。在全国贫困县中第一个用县本级财政投入生态补偿,将省级公益林补偿标准由5元每亩提高到15元每亩,与国家级公益林补偿标准持平,2016年以来全县公益林生态效益补偿累计惠及9623户贫困户,累计补助面积达95.13万亩,补助资金达938.67万元,实现户均增收975元。

(三)做实"生态+就业"

宁陕县2016年率先在全省探索贫困户就地转化生态护林员的扶贫路子,按照县管、镇聘、村用的原则,从全县建档立卡贫困户中,择优吸纳有劳动能力的812名贫困群众担任生态护林员,县级自筹资金持续加大生态护林员聘用力度,全县生态护林员聘用人数逐年上升,从812名增加至844名,涉及贫困家庭人口3000余人。

生态护林员人均管护面积500亩以上,每人每年工资为7200元,实行动态考核管理,一年一聘。为切实管好用好生态护林员这支庞大的队伍,宁陕县创新实施生态护林员"三四五"管理法,"三"即三项管理机制:精准选择聘用、严格考核管理、创新信息管理,"四"即四级网格管理:林业、国土、水利、环保"四位一体"生态环境保护网格化管理监测体系,"五"即护林员五星竞赛活动:勤劳致富之星、科学技术之星、环境卫生之星、家风文明之星、敬业奉献之星,实现生态护林员精细、精准、高效监管,发挥生态护林员护林履职作用,同时推动贫困户从业者素质和技能的提升。全县自落实生态护林员政策以来,累计聘用生态护林员2753人次,覆盖全县40个贫困村和28个非贫困村,覆盖全县38.47%的贫困户,累计发放工资1800余万元,有护林员的家庭人均增收2300元,取得了"一人护山水、全家能脱贫"的成效。

通过生态护林员的履职尽责和生态补偿措施双管齐下带动农户增收,极大地提升了林区群众的森林资源保护意识,激发了林区群众通过生态保护增收致富的内生动力。近三年来,全县涉林行政案件数量每年下降30%,2019年涉林行政案件数量下降达50%,县域内全年未发生大的森林火灾,森林火灾受害率控制在0.2‰以下,森林病虫害成灾率控制在4‰以内。经林业专业组织测定,宁陕县森林生态系统功能总价值130.54亿元,是宁陕当年国内生产总值的近五倍,全县森林生态服务功能价值每公顷3.95万元。

(四)做精"生态+工程"

通过生态工程建设增加农户转移性收入。宁陕县每年在各项林业重点生态工程项目建设中,优先向贫困村贫困户倾斜覆盖、优先聘用贫困劳动力。积极引入社会资本,积极开展森林抚育,创新公益林管理投入机制,新组建森林经营管理合作社9家,实施森林抚育5万余亩。以移民搬迁为抓手,对从山上搬到山下的群众实施宅基地腾退和新一轮退耕还林政策,真正实现了"人退林进"。在工程实施过程中重点向贫困村、贫困户倾斜,为每个符合退耕还林条件的贫困户规划落实退耕还林人均1.5亩以上。近三年享受新一轮退耕还林补助的贫困户累计达2851户,累计补助达596.57万元,实现户均增收2092元。同时,以农村危房改造为接入点深入推进农村人居环境综合整治,不断促进生态功能恢复,同步实施了40个贫困村的农村人居环境综合整治及贫困户民居改造工作,绿化造林2.9万亩。

(五)做响"生态+旅游"

宁陕县彰显特色优势,打造全域发展、社区性开发、协会+农户、股份制开发、景区带动型五种特色旅游模式,建成了五大景区,辐射和带动周边村镇乡村旅游的蓬勃发展,建设核心景区带动就业脱贫,在景区劳务用工方面向贫困村、贫困户倾斜,景区运营带动周边14个村的乡村旅游发展。宁陕县农民每年通过景区可销售农产品3600多万元，其中贫困群众的农产品达1100多万元；在景区务工就业的贫困户910人，年人均收入6000元；发展农家乐380户，解决就业2008人，其中贫困人口327人。358户1074名贫困人口通过生态旅游直接脱贫。

三 启示

宁陕县通过逐渐探索出的"生态+"扶贫新模式，打造出"绿水青山就是金山银山"的生态经济转型之路。通过生态扶贫、生态保护和补偿政策落实，全县形成完整的生态保护系统，生态修复治理力度强力推进，生态政策全面落实落地，生态资源安全保障有力，生态旅游新业态发展迅猛，生态产业快速崛起，宁陕县经济形态已从农民靠山吃山的"木头经济"阶段到发展矿产的"石头经济"阶段成功转型为生态得保护、农民能致富的"生态经济"时代。

58

协作扶贫结硕果 科学规划创佳绩

一 情况

甘肃省定西市安定区属六盘山集中连片特困地区，是国家扶贫开发工作重点县区之一。全区辖12镇7乡306个村和3个街道办事处，截至2018年底，总人口为46.05万人，其中农业人口35.94万人。全境地处黄土高原丘陵沟壑区，流域面积3638平方公里，耕地面积243万亩，年均降水量380毫米左右，蒸发量高达1526毫米，属典型的干旱半干旱地区，生态环境脆弱。2014年以来，全区识别认定贫困村176个（深度贫困村80个）、贫困人口3.1万户11.22万人。

2014—2019年，共退出贫困村174个、脱贫3.04万户11.05万人。现有未退出贫困村2个、未脱贫人口600户1732人,贫困发生率为0.48%。

二 做法

福建省福州市负责对口支援甘肃省定西市。福州市根据定西市的生态环境,共同探索了一种"水土流失综合治理(生态林)扶贫"模式,即以治理水土流失为切入点,在植树造林的同时进行产业扶贫。定西市安定区凤翔镇建设了高标准、高质量,集水土保持、科研、科普、发展林下经济和旅游观光于一体的多功能万亩森林公园,并配套建设了约58公里的机耕路,6个100立方米的蓄水池,极大地方便了当地村民的生产生活。经测算,每公顷森林涵养水源、保育土壤、固碳释氧、净化空气的生态服务功能价值3.26万元/公顷·年,该生态林每年将产生生态效益2448.7万元。

水土流失综合治理(生态林)扶贫项目实施程序为:项目选址—设计—专家论证—评审设计方案—招投标确立项目施工企业—造林技术培训—施工企业带动贫困户参加项目建设—后期抚育管理—项目验收。通过将贫困户引导到参与植树造林、森林抚育、林下套种等环节,以不同的方式吸纳群众特别是建档立卡贫困户参与到项目建设过程以及项目建成后的生态产业链中;通过使用贫困户或以贫困户为主的育苗合作社的苗木,增加贫困户的经济来源。

(一) 明确参与机构的职责作用

福州、定西两地政府共同确立项目选址、实施规模;福州市水利局、林业局、福建农林大学提供技术指导,负责项目规划设计、全程参与工程实施;定西市政府协调农民做好退耕还林工作;定西市林业局作为项目主管单位保证实施和质量监督;定西市安定区林业局和通渭县林业局负责组织项目招投标和项目实施;中标企业(施工方)负责招收建档立卡贫困户参与工程建设。

(二) 明确资金筹措及监管方式

资金共由四部分组成:中央财政退耕还林苗木补助40.85万元,福州市级财政资金3044.49万元,福州市县级财政资金1007.66万元,福州市扶贫基金会捐款406万元。为保证专款专用,福州·定西扶贫协作前方指挥部出台专门管理办法,要求项目实施单位根据进度向项目主管单位提出申请,项目主管单位审核后向前方指挥部申请资金,项目实施单位根据招投标约定向中标施工队发放工程款,项目主管单位对资金进行中期、后期监管。

(三) 有序推进扶贫的工程建设

2017年3月,项目开始实施。(1)规划设计。

明确四个功能定位：一是集试验、示范、推广于一体，建成高标准试验示范林；二是建成以后集水土流失治理、森林景观、旅游、观光、科普于一体，为建设森林公园打下基础；三是建成定西生态文明教育基地；四是生态扶贫的样板工程。(2) 工程实施。严把六个关口，即："种苗、整地、栽植、监理、督查、责任"关口。确保四个到位，即：组织领导到位；技术措施到位；责任落实到位；工程质量到位。(3) 技术推广。造林工程实现机械化整地；造林施肥要求每穴都适当施有机肥、化肥和保水剂；造林必须配套滴灌工程；造林密度不同、树种混交，改变以往树种单一、模式单一的状况。(4) 抓进度和质量。一方面采取人机结合加快进度；另一方面抓质量监管。整个造林期间技术人员全程跟班现场作业进行技术指导和督促检查，确保质量。同时积极开展鼠害防治工作，效果良好。(5) 后期管护。针对定西以往造林后期管护少、质量不高的问题，增加造林后连续养护抚育3年，包括浇水、培土等，确保成林、成景。通过项目实施，改善了生态，绿化了荒山，打造出集生态、文化、美化为一体的森林生态景观。

(四) 解决扶贫工程项目的实际困难

初期退耕还林补助款较低（1200元/亩），贫困户退耕后增收能力较弱，积极性不高。为此，两地政府通过打造见效快的城郊"菜篮子"等传统农业，实现退耕贫困户的短期增收，为建设时间长、可长期为贫困户创收的观光农业等产业发展创造条件。此外，为防范火灾、虫害等风险，两地政府通过建立森林火灾防扑灭机制、森林有害生态综合防治机制、极端天气预测预报机制将风险降至最低。

（五）协调生态扶贫与产业扶贫措施

除生态扶贫外，积极发展产业推动贫困户增收。（1）发展特色林产业和特色种养业，增加土地利用效益，实现"沃土工程"和以耕代抚相结合。（2）发展林蜂产业。在生态林的花期养殖蜜蜂，果期可实现观光旅游和采摘模式，果实成熟还可以加工成工艺品。（3）农林复合经营。林下套种蚕豆、大豆和胡麻等农作物，改良土壤理化性质，提高土地资源利用效率，实现农民创收。（4）发展森林旅游。以带动贫困户发展为目标，发展集生态保护、科研、科普和旅游观光于一体的森林旅游项目。

（六）不断扩大贫困户的增收渠道

部分农村陡坡地实施退耕还林后，促进了农村劳动力转移去从事畜牧养殖、劳务输出及第三产业，开展多种经营，获得更多收入。贫困户通过以下途径增收脱贫：（1）参与项目建设获取劳务报酬。2017—2019年，生态林项目建设共需整地、栽培施工、抚育等劳务用工68000多个工日，施工队中吸纳25%的贫困户人员参加。348户贫困户参加造林抚育，年均增收3000元。（2）通过生态公益性岗位获得工资性收入。设立生态管理员岗位，以森林、草地等管护为主，让足以胜任这些工作的劳动力参与管理工作。生态林项目建设增设生态管护员工作岗位10个，每年7000元/人。（3）贫困户退耕还林补助。退耕还林的贫困户每户平均可获得补偿款12600元。（4）通过采购贫困户的苗木，户均年增收1680元。（5）实施"互联网+扶贫"，拓展生态扶贫绿色平台，扩展劳动力就业空间，实现本地生态脱贫。（6）其他途径。在综合治理水土流失的同时，发展林下经济，在林下套种当地特色中草药及优良品种的大豆，长短结合，也可获得部分收益。

三　启示

（一）生态扶贫需要和群众需求相结合

只有能给贫困群众带来收入、基础设施等各方面的改善，才是可持续的。水土流失综合治理（生态林）扶贫项目实施过程中，基于贫困群众增加收入与改善当地生态环境的需求，确立了脱贫致富与生态改善的双重目标,通过组织专业化力量、开展技术性创新等措施实现了脱贫致富与生态改善目标的实现。

(二)生态扶贫需要与产业扶贫相结合,实现因地制宜发展

水土流失综合治理(生态林)扶贫项目立足定西市各县(区)经济发展和资源状况,制定不同的扶贫项目,通过精准识别,分类施策,长短结合,有效扩大了贫困户增收渠道,提高了贫困户收入水平。

(三)落后地区在生态扶贫时需要科学规划,学习借鉴发达地区经验,与发达地区开展合作

相比发达地区,贫困地区在生态技术方面较为落后、相关技术人员较为缺乏。在本案例扶贫项目实施过程中,福州市为定西市提供了大量技术支持与经验指导,为该项目的顺利实施提供了技术支撑。

59

激活生态"红利" 绘就"金山银山"

一 情况

宁夏回族自治区固原市彭阳县地处六盘山集中连片特困地区,是一个以农业经济为主的国家级贫困县、革命老区、民族地区,户籍总人口25.03万人,土地总面积2533.49平方公里。2014年,精准识别贫困村122个、贫困人口56074人。经过5年努力,全县剩余贫困人口186户552人,综合贫困发生率从28.8%下降至0.24%。2019年4月退出贫困县序列。

二 做法

自1983年建县以来,历届彭阳县委、县政府始终坚持,以小流域为单元,实行山水田林路统一规划,梁峁沟坡源综合治理。以蓄水保土、护农促牧、兴林富民为根本目标,走出了一条黄土高原综合治理的成功路子。坚持把生态林业资源作为贫困群众发展"有土""离土"扶贫产业的优势资源,积极探索建档立卡贫困户深度参与的生态扶贫新路径,坚持市场导向、政府推动、群众参与原则,建立生态旅游资源开发与脱贫攻坚相结合的"生态+旅游+扶贫"模式,取得了生态改善、产业发展与贫困户增收的多赢效果。

(一)把贫困户转变成林业工程建设的"先锋队"

坚持以全民义务植树和城乡绿化美化等为载体,把造林绿化项目优先向贫困乡镇、贫困村倾斜,优先吸纳建档立卡贫困人口组建造林工程队。2014—2018年累计造林面积达100万亩,其中新造林44万亩,未成林地补植补造和退化林改造26.25万亩,生态移民迁出区生态修复31.5万亩。

近两年,全县每年参与人工造林的贫困人口都在3000人左右,涉及全县12个乡镇63个贫困村,每年支付农民工工资2400万元以上,贫困人口人均收入8000元以上。每年采购贫困户苗木1000余万株,带动800多户贫困户增收700余万元,户均增收8500元以上。

（二）把贫困户转变成林业产业发展的"带头人"

按照"生态优先、富民为本、绿色发展"定位，认真实施"一棵树、一株苗、一枝花、一棵草""四个一"试验示范工程，推进大生态与大扶贫、大产业、大旅游融合发展，种出风景、种出产业、种出财富。全县发展经济林总面积53.2万亩，其中以红梅杏为主的优质经果林面积18万亩，扶持发展以庭院为主的红梅杏2.6万亩，涉及10个乡镇7124户（其中建档立卡贫困户2426户）。建立"林蜂药"特色产业增效模式，发展林下中药材4.5万亩、林间养蜂11000群。

一批建档立卡贫困群众发展成了致富带头人。2018年全县林业总产值达2.3亿元，其中林产品收入0.4亿元、苗木产业收入0.67亿元、林下经济收入0.26亿元，林业提供农民人均纯收入1210元。群众仅通过采摘山杏山桃，每年收入都在1400万元以上，林业产业成为农民增收的"绿色银行"。

（三）把贫困户转变成林业资源管护的"主力军"

建立县、乡、村和局、场、点三级管护体系，通过政府购买非全日制公益性岗位，选聘1068名建档立卡贫困人口担任生态护林员，人均年工资收入1万元。整合财政涉农资金442.22万元启动贫困户林地防鼠增收项目,组织以建档立卡贫困户为主的鼢鼠防治队进行人工捕打,每捕打1只鼢鼠补助10元。

通过林业资源管护,有效增加贫困人口工资性收入。截至2019年底,全县人工捕打鼢鼠7.5万只,直接经济收入75万元,涉及农户681户,户均增收1105元。

(四)把贫困户转变成生态旅游景区的"上班族"

探索生态旅游资源开发与脱贫攻坚相结合的"生态+旅游+扶贫"模式,突出"山花节""梯田节"品牌,打造以生态游、花海游、田园风光游和观光农业游为主的全域旅游。把贫困户嵌入生态旅游产业链中,引导扶持贫困户创办领办农家乐、乡村旅馆,开发刺绣、根雕、山桃核工艺品等旅游产品。优先安排贫困户在旅游景区设摊摆点出售红梅杏、黄花菜、土蜂蜜等特色农产品,鼓励农家乐等旅游服务企业吸纳贫困群众就业。

生态旅游景区的开发让贫困群众成了景区"上班族",增强了贫困群众自我发展能力,实现了生态增景、农民增收的目的。2017年全县共接待游客52万人次,实现旅游收入3.14亿元;2018年山花旅游文化节开幕至清明小长假期间,共接待各类游客达12万人次,实现社会综合收入7440万元,农家乐接待游客达 2.7 万人次，经营收入达 135 万元。

三　启示

（一）坚持生态立县不动摇

36 年来，历届彭阳县委、县政府始终秉承发展经济是政绩、改善生态同样是政绩这一理念不改变，全县一切工作都以是否有利于生态环境保护与建设为最高衡量标准，宁可经济发展慢一点，也绝不破坏生态环境。

（二）坚持艰苦奋斗不松劲

义务植树是各级机关干部的必修课，"球鞋、铁锹、遮阳帽"是必备的"三件宝"。许多乡镇书记成了"林书记"，不少部门领导成了"林局长"。人民群众是造林绿化的主力军，用一把永不生锈的铁锹改变并主宰着自身的命运。36 年的艰苦奋斗孕育了"勇于探索、团结务实、锲而不舍、艰苦创业"的"彭阳精神"。

（三）坚持综合治理不停歇

36 年来，彭阳县坚持综合治理模式，实现了工程措施、生物措施、技术措施的有机统一，大大提高了流域治理水平。近年来，又推行"山顶塬面建高标准农田保口粮、山腰坡耕地培育特色林果增收入、川道区发展设施农业搞开发"的生态经济一体化发展模式,收到了生态建设与脱贫攻坚的"双赢"效果。

(四) 坚持规模推进不换档

规模决定效益。36年来,彭阳坚持一架山、一面坡、一条沟规模治理模式,以年均完成造林保存面积6.7万亩、年均提高森林覆盖率0.8个百分点的速度向前推进,在昔日的光山秃岭营造起近200万亩的人工防护林基地,累计治理小流域106条共1779平方公里,书写了黄土高原生态治理的奇迹。县域生态环境发生了翻天覆地的变化,水土保持能力和水源涵养能力明显增强。

推精准造林工程
送贫困户"摇钱树"

一 情况

宁夏回族自治区固原市泾源县地处六盘山集中连片特困地区，是国家级贫困县、革命老区、少数民族聚居区，总人口11.8万人，土地总面积1131平方公里，其中，耕地面积57.9万亩，林地面积49.5万亩，森林覆盖率50.01%。2014年识别贫困村84个，累计建档立卡贫困人口7878户33883人。2019年底84个贫困村全部脱贫，累计减贫7828户33730人，剩余50户153人尚未脱贫，贫困发生率从2014年的26.7%下降到0.14%。

二 做法

近年来,泾源县坚持"生态立区",全面提升县城生态承载能力和生态服务功能,进一步强化生态主体功能区建设,推动资源优势转化为经济优势,把发展苗木产业作为脱贫攻坚主导产业,大力实施精准造林工程,在生态立县的基础上实现生态活县。出台征地移苗办法,成立全区首家苗木产业发展联合会,组建泾源县苗木产业发展服务中心;引导农户尤其是贫困户大面积种植针叶苗木,山坡地全部退耕还林,再把农户的苗木按市场价回收,大量用于本县的生态建设,推动资源优势转化为经济优势,走出了一条山绿与民富并进、生态和经济共赢的生态保护与脱贫富民互促发展之路。

(一) 统一规划脱贫路线

泾源县坚持把精准造林作为促进苗木产业转型发展、助力脱贫攻坚的重要抓手,按照"一次规划、分步实施"的原则,结合苗木产业发展,打破区域行政界线,精准规划,对全县宜林地全面造林,实现生态增绿、农民增收。完成的48万亩精准造林任务,按照50%的成林转化率,全县森林覆盖率将提高1个百分点,"十三五"末将达到51%以上。2016—2019年累计造林48.3万亩,选用建档立卡贫困户苗木 2500 余万株，兑付资金 2.53 亿元，户均年增收 1 万元以上；培育精品大苗 3428 亩，户均增收 1144 元；实施苗木产业结构调整樟子松腾退 937 亩，兑付资金 234.3 万元，涉及建档立卡贫困户 358 户，户均增收 6500 元；年均销售各类苗木 2000 万株以上，实现销售收入 2 亿多元，占农民人均可支配收入的 14.7%。

（二）创新实施"三个一批"

按照"小苗上山造林一批、大苗上市销售一批、中苗培育精品大苗一批"的精准造林模式，采取"政府补贴 + 农户投工投劳投苗"的形式，优先选用建档立卡贫困户的苗木，由农户采挖自己的苗木上山造林，技术人员全程跟踪，检查指导，既确保了苗木造林质量，又拓宽了苗木消化渠道，增加了群众收入。

（三）做到目标人群精准

按照产业扶贫精准到户的要求，县乡村三级干部深入田间地头，与建档立卡贫困户结对子、数苗子、摸底子，确定 4601 户建档立卡贫困户为产业精准扶贫对象。

（四）推进两项增收举措

一是去库存促增收。通过精准造林，消化各类苗木 2000 余万株，有效减少苗木存量，促进贫困户增收致富。通过聘用管护人员等形式，为建档立卡贫困户二次上岗创造良好平台。二是补短板育精品。聚焦精品大苗市场，按照苗木种植规范标准，强化田间科学化管理，政策扶持引导，每亩留床苗木回归到 1500 株以内，苗木成活率高，树形好，成长快，成为育苗群众增收致富的主渠道。

三 启示

（一）抓生态就是抓脱贫

泾源县以生态与经济并重、山绿与民富双赢为总目标，依托阴湿、适宜针叶林生长的优越条件，将林草产业发展与精准脱贫相结合、与乡村振兴相结合、与全域旅游相结合、与产业结构调整相结合，推进一二三产业融合发展，把"绿水青山"变成"金山银山"。

（二）政府强力务实推动

政府牵头与企业对接，积极推进项目建设，严格按照技术规程进行操作，技术人员跟班作业，种苗引进、检验检疫、栽植规范、技术管理由专业技术人员全程跟踪指导服务，通过政府推动抓引进、依托企业拓市场、依靠科技促转型，实现产业可持续发展。

(三) 注重引领群众参与

按照"政府主导、企业引领、合作社及农户参与"的机制，发挥企业的引领作用，企业栽植的，由企业提供苗木，成立土地合作社，流转农户土地示范带动；群众栽植的，政府提供苗木，按照"谁栽植、谁管护、谁受益"的原则，由农户栽植，企业订单回购，群众最终受益。

护好天山绿色资源
做好精准脱贫文章

一 情况

阿克苏地区,地处新疆维吾尔自治区中部,天山山脉中段南麓,塔里木盆地北部。阿克苏地区辖2个县级市、7个县,总面积13.13万平方千米,占新疆面积的8%。总人口238.97万(不含阿拉尔市)。阿克苏地区有2个深度贫困县,9个贫困乡镇,269个贫困村(其中142个深度贫困村),2018年动态管理后建档立卡贫困户共计66031户250565人,贫困发生率为14.75%。

2014年至2017年,地区累计有133个贫困村退出、40057户154553人脱贫。2018年,地区有59个贫困村退出,9088户36756人脱贫。2019年,全地区完成乌什、柯坪2个深度贫困县摘帽，退出77个贫困村，脱贫16065户56634人，全地区实现整体脱贫退出。2020年，巩固提升脱贫成效，继续加强产业扶持、政策帮扶与扶志扶智相结合，切实增强贫困人口内生动力，确保达到稳定脱贫。

二 做法

（一）加强组织领导

阿克苏地区将生态扶贫工作列入国民经济"十三五"规划，成立生态工程建设工作领导小组，阿克苏地委书记和行署专员分别任组长和副组长。阿克苏市、乌什县、柯坪县均成立了由林业部门、财政部门、扶贫办、各乡镇组成的领导协调小组，共同组织乡镇政府开展选聘工作，根据全县各乡镇实际情况将任务指标逐级分解、细化进行落实，并共同监督、指导选聘工作，具体选聘工作由乡镇政府组织实施，乡镇林业工作站协助完成。在选聘过程中张贴公告、审查、初选、考察、评定、公示等程序逐一进行，保证了选聘工作的公开透明。

（二）建立规章制度

阿克苏地区先后印发了《阿克苏地区生态补偿脱贫专项行动实施方案》《阿克苏地区脱贫攻坚实施方案（2018—2020年）》和《阿克苏地区2018

年脱贫攻坚计划》，明确脱贫路径，2018—2020年通过实施生态补偿扶持7244人脱贫。阿克苏地区高度重视生态护林员招聘工作，制定并印发了《阿克苏地区建档立卡贫困人口生态护林员管理办法（试行）》。在生态护林员选聘过程中坚持公开、公平、公正，严格从符合条件的建档立卡贫困人口中选聘、续聘生态护林员，规定时间内完成了生态护林员选聘、续聘工作。

（三）明确管护标准

生态护林员由乡镇林业站（或相关管理机构）统一管理，不跨越乡镇聘用，原则上在村内进行管护活动。各县根据资源情况参照现行公益林管护标准制定生态护林员管护任务标准，人均管护面积一般不低于500亩。吸纳更多贫困人口参与生态管护，贫困人口的受益水平显著提升，各类破坏林草资源的案件明显减少，资源保护力度不断加大。

（四）加强政策宣传

充分利用技术服务人员、"访惠聚"人员及干部下沉期间，加强在各乡镇宣传选聘办法的力度，广泛宣传生态护林员选聘工作的目的意义、选聘条件和工作流程，做好政策解读和组织发动工作。同时，对选聘生态护林员的有关政策进行了广泛宣传和解释，极大提高群众的知晓率。

（五）加大培训力度

为切实抓好生态护林员队伍建设，提升生态护林员森林资源管护技能。根据《阿克苏地区建档立卡贫困人口生态护林员管理办法（试行)》规定，生态护林员认真学习普通话、学习法律法规、党的路线、方针，学习森林抚育、病虫害防治等基本管护技能，学习林果业种植技能，做到思想脱贫，技能脱贫。根据工作需要，由林草局专业技术人员现场指导，普及林业有害生物防治、果树修剪等实用技术，现场示范实践，组织生态护林员进行阻虫带捆绑、果树修剪、生态建设植树造林等工作。这种培训为农民群众创造了面对面学习林业科技知识的机会，促进了人员就业，缓解了就业压力。通过培训提高了生态护林员务林生产水平，为全地区的林业发展壮大了服务队伍。进一步改善了当地林果服务水平，缓解了各乡镇林果管理人员压力，改变了面积大、服务人员少的困局。帮扶这些无门路就业、无技能增收的贫困群体通过劳动脱贫，扩充了基层急需的生态保护队伍，并织密织牢了生态脆弱区林草资源保护网。

（六）确保有效脱贫

将生态建设和精准扶贫相结合，把扶贫政策落到实处，选择有劳动能力并符合条件的贫困人员作为生态护林员，保护森林资源，为守住绿水青山提供坚实保障。通过生态保护修复、生态产业发展、生态乡村建设等带动贫困人口增收脱贫模式，优先吸纳符合条件的贫困劳动力作为生态管护人员。生态护林员在工作中不仅提升了林果管理技术，还实现了"一人护林，全家脱贫"的目标。在生态补偿脱贫中发挥着重要作用。

柯坪县玉尔其乡玉斯屯库木艾日克村2016年选聘生态护林员帕尔合体·马木提，利用生态护林员每月工资补助833元，解决家人生活方面的资金来源，无后顾之忧的情况下，自主独立创业，经营一家摩托车销售店，办理了营业执照，注册金额7万元，现已靠摩托车经营销售稳定脱贫。玉尔其村玉尔尼沙汗·阿不力米提，在2018年选聘为生态护林员之后，利用生态护林员每月工资补助833元及其他经济收入来源，解决了一家生计问题，使其家人能够安心复习学习，于2018年9月被阿图什市一中聘为老师，目前除生态护林员工资外，该户人家，人均收入达到4457元。

三　启示

在政府引导下，将贫困人口转化为生态护林员的做法，通过林草业与扶贫的创意融合，实现了生态保护与脱贫致富的良性互动。

森林管护是开发和保护森林资源的一项保障性工作,做好管护工作对生态保护和经济发展都有积极作用。护林员是林业队伍的主要组成部分,是森林资源管护的主要力量,其作用在于宣传保护森林的法律、法规,制止和报告偷砍滥伐、乱捕滥猎、非法毁林开垦和侵占林地等违法行为。

在精准扶贫中,充分发挥生态护林员在森林管护中的作用,提升森林资源管护的效果,又实现现代林业精准扶贫的新思路,对推动新疆林业发展、建设生态文明、真正达到精准扶贫有重要意义。

易地搬迁扶贫 关键在于精准

一 情况

河北省阜平县是国家燕山—太行山集中连片特殊困难县,资源条件差、发展底子薄、经济实力弱、人均收入低。全县209个行政村中有164个贫困村,占78.5%;2014年,建档立卡贫困人口44415户108121人,贫困发生率54.4%,是全省10个深度贫困县之一。

针对全县村庄规模小,布局分散,基础设施和公共服务设施配套建设成本高、难度大,资源缺乏、就地脱贫难度大,村庄"空心化"严重等县情特点,阜平县从实际出发,在认真调研和广泛听取意见的基础上,决定利用国家和省"十三五"易地扶贫搬迁政策及土地"增减挂钩"政策,对"一方水土养不起一方人"的村庄实施易地扶贫搬迁。确定"十三五"期间易地扶贫搬迁建档立卡贫困人口31850人、同步搬迁21898人，共需搬迁53748人，涉及140个行政村，是全省易地扶贫搬迁人口最多的县。至2019年末，该县全部完成"十三五"易地扶贫搬迁安置任务，其中集中安置53517人、分散安置231人。

二 做法

（一）规划先行

规划选址直接影响搬迁后的脱贫成效和群众的搬迁意愿。阜平县不搞"拍脑门"决策，而是聘请有山区乡村规划经验的浙江规划院，从2014年下半年开始，用1年的时间完成全县村庄布点规划，形成了1（县城）+6（中心城镇）+42（中心村）+37（基层村）+32（特色保留自然村）的城乡布局体系。

（二）精心选址

此次搬迁选址充分考虑了以下因素：一是有利于搬迁群众长期稳定脱贫。所有迁入地都靠近林果基地、食用菌基地、旅游景区等产业园区，保障搬迁群众长期稳定就业。方便配套基础设施和公共服务设施，保障搬迁群众享受高质量的居住、教育、医疗服务。二是有利于促进城镇化。把县城新城区、中心镇区和乡政府所在地作为主要安置区，推动乡村人口向城镇转移，加快城镇化步伐。三是有利于提高群众的搬迁积极性。规划选址充分尊重大多数群众的意愿，让群众高高兴兴搬迁。全县共确定搬迁安置区37个，其中县城1个，中心镇区6个，中心村27个，基层村3个，共实施易地扶贫搬迁项目41个。通过实施搬迁，城乡布局和村庄规模进一步优化，基础设施和公共服务设施基本实现农村人口全覆盖，农民居住区和产业发展区基本实现同步建设。

（三）注重成效

阜平县在易地扶贫搬迁工作中始终把搬迁安置作为手段，把高质量脱贫作为目的。一是不仅让搬迁群众住上好房子，还要过上好日子。在搬迁安置区配套建设幼儿园、学校、卫生室和便民超市等设施，全部安置区均建立起党组织、社区管理、物业管理、文体活动、红白理事会等管理服务组织，保证每个搬迁安置区公共服务设施齐全，上学看病、日常生活就近便捷，小区管理有章有序、环境干净整洁，群众文化生活丰富多彩。二是不仅保障搬迁群众生活，还要保障就业增收。除了依托工业园区外，还配套建设103个林果种植园区、33个食用菌种植园区、70个养殖园区、34个手工业扶贫车间、

5个乡村旅游景区，使搬迁群众有土地（房屋）流转底金、有入股分工、有项目区打工工资等收入，人均年增收2000元以上。增设防火员、护林员等公益岗位4911个，重点解决年龄较大、无特长技术群众的就业增收问题，户均年增收1300元以上。三是不仅扶持有能力的搬迁群众脱贫致富，还帮扶无能力的搬迁群众稳定脱贫。配套建设幸福院16个，保障孤寡老人、无人照顾人员的基本生活。对当地农村无儿无女的孤寡老人、残疾人或16周岁以下无父母的孤儿等4740名搬迁群众全部落实低保，以及吃、穿、住、医、葬五方面给予生活照顾和物质保障的政策。对大病和长期慢性病患者全部落实签约服务和医疗救助政策。

三 启示

河北省阜平县立足本地实际，统一规划，分类安置，有序推进易地扶贫搬迁工作，把易地扶贫搬迁作为精准扶贫、精准脱贫的重要途径，做到应搬尽搬，精准搬迁，并取得明显成效，为全面打赢脱贫攻坚战奠定坚实基础。

63

确定"搬得出" 确保"能致富"

一 情况

山西省岢岚县地处晋西北黄土高原中部,全县以山地和丘陵为主,海拔较高,温差较大,土地贫瘠,宜农耕地较少。全县总面积1984平方公里,辖2镇10乡202个行政村,人口8.68万,其中农业人口6.7万,农民以种植小杂粮为主,资源匮乏,农民经济来源单一,基本"靠天吃饭"。有贫困村116个,建档立卡贫困人口8535户20227人,贫困发生率31.8%。

岢岚县紧紧围绕拆除复垦、生态修整、产业培育、就业帮扶、社区治理、社会融入等关键环节推进易地搬迁工作,确保搬迁群众"搬得出""稳得住""能致富"。"十三五"规划期间,有2565户

6136人住进新房子、过上新生活，完成115个贫困村的整体搬迁。

二　做法

（一）精准确定对象，解决好搬迁谁的问题

立足山庄窝铺多、贫困程度深的实际，对全县331个自然村全面摸底调研。坚持"先定地域范围后定人"原则，将偏小穷陋散、基础条件差、生态环境弱、地质灾害多、扶贫成本高的115个深度贫困村确定为整体搬迁村，将县城广惠园移民社区和8个中心集镇作为主要安置点，按照"摸底调研—群众自愿申请—村、乡评议公示—县级审核公告—双签协议"流程，精准确定建档立卡搬迁人口2062户4940人、同步搬迁户503户1196人。

（二）新区安置配套，解决好往哪搬的问题

整合使用各类资金，统筹实施住房建设、基础设施提升、公共服务完善和特色风貌整治"四项配套工程"，实现农村基础设施和公共服务设施整体升级；坚持规划、设计、招标、施工、管理"五统一"集约建设，严守人均住房面积底线，将县城和集镇安置每平方米造价分别控制在1400元和1200元以内，确保搬迁贫困群众住新房不举债。宋家沟村全面推进特色风貌管控，目前已成为山西省3A

级乡村旅游示范村、中国美丽休闲乡村和全国乡村治理示范村。贫困户王三女搬到县城广惠园社区，两个孙子在忻州特殊教育学校上学，免除了学杂费、住宿费。王三女说："党照顾得我挺好的，没借一分债住进了新房子，家里东西也很齐全，两个娃也有了念书的地方，我真是再也不想回赵家洼了。"

(三) 旧村复垦开发，解决好搬得出的问题

出台人口迁转、村庄销号、拆除腾退、权益保障和土地林地流转五个办法，实施搬迁旧村土地结余指标增减挂钩、退耕还林、荒山造林、光伏项目"四个全覆盖"工程，有序推动搬迁安置和旧村开发。坚持村民享有地权林权和社会保障等政策不变、结合农村"三变"改革，盘活旧村宅基地、承包地和山林地"三块地"，科学评估、合理补偿保证群众拆除复垦权益，全县增减挂钩节余指标交易1263亩、3.3亿元。结合生态扶贫，将25度以上坡耕地退耕还林，25度以下坡地转化为经济林，改造特色经济林6万亩，荒山造林4.3万亩，优先聘用搬迁贫困群众成为护林员。新建养殖小区13座，种植发展中药材2.2万亩，建起85兆瓦光伏电站19个，搬迁户年均增收3500元以上。赵家洼搬迁户张秀清，搬迁后进入县城鑫宇公司从事绿化工作，老伴儿当上护林员，两份工作加起来年收入超

过4万元。张秀清说:"原来担心搬到城里没收入,没想到现在收入比村里高多了。"

(四)产业就业帮扶,解决好能致富的问题

围绕搬迁群众当前有增收项目、长远有增收产业,出台易地扶贫搬迁后续产业就业扶持实施方案,制定技能培训、外出务工、就业创业奖补办法,开展"菜单式""订单式""定向式"技能培训,通过工厂送岗、推荐上岗、鼓励创岗、设置公岗等渠道促进就业,量身定制种植、养殖、小微企业、富民贴息等贷款支持,引导搬迁户优先融入"林木管护+造林务工""乡村旅游+特色产业""手工制作+电商销售""订单种养+保底收购""小额信贷+入股分红"等产业扶贫利益联结机制,使搬迁户至少加入1个合作社、联结1家企业、参与1个产业项目、有1人稳定就业,全县84.8%的搬迁人口实现稳定就业创业。搬迁到宋家沟村的沈姚付自主创业,借兴起的旅游业卖凉粉、碗托,旺季时月收入可达5000元。

(五)跟进社区治理,解决好能安居的问题

建立"社区支部+驻村工作队+帮扶责任人+物业"帮扶机制,为每个县城和集镇集中安置区配备专职干部,成立管理服务机构,帮助融入新环境、新生活。建设便民服务、就业服务、医疗服

务、平价购物、老人日间照料、文体活动、红白喜事服务和矛盾调解"八个中心",保障搬迁群众上学、就医、就业和孤寡老人的生活等。推进"四美"社区建设,长期开展道德讲堂引导、文明习俗培育、孝善基金奖补等行动,营造安居乐业、文明和谐的良好环境。75岁的李虎仁,搬迁前独自住在土窑洞里,迁入广惠园社区后在社区老年日间照料中心吃饭,"过去一个人住,晚上睡觉还得锁好门,狼吃了也没人知道。做梦也想不到现在能住进楼房里,不用烧火,不用做饭,一出门就是医院,感谢总书记、感谢共产党!"

三 启示

一是必须有好的环境让群众愿意搬。群众的搬迁意愿是影响易地扶贫搬迁效果的关键所在。岢岚县牢固树立以人民为中心的发展思想,根据群众意愿,结合基础条件、交通区位、产业布局等要素,将安置小区规划在广惠园社区。同时,配套建设完善的基础设施和公共服务,最大限度地满足搬迁群众在生活、休闲、健身、娱乐上的需求,让群众切切实实感受到搬迁后生活得更有尊严、更加幸福,吸引群众愿意搬。

二是必须有好的政策让群众稳得住。易地扶贫搬迁政策是搬迁群众稳得住的动力来源。必须立足长远制定出台系列易地扶贫搬迁优惠特惠政策。岢岚县在群众自筹、入住奖补、安置房产权等方面进行创新探索，在搬迁群众关心的就业、就医、就学等方面推出了系列新举措，在搬迁群众关注的旧村土地流转、集体经济组织等方面，解决了搬迁群众的后顾之忧，切实以好的政策保障搬迁群众的利益，实现稳得住。

三是必须有好的产业让群众逐步能致富。产业就业带贫益贫是搬迁群众长远生计的重要基础。构建产业就业"两业"支撑体系，目的就是消除群众"等靠要"思想，激发搬迁群众内生动力。比如，建立后续产业就业帮扶体系，技能培训经常化，目的是让群众练就发家致富的本领，依靠自己的双手创造幸福生活；建设光伏项目和盘活原有土地，也是让搬迁群众有固定保底收益，补充群众收入。在搬迁群众创业就业上，落实就业服务补贴、跨省交通补贴和职业介绍补贴政策，群众主观能动性就得到了充分发挥。

64

精准搬迁谱新篇　致力发展奔小康

一　情况

安徽省六安市霍山县位于安徽西部大别山腹地，县域面积2043平方公里，人口36.3万，辖16个乡镇、1个省级经济开发区、144个村（社区），地貌特征"七山一水一分田、一分道路和庄园"，是一个典型的山区、库区、革命老区县。由于受地域条件限制，霍山县深山区、库区和沿河低洼易涝区贫困程度仍然较深，脱贫攻坚任务依然较重，2014年建档立卡后，全县有贫困村43个，建档立卡贫困人口1.81万户4.85万人，贫困发生率15.7%。贫困人口中，最困难的是居住分散的群众，交通不便、饮水困难、基础设施和公共服务设施配套难度大、产业发展难，且极易遭受自然灾害侵袭。只有通过实施易地扶贫搬迁项目，实现"挪穷窝、换穷业"，才能从根本上脱贫。

近年来，该县通过持续实施易地扶贫搬迁建设集中安置点156处，完成搬迁1670户5459人。目前，搬迁户全部搬迁入住，"十三五"期间该县易地扶贫搬迁建设任务于2019年初全部完成。全县易地扶贫搬迁户完成脱贫1634户5413人，累计脱贫率99.1%。

二　做法

（一）规范程序，精准确认搬迁对象

把精准确认搬迁对象作为易地扶贫搬迁工作的第一粒"纽扣"，找准扣实。广泛宣传政策，全面摸排搬迁意愿，算清算好"政策账""经济账""儿女账"等，切实把尊重群众意愿与宣传引导结合起来。严格确认程序，严格按照"两公示、一公告"的认定程序，将需要通过易地搬迁实现脱贫的建档立卡贫困群众确定到户到人到点。规范软件资料，加强档案管理，实行一户一档、一年一卷，做到有据可依，有档可查。

（二）多措并举，严守面积控制红线

严格执行易地扶贫搬迁有关政策，严守人均住房面积不得超过25平方米的"红线"，防止因面积

控制不严造成贫困户举债搬迁。坚持规划控制，统一安排测绘设计单位负责安置点规划设计，严格按图施工，房型图必量体裁衣、因户设计，严控面积标准，从源头上把控面积红线。坚持过程监管，对红线划定、场地平整、房基开挖、住房建设等各施工环节实行全过程监管，严控超标准建设安置住房。坚持疏堵结合，在房屋设计和宅基地上预留续建空间，为后续产业发展奠定基础。

（三）注重实效，确保实现稳定脱贫

牢记"搬迁只是手段，脱贫才是目的"，坚持搬迁与发展两手抓，确保搬迁群众安置称心如意，发展信心十足。抓好选址，在集中安置点规划选址中，坚持"五靠近"原则，注重与集镇、产业园区、旅游景区、交通道路、美丽乡村建设相结合，为搬迁户发展产业、就业创业提供良好的外部环境。抓好精准施策，充分利用安置点区位条件和资源优势，因户施策，拓宽增收渠道。

一是发展特色产业。做大做强茶叶、中药材、毛竹、油茶等特色产业，逐户量身定制脱贫措施，逐点明确特色扶持规划。如某村与有关制药企业合作，采取"公司+基地+农户"的经营模式，在安置点周边建成断血流种植基地120亩，桔梗、益母草种植基地200亩，公司组织农户按照集团订单进行产品种植和回收。2017年，该村6户搬迁户通过种植相关中药材每户年增收8000余元，14户通过土地流转金户均增收4000余元。

二是强化旅游带动。设立绿色减贫专项引导资金，发挥生态自然资源优势，以农旅康养等多种复合业态培育为抓手，大力发展乡村旅游、休闲旅游，积极拓宽45个安置点搬迁户就业增收渠道。如某镇依托旅游资源开发，以首批省级特色小镇——温泉小镇为中心，布置9个安置点，安置97户341人。镇里相关企业也积极设置了80多个就业岗位，专门用于搬迁户后续上岗就业，人均年增收可达1.6万元；27户搬迁户在景区周边发展旅游服务业，户均增收约3万元。

三是推进电商扶贫。依托电商平台，打造覆盖"县、乡、村"的农村电商、物流配送网络，在43个易地扶贫搬迁安置点设立村级电商服务站点，有效解决贫困户农产品"卖难"问题，100多户搬迁户依托电商实现稳定增收。

四是建立利益联接。鼓励搬迁户生产资料参股经营，激活搬迁户生产要素产能，引导搬迁户将原有生产资料以折价入股、租赁等方式流转给新型经营主体和龙头企业，建立稳定的利益联接机制。如某安置点31户搬迁户将自家分散的茶园流转给专业制茶企业，户年均可获租金近万元；同时，企业又聘用搬迁户从事采摘加工等劳务，户年均又可增收 9000 余元。

三 启示

（一）宣传引导是前提

故土难离是易地扶贫搬迁首要解决的问题，群众难免存在不愿搬、不想搬的矛盾思想，政策宣传力度要大，搬迁的政策红利群众要了解，成功案例要加以示范，把群众组织起来、动员起来。

（二）产业发展是根本

易地扶贫搬迁不能一搬了之，要以搬迁来充分撬动产业发展，发展当地特色产业和优势产业，带动搬迁户脱贫，同时要切实保护搬迁户原居住地承包土地、山林等权益，借助于"三变"改革等政策机遇，做好土地流转，盘活闲置资产，让搬迁户获得更多直接收益。

（三）就业岗位是要件

大力实施贫困人口转移就业行动计划，优先吸纳搬迁贫困人口到公益性岗位就业，支持各类企业、经营户吸纳搬迁劳动力就近就业，确保实现"一人就业、全家脱贫"目标。

（四）融入管理是保障

建立易地扶贫搬迁安置点后续管理机制办法，

要充分发挥自治章程、居民公约在安置点治理中的积极作用,促进法治、德治、自治有机结合,以此厚植群众"脱贫光荣"的坚定决心。

65

告别"水上漂" 建设新渔村

一 情况

福建省宁德市福安市（县级市）溪尾镇溪邳村地处闽东东南沿海的盐田港畔，依山面海，是一个纯渔业村，全村共有632户2716人，村里有海域面积5000亩、滩涂面积3000亩，主要经营水产养殖、内海捕捞、海产品销售等。过去，溪邳村的渔民祖祖辈辈漂泊海上，上无片瓦，下无寸地，以在浅海滩涂上捕捉贝类等海产品为生。"一条破船挂破网，祖孙三代共一舱，捕来鱼虾换糠菜，上漏下漏度时光"，是船民们当年贫困漂泊生活的真实写照。

宁德从1994年开始实施造福工程搬迁，1998年开始着手解决船民上岸定居问题，由政府无偿提供土地，补助建房资金，解决路、电、水、通讯、广播电视"五通"工作,并且逐船逐户动员上岸定居。仅 1998 至 1999 年两年间,全市沿海各地就有 4273 户近 2 万船民上岸定居,溪邳村群众也实现了全员上岸,安居乐业。

近年来,溪邳村立足当地"靠海吃海念海经"的优势,全面加快经济社会发展,大力推动实施精准扶贫精准脱贫,实现了安居乐业。一是群众和村财政收入增加了。20 多年来,溪邳村人均收入从 90 年代初的 850 多元,增长到 2019 年的 19865 元;村财政收入从 90 年代初 6.6 万元,增长到 2019 年的 120 万元,溪邳村以发展海洋产业为主导,持续推动脱贫攻坚,取得了显著成效,经济社会全面发展。

二 做法

一是转换脱贫路径。推行"支部+产业+扶贫"模式,提出"大力发展养殖业、扩大海上运输业、深化产品加工业、引资创办新企业、富余劳力广就业"五业并举发展思路。群众通过水产品养殖技术培训,把渔网和小舢板换成增氧机、发电机。还有村民带头创新研发出"瓶养章鱼"技术,养殖技术逐年提高。2019 年,全村网箱养鱼达 4000 箱、牡蛎养殖达 4300 亩、滩涂养殖达 800 亩、龙须菜养殖3000亩，全村还拥有铁质运输船8艘，运输吨位达1.65万吨，年创产值800多万元，仅靠服务业和运输业，就解决了100多个劳动力的就业问题。

二是帮扶举措精准。2016年，该村确定了6户建档立卡贫困户，并建立党员结对帮扶机制，通过发挥党员的"传、帮、带"作用，让贫困群众一起发展生产，一起增收致富。如：原党总支书记刘向禄联合3户贫困户发展网箱养殖100箱，并以股份制形式带动6户贫困户发展滩涂养殖缢蛏170亩，带动户均增收2万元，并通过该村在外发展的党员，为贫困户提供市场信息、政策咨询等，引导带动他们脱贫致富。如贫困户连荣全，全家五口人，妻子林容英无业在家，三个孩子年幼无劳动力，且儿子患有重病，家庭收入入不敷出。挂钩干部多次深入该贫困户家中，详细了解致贫原因，帮助其制定脱贫计划。2016年介绍连荣全到福鼎市境内某养殖塘打工，帮助其贷款2万元，解决发展龙须菜、海蛎等海产品养殖的资金难题。该户已于2016年实现脱贫，全村农民人均纯收入从90年代初的850多元，增长到2019年的19865元。

三是改善生态环境。引入海洋公益性项目——封闭海湾生态修复项目，借力厦门大学环境与生态学院、国家海洋局第一海洋研究所等科研院所力量，在溪邳村滩涂开展底播基地建设，通过种植红树林、海水蔬菜，投放缢蛏、泥蚶苗，创建了一条既抑制大米草蔓延、修复海洋生态环境，又带动增产增收的双赢之路。近年来，溪邳村还先后投入资金2800多万元完善村级基础设施，修建了村级敬老院、村委综合服务中心、渔民公园；完成了新村及各集中安置点的"路、水、电"等基础设施改造；定时抓好"清洁家园"环境整治活动，村容村貌焕然一新。

三 启示

第一，产业升级是基础。"一方水土养一方人"，溪邳村海域资源丰富，发展水产养殖是带动群众脱贫致富最便捷的途径。溪邳村通过创建新型经济组织，着力打造水产品养殖品牌，加大水产品养殖加工营销一条龙管理，促进特色溪邳小海鲜线上线下销售，逐步形成了"一村一品一特色"的经济发展格局，有效带动村民养殖致富。

第二，帮扶引导是关键。充分发挥挂钩帮扶的引领作用，调动群众参与积极主动性，多元培育社会扶贫主体，为扶贫开发工作提供强大资金、技术和人才支撑，通过搭建培训、管理平台，坚持帮扶与协作、输血与造血、制度建设与项目实施相结合的扶贫开发工作机制，扎实推进扶贫开发工作的进行。

　　第三,资源整合是保障。扶贫开发是一项系统工程,资金的注入是盘活扶贫工作的有力保障。溪邳村通过争取扶贫项目资金和采取党内帮扶救助基金会、村级经济发展互助协会,协调好支农信贷和小额贷款对渔业产业的扶持等措施,为促进该村扶贫产业的发展、村级基础设施建设奠定了坚实的资金基础。

搬迁迎来新生活　贫困群众笑开颜

一　情况

济南市南部山区积米峪、老峪村是西营街道最偏僻的两个村，居住分散、交通不便、土地贫瘠、水资源匮乏，生产生活条件恶劣，信息闭塞，祖祖辈辈无法摆脱"吃水难、行路难、上学难、看病难、居住难、发展难"的贫困现状。

2016年4月，西营街道老峪安置区、积米峪安置区被列为国家级易地扶贫搬迁项目。经过两年多的建设，共建成总建筑面积达8.44万平方米的80个建筑单体，147户308人已搬迁入住。安置区内水、电、路、绿化等基础设施完善，集体公寓、社区卫生中心、幼儿园、文体广场等公共设施配套齐全。同时通过产业、就业、培训、教育、健康、社会保障等系列帮扶措施，两村集体收入均达20万元以上，贫困群众年人均收入1万元以上，贫困村实现了脱贫摘帽，贫困户实现了稳定脱贫。

二　做法

（一）坚持质量标准

为确保项目顺利进行，济南市成立联合工作领导小组和派驻工地的指挥部，实行"早晚例会"盯靠工地，在确保质量和安全的前提下，加快工程进度与质量。其间克服了山区地形地貌地质复杂，需调整规划设计和对地基采取二次强夯处理，原材料价格飞涨等一系列现实困难，坚持做到"紧盯时间目标、抢抓进度工期""强化质量意识、安全高效推进"。2018年9月，两村如期完成了房屋建设及配套建设任务。

（二）合理规划配套

安置区规划合理。在规划中充分利用地形地貌，因地制宜、简洁有序，楼座分布错落有致，功能区划合理，道路设计方便快捷，合理利用地形高差来营造良好的生活居住环境，创新设计户型。对于贫困户安置户型设计，既满足村民日常居住要求，又满足人均25平方米安置红线。安置区内突出配套基础设施和公共服务设施建设。所有住房外墙全部做保温处理，窗户采用双层中空玻璃，内部均进行简单装修，可以直接搬迁入住。集体公寓免费配备家具、抽油烟机、电磁炉等生活必需品，最大限度提高搬迁群众的获得感、幸福感。

（三）广泛宣传发动

坚持实行"一户一策、一户一档"，守住搬迁对象精准的"界线"，守住人均住房建筑面积的"标线"，多措并举广泛发动群众。一是带着真情走村入户宣讲政策，把易地扶贫惠民政策讲透彻、把长远账算明白。二是先后多次组织村民到外地易地扶贫安置区观摩参观。三是实行准时搬迁的奖励制度，对按时选房、按时搬迁入住、按时交回旧房并验收合格的贫困户，每人奖励3000元。四是优先保障"老、病、残"及贫困户等特殊群体的权益，让群众乐意搬迁、应搬快搬。

（四）全力后续帮扶

搬迁后，结合两村实际，积极创新帮扶措施，制定实施《易地扶贫搬迁后续帮扶工作实施方案》。一是实施生态旅游扶贫，利用旧村发展集农业种植、高端民宿、医疗养老为一体的田园综合体项目，流转土地，盘活资源，增加村户收入。目前老峪村与鲁商集团达成合作意向；积米峪村与山东高速农文旅发展有限公司达成合作协议，2020年起，公司将每年支付积米峪村土地流转和管理费用600万元，在现有24万（18万投资收益+6万电商）集体收入基础上，可增收30万元左右；村民每人每年可增收4000元以上。二是实施电商扶贫。通过线上销售，打开特色产品销售渠道，增加集体和村民收入。三是实施投资性扶贫。从2018年开始为两村每村增加投资性扶贫资金200万元，每村的投资性收益增加14万元，达到18万元。四是实施就业扶贫。针对有劳动能力但无法外出务工的建档立卡贫困户，通过签订扶贫专岗协议，安置从事防火护林员、绿化管理员、治安巡查员等定向岗位实现就业。目前，积米峪已安置专岗就业102人，老峪安置专岗就业53人。对有劳动能力外出务工人员，积极协调组织安排就业机会，积米峪村外出务工人员有27人，老峪村外出务工人员有60人。五是实施孝善养老扶贫。对65岁以上贫困老人，由被赡养人、赡养人、村孝善理事会签订三方协议，每户每月补助80元，用于保障贫困老人老有所养、老有保障。积米峪实施孝善扶贫20户，老峪实施孝善扶贫26户。六是实施政府兜底扶贫。对于符合低保条件的全部纳入低保兜底解决，积米峪村安置低保46人，其中贫困户44人。老峪村安置低保32人，其中贫困户27人。七是开展职业技能培训，提升内生动力。针对易地扶贫搬迁对象中的青壮年劳动力，整合资源、积极争取免费政策对其进行职业技术培训，使其具备一定的职业劳动技能。开展贫困户正向激励量化考核，充分利用投资分红收益资金差异化分配，提升享受政策贫困户的脱贫内生动力，巩固脱贫成果。

三 启示

积米峪村、老峪村的易地搬迁扶贫按照"政府主导、群众自愿"原则，将生存条件恶劣、生态环境脆弱、自然灾害频发、生活水平低下的村居，变成了生产发展、生活宽裕、乡风文明、村容整洁、管理民主的社会主义新农村，实现了村居的良好发展和村民生活水平的显著提高。同时通过实施后续帮扶措施，使贫困村产业有发展、设施得完善、收入有保障，从根本上实现了贫困村、贫困户的脱贫摘帽和长久增收致富。

67

搬离贫困深山　开启幸福生活

一　情况

河南省三门峡市卢氏县是国家级贫困县、河南省4个深度贫困县之一，贫困发生率18.9%，居全省之首。由于山区群众居住条件差，加之又是国家生态主体功能区，"一方水土养不起一方人"的现象尤为突出，实施易地搬迁成为贫困深山区群众脱贫的必由之路。

"十三五"期间，卢氏县搬迁对象共9310户33866人，搬迁人数占全省搬迁总量的11.33%、全市的51.36%。几年来，卢氏县按照城区、园区、镇区、景区、中心村"四区一村"安置方式，共建设集中安置点55个；按照"座座有特色，处处皆风景"的原则，建设多层楼宇186栋、农家院落

193套、景区民宿89套，总计建成房屋9310套、84.6万平方米。2018年10月，卢氏县所有安置房屋主体工程、基础设施及公共服务配套建设全面完成，搬迁群众全部入住，提前1年完成"十三五"搬迁任务。

二　做法

（一）结合产业扶贫

71个产业基地带动2583户10539人受益；23个扶贫车间提供就业岗位6026个；8个光伏电站使502户搬迁户稳定收益；60余家龙头企业和180个电商服务站可带动4000余户搬迁群众受益；同时采取入股分红、承包租赁、劳务就业等形式，带动3500余户搬迁户就地就近创业致富。

（二）建好基础设施

集中实施"坚强电网、通信快捷、道路通达、饮水安全"四大攻坚，先后完成所有安置点10千伏中低压配网及220千伏变电站建设，实现所有安置点手机信号、宽带网络全覆盖，建设道路96条234.384公里、桥梁9座282延米，建设卫生室24个，文化服务中心或文化活动广场55个，完成所有安置点安全饮水工程。

(三) 发挥金融作用

创新"龙头企业＋基地＋合作社＋农户"产业扶贫模式，累计向搬迁户投放资金 5648 户 2.82 亿元，占搬迁户总数的 60.6%，向易地搬迁配套产业基地发放金融扶贫贷款 201 笔 8.25 亿元。

(四) 优化社区服务

根据后续管理需要在 55 个安置点成立街道办 1 个、居委会 19 个、居民小组 38 个。各社区均成立管理委员会，实现搬迁群众自主管理、持续发展；开展"文明诚信家庭争创"活动，203 户搬迁群众被评为"标兵户"、1720 户被评为"文明户"、3516 户被评为"诚信户"、3786 户被评为"守法户"；强化社区服务功能构建，在家门口解决好搬迁百姓看病、入学、就业等社会保障问题。

(五) 强化就业保障

全县易地搬迁户中有效劳动力 16386 人全部稳定就业，就业率 100%，组织职业技能培训 2.3 万人次；在全县新开发公益性岗位 2998 个，建立了覆盖 16386 人劳动力的村级劳动力转移就业服务站，配备了转移就业联络员。

三 启示

第一，政府主导是关键。要制定科学、严

谨、可行的易地扶贫搬迁规划和完备的政策措施，力促扶贫开发部门与社会各方面形成全面合力，协调好"迁入地"与"迁出地"的关系，不断提高移民综合素质，使易地扶贫搬迁战略落到实处。

第二，资源整合是保障。一方面，要有效整合政府掌握的各种资源，包括政策、资金等，建设高起点、高标准的搬迁新区；另一方面，要整合社会各界资源，对不同人群采取不同帮助措施。在搬迁初期，可以提供更多物质帮助；在定居的中后期，可以提供更多智力支持、项目支持、就业支持等，在搬迁社区构建向上向善的良好社会生态，增强搬迁群众融入度和归属感。

第三，后续扶持是核心。要按照安居与乐业并重、搬迁与脱贫同步的思路，结合县域产业发展结构、周边企业用工和易地扶贫搬迁户就业双向需求，通过实施精准培训，提高就业技能，引导搬迁户转移就业和就地就近就业，公益性岗位优先考虑搬迁群众，使每一个搬迁家庭都有增收渠道。

68

生态移民搬迁　确保持续发展

一　情况

海南省白沙黎族自治县南开乡道银村、坡告村地处鹦哥岭国家级自然保护区核心区，属于典型的生态敏感深山区，是全省仅存的两个不通公路的自然村、省重点贫困村。两村32户146人均为贫困户，2014年两村人均收入仅为2110元，远远低于全县平均水平。村民居住的是泥墙铁皮顶房屋，饮用的是山上溪水，因生态环境保护需要基本公共服务建设受限，电力、医疗、教育、通信等基本覆盖不到，行路难、就医难、上学难、饮水难、住房难、就业难、增收难等问题突出，生态保护与脱贫攻坚矛盾尖锐。

2017年两村搬迁合并为银坡村，全村38户185

人。搬迁后,群众生活水平明显改善。政府统一建设了每户115平方米的小洋楼,修建道路,安装了水、电、热水器等,建设了通讯基站,农民的生产生活条件得到了根本性改善。目前银坡村已实现了整体脱贫出列,贫困户全部脱贫,人均收入从2014年的2110元增长到2018年的9413元,增长4.46倍。

二 做法

针对两个贫困村的实际情况,2015年白沙县率先实施对地处生态红线内的贫困村的生态移民搬迁,经海南省、白沙县委县政府领导及专家组的反复论证,《白沙黎族自治县南开乡道银村坡告村生态扶贫移民实施方案》于当年12月正式出台,银坡村生态移民搬迁工作正式启动,重点围绕"搬得出、留得住、能致富和区域生态修复双赢"的目标,从四个方面着手推动搬迁工作。

一是做好思想引导和答疑解惑工作,确保村民"搬得出"。

设身处地从村民角度出发,帮助他们解决问题、打消顾虑,争取村民理解、支持、参与移民搬迁工作。一方面,针对村民普遍存在的"故土难离"的思想,发挥村民身边人的带动作用,由村队长和老党员带头在村里开展思想动员工作。在强化生态环境保护相关政策宣传的同时,注重教育引导群众认识到村庄地处生态核心区,道路、水电、通讯等设施最多只能维持现状,且就医、就业、上学不便,改变落后现状的唯一出路是挪"穷窝"。另一方面,针对村民"怎么搬"的疑惑和"搬出后怎么办"的顾虑,通过多次走访座谈,广泛征求村民对政策制定、新村选址、未来产业发展、民生保障等方面的意见建议,让村民参与其中,更加自觉支持配合生态扶贫移民搬迁工作。对搬迁后住房、就业、产业发展和个人生产用地、经济作物补偿等村民关心的问题,及时出台相关政策予以明确和解决,切实解决村民后顾之忧。

二是强化住房和基础设施配套保障,确保村民"留得住"。

充分整合省林业、扶贫、发改、民宗等多个部门项目资金和县级财政涉农资金投入生态扶贫移民,并按照节约集约用地的原则,合理安排后续产业发展和配套服务设施项目用地,有力地保障了新村建设顺利开展。在生态扶贫移民搬迁过程中,结合两村实际情况,在搬迁新址道银村统一按照每套115平方米的标准规划建设20栋40套村民住宅,无偿安排给搬迁村民,按规定给予完全产权登记并发放宅基地证,同时还配套建设了村文化室及道路硬化、路灯、篮球场、绿化景观、饮水工程、污水处理、牲畜集中圈养等基础设施，使村民生产生活条件得到极大改善。

三是落实产业就业帮扶和政策保障，确保村民"能致富"。

县政府补偿农民生产用地和经济作物共5942074元，每户农户都得到一定的补偿，有些农户补偿款高达四五十万元；同时还为该村制定了三年生态扶贫移民发展规划，重点发展禽畜养殖、养蜂、林下套种益智等，现已建设猪圈30个，购买了一批猪苗饲养，开垦农田30亩，挖鱼塘3个。在产业发展上，整合县属青年农场土地资源，征收1420亩丰产期橡胶林作为生产用地，将土地产权变更给村集体，由村集体按人均10亩发包给村民，土地及地上橡胶林一并确权登记给村民；同时支持银坡村发展林下特色种养业、乡村旅游、农村电商等产业，例如成立白沙银坡种养专业合作社，发展百香果产业，2018年、2019年累计实现分红17万多元。在就业增收上，将50岁以下村民纳入全县就业劳动技能教育培训计划，保证每户有1名以上劳动力接受劳务输出技能和农业实用技术培训，切实提高村民农业生产和外出就业技能本领，同时对于符合护林员相关条件的农民，按每户1人吸收为护林员。在政策保障方面，对移民子女在县内公办学校就读高中的，免除学杂费和住宿费；为移民村民发放每人每年240元、期限为20年的生态移民补贴。

三 启示

一是要周密制定移民搬迁规划，确保可持续发展。

要牢固树立"创新、协调、绿色、开放、共享"的发展理念，确定"搬得出、留得住、能致富和区域生态修复双赢"的总体目标，通过人口转移、生态修复、政策扶持、完善配套政策等措施，实现"南渡江源头"生态核心区环境的改善和保护，实现贫困人口脱贫致富。同时要有具体规划方案，白沙县还制定了该村三年生态扶贫移民发展规划，为生态扶贫移民的可持续发展创造了有利条件。

二是要建好配套设施，为生产生活打下良好基础。

银坡村距离白沙县城仅约20公里，20栋两层小楼依序而建，共有40套新房，村里还配套建设了水泥路、饮水工程、污水处理设施，俨然成为"世外桃源"，让人心驰神往，已成为当地建设美丽乡村的成功样本。

三是要把生态保护与精准扶贫有机结合，实现双赢。

实行生态移民搬迁，人为破坏生态环境的行为将明显减少，生态保护区也能得到休养生息。移民搬迁后，一方面减轻了生态环境压力，另一方面通过拆除道银村、坡告村两个村庄原址的村民住房，采取围栏封育、自然修复等措施对迁出区进行生态修复，并将村庄原址的林地及林木管理事权移交鹦哥岭自然保护区进行统一管理，使迁出区生态环境逐步恢复。

6.9

搬出大山天地宽 创新发展保民安

一 情况

青海省黄南藏族自治州尖扎县地处黄土高原和青藏高原过渡地带，平均海拔2900米，年平均气温8.3℃，山高沟深、交通不便、干旱少雨、灾害重多、土地贫瘠。全县总面积4176平方公里，总人口6.2万人，其中70%为藏族，全县建档立卡贫困人口2572户10190人，贫困发生率22.4%。群众生存困难，特别是尖扎滩等乡镇的30个村、251户农牧民居住生活在山顶或半山腰，依靠几亩薄田苦苦支撑，年人均收入不足2000元。

易地扶贫搬迁项目实施后，德吉村251户搬迁群众告别了昔日破败的土坯房、坑坑洼洼的砂石路土路和蚊虫覆盖的窖水，积极参与乡村旅游业，年人均收入从搬迁之前的不足 3700 元增长至 2019 年的 9800 元。新建的德吉村从一个不知名的荒沙滩，华丽转身成为全省文化旅游的一张新名片，被游客称为青海的"小三亚"，2018 年被评为"中国最美休闲乡村"，2019 年被评为"全国生态文化村"。

二 做法

尖扎县将尖扎滩等乡镇居住在"一方水土养不起一方人"地区的农牧民纳入易地扶贫搬迁计划，共搬迁安置 251 户 946 人，其中建档立卡贫困户 226 户 893 人，同步搬迁非贫困户 25 户 53 人，安置新区命名为尖扎县德吉村。2016 年项目开工建设，2017 年项目全部建设完成，搬迁群众全部入住，同时跟进配套了后续扶持工作，实现了搬迁群众"住上好房子，过上好日子"的搬迁目标。主要做法是：

（一）统筹规划，因地制宜制定方案

在前期广泛调研、科学论证的基础上，编制了《尖扎县德吉村安置点易地扶贫搬迁规划方案》，明确了搬迁对象、补助标准、建设内容、建设期限、部门分工等，确保了项目扎实顺利推进。

（二）整合资源，齐心协力抓好建设

采取"多个渠道注水，一个池子蓄水"的办

法，整合扶贫、旅游、交通、水利等行业部门资金8326.8万元，用于德吉村易地扶贫搬迁项目建设。按照确定的"原则上人均建房补助不超过4万元"的补助标准和"1人户不超过25平方米、2人户50平方米，3—5人户80平方米，6人户96平方米、7人户112平方米、8人以上户128平方米"的户型标准，建设了搬迁群众安置住房，配套建设了集中安置区水、电、路、网以及学校、村级卫生室等基础设施和公共设施。

（三）多措并举，发展搬迁后续产业

为实现"搬得出、稳得住、逐步能致富"的目标，充分利用德吉村黄河沿岸的秀丽风景，规划编制《尖扎县"十三五"易地扶贫搬迁后续产业发展规划》，将民俗文化、射箭文化、黄河文化、农耕文化等特色文化元素，积极融入基础设施和公共服务设施建设中，规划建设了独具民族风格的藏式住宅，实施休闲广场、民俗风情园、水上游乐码头、自驾游营地、露天沙滩、农耕体验、农家乐、美食广场等文化旅游后续产业项目。动员30户搬迁群众开办了各具特色的农家乐，38户搬迁群众在美食广场经营土烧馍、酸奶、糌粑、酿皮等当地特色饮食，逐步打造出"品地方美食，住藏式民宅，游黄河风光"的旅游发展模式。2019年德吉村接待游客28万人次，旅游综合收入740万元，群众分红80

余万元,使搬迁群众靠山靠水靠旅游捧上了金饭碗。

(四) 创新思路,构建精细管理模式

德吉村搬迁户来自周边7个乡镇,生活条件参差不齐、生活习俗各不相同,加之德吉村旅游发展不断向好,外来流动人口管理难度徒增,给社会治理带来了巨大挑战。当地党委政府针对新形势,开创"网格化""信息化""社区化"的管理服务模式,将德吉村划分4个网格,配备网格员负责矛盾纠纷调处、环境卫生整治、治安巡逻防范等工作。在交通主干道、出入口安装高清视频监控探头,每个家庭安装紧急报警按钮,实现紧急情况"一键报警、全村响应、同步上传、快速反应"。推行社区化服务管理工作,建立"一门受理、集成服务"的社区化便捷服务机制,让办理事项"小事不出村、大事不出乡",极大地方便了搬迁群众生产生活。

三 启示

(一) 政策宣传是前提

在规划编制中,尖扎县委县政府多次调研征求群众意见和建议、反复论证确保项目科学可行,在此基础上,深入宣传国家易地扶贫搬迁政策和搬迁后续产业发展目标,做到家喻户晓、妇孺皆知,使更多的搬迁群众认识到德吉村的发展潜力,积极参与项目建设全过程,为德吉村后续发展奠定了坚实的思想基础。

(二) 整合资源是关键

德吉村易地扶贫搬迁项目建设过程中,积极整合扶贫、水利、交通、电力、教育、卫生、文化、旅游以及援建单位项目和资金,一次性规划、一次性建设,整体打造了搬迁群众住房和基础设施、公共服务设施以及后续发展产业,是搬迁群众"搬得出、稳得住、有产业、逐步能致富"的关键所在。